U0510278

法兰西学院课程系列

MICHEL FOUCAULT

Théories et Institutions pénales

刑事理论与刑事制度

Cours au Collège de France, 1971–1972

[法]米歇尔·福柯——著

陈雪杰——译

上海人民出版社

COURS AU COLLÈGE DE FRANCE, 1971—1972

译者的话

《刑事理论与刑事制度》翻译完成的时候，正是法国“黄马甲运动”愈演愈烈之时，这场运动让很多人想起法国1968年的五月风暴。五月风暴恰恰就是福柯本课程的授课背景。当福柯在1971年末紧张的社会局势下，穿过封锁线来到教室里开始讲授17世纪中期的赤脚汉运动和新的国家镇压体系的时候，听众听到的是一种对发生在法国现实中的事情的隐喻，或者说是讽喻。在1968年之后的1971年，就是要在1639年的运动中寻找现实，听众被传送到另一个场景——一个反射出来的场景。福柯语言犀利、一针见血，拿起过去的针，扎在现实上，把现实剥离出来给大家看。直到今天，将近半个世纪已然过去，而他的论述放在今日仍然是铿锵有力、掷地有声、发人深省。

这是法兰西学院一个学期的课程，译者在翻译的过程中常常恍然觉得自己回到了法国大学的阶梯教室里，一边听着教授娓娓道来，一边跟众人一起埋头奋笔疾书。他能引经据典、旁征博引、信手拈来，译者每次阅读福柯的著作都惊异于其学识之渊博、知识储备量之大、阅读范围之广。福柯的这门课程内容结构严谨、环环相扣，论述层层推进，与注释交相辉映，俨然一场极为丰富的精神盛宴。而本书的格式更是独具匠心，运用分段、空行和缩进，层次丰富却又简明清晰、一目了然。对读者来说，既是头脑里的风暴，又是智力上的挑战，更是对自己世界观的洗礼。

福柯会引领读者走近某个学者的一种观点，深入浅出、引人入胜，读者正在点头称赞的时候，他却能够笔锋一转，完全从中抽身出来，从另外一个角度甚至是反面来看待同一个问题，抨击这名学者的观点，就像电影里的反转，行云流水，一气呵成，其逻辑的缜密让人叹为观止、拍案叫绝。

然而福柯的著作翻译起来一如既往地困难重重。在语言方面，其使用大量的拉丁语、古代法语，兼有英语、葡萄牙语、德语、希腊语等。在内容方面，这远不止是一部哲学著作，其中还包含有历史、刑法、法制史、宗教、人类学、精神病学、文学等领域的内容、概念与术语，甚至涉及日耳曼法史。文章中出现的大量人名、地名、繁琐的文献资料，译者都加注括号标注了法文原文，以方便读者查找原始资料。福柯的语言风格简明却不简单，他的长句有时长到数行读下来都没有一个标点符号，构成极其复杂的从句；而他的短句有时过于简洁，短到只有寥寥数词，甚至主语或谓语都被省略掉。译者在翻译过程中，始终怀着敬畏之心，冥思苦想，字斟句酌，精雕细琢，尽最大努力保留福柯的原意与风格，即便如此，若尚有疏漏或不当之处，恳请读者指出。

正如本著作的编辑贝尔纳·E. 哈考特所说，这是“一本非同一般的文献：这是福柯第一次起草他此后的研究计划，这也是他的研究计划的哲学问题化的第一个版本。看着福柯如何调动他所掌握的资料，而且还能够看到他怎样把历史深度运用在现代斗争上：17 世纪的专制主义、现代镇压机制的诞生以及在早期封建社会中的私人斗争，这是极其震撼的。”《刑事理论与刑事制度》是福柯在法兰西学院课程系列（法文版）中最后出版的一本，这也是此前一直缺失的、决定性的一个部分：该著作见证他在当时所实现的哲学突破，他在很长一段时间里都说《刑事理论与刑事制度》是他“第一本”书。这本书可以被看做是《惩罚的社会》的前传，而它的最终版本就是《规训与惩罚》。

陈雪杰

2018 年 12 月于华政园

目录

介入和民事当局发挥作用之间的时间差。——用力量关系（rapport de force）的措辞进行分析：建立区别于军队的武装镇压机制，该机制被国家控制，而不是被特权享有者控制。——用政治—军事战略（stratégie politico-militaire）的措辞进行分析：区分城市/农村，民众/资产阶级以便暴力性地镇压民众阶层，而后惩罚特权享有者和议员。——用权力显现（manifestation de pouvoir）的措辞进行分析：权力的戏剧化掩盖了接下来的战略，把起义者指定为国王的敌人，服从于战争的惯例，而不是民事方面的罪犯。每个人扮演着各自的角色，大法官不是扮演战胜者的角色，而是辨别并区分好人和恶人的有审判权的人。

81 **1971年12月22日**

回顾：通过武装起来的司法从（力量关系、战略考虑、权力显现）三个层面分析镇压的第一阶段。——从第三个层面展开：四种行为的戏剧化。(1) 王室权力把民众认定为“社会敌人”(ennemi social)。(2) 地方权力带来了自身的归顺却试图限制王室权力：三重限制理论（théorie des trois freins）的适用。(3) 大法官的拒绝，他援引最后的审判（Jugement dernier）以支持自己的理由：“好人将会得到补偿，恶人将会受到惩罚”。（4）特权享有者通过控告“群氓”（basse populace）并区分好人和恶人从而进行自我保护。——戏剧化（théâtralisation）使镇压手段和镇压权力重新分配。

95 **1972年1月12日**

I. 民事当局进入（鲁昂），有形的国家部门（corps visible de l’État）形成。——大法官超越传统的司法规则并把司法秩序和军事力量秩序联结在一起：国家保障镇压权力。——国家的第三种纯粹的镇压职能出现，该职能由大法官（国王参事院的成员）保障，独立于国王。有形的国家部门代替王室权力和缺席的国王。税收机制叠加在镇压机制上。II. 新形式的监督，却没有新制度。——质疑地方权力：暂时中止。特派员暂时接管地方制度。——军事措施和税务罚金体系，以便把特权享有者和他们的承诺绑在一起。总而言之，不稳定的监督体系仍然依靠在封建机构上，这预示着特殊的国家镇压机器的创立。

117 **1972年1月19日**

用多个标题论述镇压体系。I. 内部一致性（cohérence interne）：不同的惩罚规则，其目的是打破先前社会团体之间的联盟；给予特权享有者金钱方面的利益，以维持秩序作为交换；第三种决策机构（既不是军事的，也不是司法的）的建立，作为国家行政（司法—军事）工具，但是主要缺失一种特殊的镇压机制。II. 明显的不稳定性（précarité visible）：不同的武装（资产阶级自卫队的问题和民众武装的问题），军队毁灭性的干预；土地收入降低，税收增长：租金 / 税收之间的对立；两种矛盾。III. 解决租金 / 税收的对立的问题，以及军队的稳定。从 1640 年开始，在国家机器内部建立一种新的制度和有别于其他的镇压机制（司法、治安、财政总督），它们的用途是作为行政法院和特别法庭；设立中央集权的和地方的治安：从"危险的人口"（population dangereuse）中抽取（prélèvement）个人、监禁和放逐。——与资本主义共同诞生的监狱。

138 **1972 年 1 月 26 日**

大法官塞吉埃的镇压的失败以及之后的投石党运动使得三种新制度确立：中央集权下的司法（司法总督）；治安；通过在人口中抽取个人、监禁、放逐等方式确立的惩罚制度。为了回应人民斗争，用于镇压的刑事体系制造出犯罪的概念：刑事体系——犯罪这对链条是镇压体系——骚乱这对链条的影响。——新制度没有代替封建制度，而是与其并置。——政治权力的行

(duel judiciaire) 中，真相不发挥作用。（C）私人斗争作为中世纪法律的限制性规定。司法外的争端。II. 伴随公诉和确立犯罪真相的刑事司法体系变革的历史。（A）不仅仅是因为罗马法和基督教的影响，更恰当地说它处于占有关系和力量关系的规则中。（B）刑事司法实施重要的经济抽取，对财富的流通做出贡献。——流通的要素：担保、租金、罚金、充公、赎罪。——结果：财富的流通和政治权力的集中。——总体评注：中世纪的刑事体系在对财产的抽取层面具有重要的影响；现代刑事体系在对个人的抽取方面具有重要的影响；比较：税收 / 监禁、交换 / 社会排斥、赎罪 / 监狱。

201 **1972 年 2 月 16 日**

区分中世纪准国家机构和后来将其完善的国家机构。处于民事诉讼和暴力掠夺之间的中世纪刑事实践是关于政治—经济关联；刑事实践重新分配所有权、财富和财产：这是“财富的竞争”(joute des fortunes)。——司法的税收化。和平制度以及和平协议在封建刑罚中的重要性。——和平制度的作用（使私人斗争行为、协议、契约中止；仪式化的进程）。和平与正义，关于和平的主教会议的原则。社会斗争涉及刑罚。——与武装问题（武器的持有、集中和分配）相结合的刑罚体系。——13 世纪到 14 世纪的危机：封建制度的动摇；求助于外部雇佣兵；领主依靠王室司法。对议会和税收机关使用具有反骚乱作用的体系。王室司法发展成为国家司法机关制度化的权力的首要形式。

226 **1972 年 2 月 23 日**

I. 内生的过程（Processus endogènes）。中世纪的和平制度的作用：1/ 有保障的司法空间的组成，具有审判权的人作为公共权力提供保障；2/ 得到更好保障的税收制度的区域的组成，该区域叠加在诉讼程序上；3/ 武器的分配、强制力的介入、专业军队的组成和发展。II. 外生的过程（Processus exogènes）。14 世纪和 15 世纪的危机以及大型社会斗争使司法发生变革。重要的现象：1/ 议会作为一切司法实践中心的职能；2/ 国王是主持正义的人和统治者；3/ 议会变为国家机器的要素。

248 **1972 年 3 月 1 日**

概要：13、14 世纪的社会危机和社会斗争导致王室权力集中，并使王室司法确立，这在议会制度中表现出来。国家司法的三个特征：普遍性（universelle）、强制性（obligatoire）和委派性

(déléguée)。——另外两种措施：1/ 与国王相关的案件的发展；国王的法院的扩展，随之而来的影响是对王室—国家（royaume-État）的新定义，还有关于危害公共秩序的犯罪的刑罚新范畴。刑罚的新领域，用于惩罚使权力颁布的规则中断的行为。2/ 王室检察官的设立：把他们的职能扩展到控告，伴随而来的是理论—实践的后果：一切犯罪都对权力造成损害，国王变为法官和当事人。——对于刑事体系的进展的双重影响：（1）刑事和民事的分离；（2）用服从和惩罚代替战争和赔偿。刑罚服从于政治机构。犯罪变为对权力的攻击。政治犯罪和普通刑事罪的对立成为 19 世纪刑罚的核心片段，掩饰了刑事体系的政治职能。

266 **1972 年 3 月 8 日**

I. 在分析完中世纪的刑事司法的作用和权力关系之后，我们要研究知识的影响：不是在意识形态活动层面，而是在真相 (vérité) 的产生层面。——在日耳曼法 (droit germanique) 中，考验 (épreuve) 建立起一方优越于另一方的关系。——在带有王室检察官 (procureurs royaux) 的新的刑事制度中，讯问 (enquête) 确立起的真相使得控告（accusation）能够向审判过渡。讯问如同是恢复秩序的操作

前 言

除了休假的1977年，米歇尔·福柯从1970年12月至1984年6月去世，一直在法兰西学院（Collège de France）授课。其教席名为:“思想体系史”(Histoire des systèmes de pensée)。

这一教席由法兰西学院教授委员会根据于勒·于伊曼（Jules Vuillemin）的建议，创立于1969年11月30日，以替代让·伊波利特（Jean Hyppolite）直到其辞世所担任的“哲学思想史”教席。1970年4月12日，该委员会选举米歇尔·福柯持有这一新教席。[①] 当时他43岁。

1970年12月2日，米歇尔·福柯讲授第一堂课。[②]

---

① 在为其候选资格所编写的小册子中，米歇尔·福柯用这样一句话总结道：“应当开始研究思想体系史”(《职衔与业绩》，载于《言与文》，1954—1988，D. 德福尔（D. Defert）和F. 艾华德（F. Ewald）主编，与J. 拉格朗吉（J. Lagrange）合作，巴黎，伽利玛出版社，1994，四卷本；参见第1卷，第846页)。

② 1971年3月，伽利玛出版社将以《话语的秩序》为书名出版该堂课内容。

法兰西学院的教学要遵守一些特别规定。教师们每年必须教授 26 个小时课程（其中最多一半可以是研讨班形式[①]）。他们每年都须展示一个新的研究，以迫使他们每次都更新其教学内容。课程和研讨班的参与完全是自由的，既不需要学籍注册，也不颁发文凭证书。并且教授什么都不管。[②]在法兰西学院的用语中，人们说教授们没有学生只有听众。

米歇尔·福柯的课程开设在一月初到五月末的每个星期三。众多的听课者动用了法兰西学院的两个阶梯教室，他们包括学生、教师、研究人员，好奇者，其中还有许多外国人。米歇尔·福柯曾经常抱怨他和“听众”之间的距离以及课程形式所导致的交流很少。[③]他渴望研讨班这种真正集体工作的场合。他为此做过不同的尝试。最后几年，在课程结束后，他花费很长的时间来回答听众的问题。

1975 年，《新观察家》周刊的记者热拉尔·帕迪让（Gérard Petitjean）这样描述课堂气氛：“当福柯快速走入教室，雷厉风行，就像某人一头扎入水里，他挤过人群，坐到椅子上，推开录音机，放下讲稿，脱下外套，打开台灯开始讲课，一秒也不耽误。扩音器传出响亮、有力的声音，这是大厅

---

① 福柯的研讨班一直开到 20 世纪 80 年代。

② 在法兰西学院的范围内。

③ 1976 年，福柯希望（但无效）减少听众人数，曾经把上课时间从下午的 17:45 改为上午 9:00（见《必须保卫社会》第一课［1976 年 1 月 7 日］的开头，《必须保卫社会》［法兰西学院课程：1976 年］，M. 贝尔塔尼 &A. 冯塔纳主编，巴黎，伽利玛与瑟依出版社，1997 年）。

里唯一的现代工具，从仿大理石的灯罩发出的光使教室不太明亮。教室有 300 个座位，挤了 500 人，没有一点空地……没有任何演说效果，（授课）清晰并且效率高。没有一点即兴发挥。福柯每年有 12 个小时在公共课堂上解释他在上一年研究工作的意义。因此他精炼到最大程度并且加以补充，就像写信之人到稿纸最后一页时仍意犹未尽。19 时 15 分，福柯结束讲课。学生们匆忙走向讲台。不是为了与其交流，而是关掉各自的录音机。没有提问，在嘈杂的人群中，福柯是孤独的。”对此，福柯谈道：“应当能够探讨我所讲的。有几次，当课讲得不太好时，不需要太多，只需一个问题就可以重新改变状况。但是这样的问题从没有出现过。在法国，群体效应使一切真正的探讨变得不可能。因为没有反馈渠道，授课被戏剧化了。我和那里的人们是表演者或杂技演员与观众的关系。当我讲话完毕，就有一种完全的孤独感……”①

米歇尔·福柯像一名研究者一样从事教学：探索未来的著作，开拓诸多问题化领域，这更像是对将来可能的研究者发出的邀请。因此，法兰西学院的课程并不复述已出版的著作。这些课程并不是初稿，尽管著作和课程的论题可能是相同的。这些课程有自己的地位，属于在福柯实施的全部“哲学活动”中的一个特殊话语机制。福柯在其中特别地展开了一种知识 / 权力关系谱系学的提纲，并依据这个提纲，从 1970 年起，他开

---

① 热拉尔·帕迪让：《法国大学中的伟大布道者》，刊于《新观察家》1975 年 4 月 7 日。

始思考其工作——这与之前他所掌控的诸话语形态之考古学的提纲相对照。①

课程在现实中同样具有作用。来上课的听众并不仅仅被一周接一周建立起来的叙事所吸引，也不仅仅因为受到严密阐述的诱惑，他们同样可以从中找到对现实的想法。米歇尔·福柯的艺术在于用历史诊断现实。他会讲到尼采或者亚里士多德，讲到19世纪的精神病学鉴定或者基督教牧师守则，听众总能从中得到关于当下现实和同时代事件的阐发。福柯在课堂上的特有能力在于博学、个人介入和对事件研究这三者之间精妙的交错呼应。

*

课程内容之后附有曾在《法兰西学院年鉴》发表过的课程概要。米歇尔·福柯通常在6月份编写，即在课程结束之前的某段时间。对他来说，这是回顾式地指出“课程”意图和目的的机会。它构成了最好的“课程”简介。

每本书结束时都有编者负责说明“授课情况简介”：其目的是介绍给读者一些作者生平、思想和政治上的背景基础知识，将本课程置于已出版著作中并且指出其所使用的资料汇编（corpus）中的地位，以利于理解和避免由于遗忘授课情境所可能导致的误解。

---

① 尤为参见《尼采·谱系学·历史》，载于《言与文》第2卷，第137页。

*

关于1971—1972年的课程，我们已经不可能找到米歇尔·福柯的授课录音了。《刑事理论与刑事制度》这一版本依据的是米歇尔·福柯使用的笔记，这份笔记曾由丹尼尔·德福尔（Daniel Defert）保管，近日被交给法国国家图书馆。我们的编辑原则是最严格地遵照福柯的手写稿，尽可能地再现手写稿中阐述的内容，其中的页面格式也承载着重要的意义。我们由衷地感谢纳塔莉·莫里亚克（Nathalie Mauriac）对本课程的编辑工作提出的建议。编辑原文的具体规则被预先安排在第一课的课程内容里面。

米歇尔·福柯是在两种特殊的情况下展开本课程中的若干基本概念的论述的：1972年4月7日他在明尼苏达大学（Université de Minnesota）的讲座《17世纪的仪式、戏剧和政治》（*Cérémonie, théâtre et politique au XVII*^{e} *siècle*），以及1973年5月21日至25日他在里约热内卢天主教大学（Université catholique pontificale de Rio de Janeiro）的系列研讨会［1974年在巴西发表，葡萄牙语名为《真理与司法形式》（*A verdade et as formas judidicas*）］。其法文版被刊登在《言与文》上，名为《真理与司法形式》（*La vérité et les formes juridiques*），卷2，文章编号139。

本课程是在贝尔纳·哈考特（Bernard E. Harcourt）的领导下编撰而成的。伊丽莎贝塔·巴索（Elisabetta Basso）在阿莱桑德罗·冯塔纳（Alessandro Fontana）的指导下完成手稿的打字版本。丹尼尔·德福尔和贝尔纳·哈考特依照手稿对该文本从头至尾地校勘、修订、排版。这份手稿原件现今被保存在法国国家图书馆。克劳德—奥利维埃·多伦（Claude-Olivier Doron）撰写了评论，包含对诸多要素的深入研究，其中还解释了我们应该如何看待米歇尔·福柯对赤脚汉起义的分析——关于鲍里斯·波尔舍内（Boris Porchnev）和罗兰·蒙尼耶（Roland Mousnier）之间的论战（参见课程后的《授课情况简介》）。

*

出版负责人对布鲁诺·拉辛（Bruno Racine）及法国国家图书馆的手稿部门的团队表示感谢，还要特别感谢负责“近代和当代手稿”藏品的图书馆总保管负责人玛丽—奥迪勒·热尔曼（Marie-Odile Germain），她让出版人能够接触到原始资料，这些资料被保存得极为完好，一如被丹尼尔·德福尔保存时的状态。

此外，出版人也荣幸地与研究17世纪法国人民运动的著名专家伊夫—玛丽·贝尔赛（Yves-Marie Bercé）进行了交流。研究中世纪法律的著名历史学家阿尔贝·里高迪耶

（Albert Rigaudière）也对第 8 课（1972 年 2 月 2 日的课程）及之后的参考文献的编撰工作热情地伸以援手。阿诺·泰西耶（Arnaud Teyssier）介绍的关于黎塞留的学识让我们受益匪浅。我们也与雅克·克里南（Jacques Krynen）、多米尼克·勒考特（Dominique Lecourt）进行过非常有启迪性的沟通。艾蒂安·巴里巴（Étienne Balibar）很乐意地读过本课程的手写稿，并为我们作出关于本课程与马克思主义、路易·阿尔都塞（Louis Althusser）的研究之间关系的分析（我们也将其放在《授课情况简介》）。

伴随着本课程的问世，米歇尔·福柯在法兰西学院的课程系列丛书被画上了一个句号。这套丛书的出版工作开始于二十年前左右，是从阿莱桑德罗·冯塔纳和莫罗·贝尔塔尼（Mauro Bertani）主编的《必须保卫社会》开始的。

*

这次法兰西学院课程的出版经由米歇尔·福柯的继承人授权，他们希望此次出版能够在无可争议的严肃性中满足法国和国外的苛刻要求。编者们努力不辜负他们给予的信任。

弗朗索瓦·艾华德（François Ewald ）

阿莱桑德罗·冯塔纳（Alessandro Fontana）

阿莱桑德罗·冯塔纳于2013年2月17日逝世，作为法兰西学院米歇尔·福柯课程出版的倡导者之一，他没能够看到本套丛书的出版完成。本套丛书的出版将继续沿用他所熟悉的风格和要求，仍然在他的职权之下。

——弗朗索瓦·艾华德

1971—1972年的课程

编辑原文的规则

我们的编辑原则是：最严格地遵照福柯的手写稿，尽可能地再现手写稿中阐述的内容，其中的页面格式也承载着重要的意义。出版人（从格式到内容）对本著作的出版全权负责。

（法文版）页面边缘上标有双重页码，前一个页码是保存在法国国家图书馆里的手写稿上的页码；第二个页码是福柯手写的页码。

手写稿中被划掉的重要段落以注释的形式被标注在相应的页面下方。关于手写稿状态的注释也被标在页面空白处。细分的部分（破折号和编号）都是福柯在手写稿中使用的。引号也是手写稿中的引号的再现。在手写稿中画着重线的段落被标注在页面的下方。

对手写稿的一切加工都用括号的形式指出。页面下方的注释明确指出当遇到困难时，编辑们作出的选择。

1971年11月24日 3

方法论原则：为了阐明道德概念、社会学概念和心理学概念的历史发展过程，把刑事体系（刑事理论、刑事制度和刑事实践）重新置于镇压（répression）体系的背景下；政治犯罪（délit politique）和普通刑事罪（délit de droit commun）。——历史目标：研究对于17世纪初人民暴动的镇压以便追踪国家的诞生过程；研究塞吉埃（Séguier）大法官在诺曼底地区镇压“赤脚汉”（Nu-pieds）起义（1639）所使用的刑罚仪式。——“赤脚汉”起义：对抗权力体系的反税收暴动（对抗税务官、袭击最有钱的富人的府邸）；特权享有阶级（classes privilégiées）和议员们（parlemantaires）的态度：中立，拒绝介入其中。

无导言

- 本课程存在的理由？

  —睁开眼睛足矣

  —那些对此反感的人将会在我的话中找到自己。[1]

• 目标：

—刑事理论与刑事制度

缺少第三个词：实践

—17 世纪和 18 世纪

• 方法：

既不是从刑事理论开始着手，也不是从立法或刑事制度开始着手。

而是将它们重置于其共同的作用下，也就是置于镇压体系之中：

—双面体系：该体系镇压并且
被其所镇压的对象而镇压

—该体系回应权力关系中的战略意图

4 —该体系把工具置于权力的支配下，通过该工具，权力能够摧毁另一种权力，或将其消灭或削弱，或将其孤立或使其缴械。

朴素的基本原则。

通过把刑罚重新置于镇压体系中，我们获得了以下可能性：

—不用道德词语提出问题（好 / 坏）

—不用社会学词语提出问题（偏常，整体化）

—不用心理学词语提出问题（犯罪……）。

更恰当地说，我们是在对镇压体系的分析中看到这些主题或概念在历史上是怎样出现或发生变化的。

- 1639 年在诺曼底发生的事件[2]是 17 世纪初的一系列大型人民暴动的组成部分：

  1630 年艾克斯

  1635 年波尔多和整个吉耶纳（Guyenne）

  1624—1625 年，1631—1632 年，1639—1640 年普瓦图（Poitou）

  1632 年里昂

  1645 年博韦（Beauvais）[3]

马里拉克（Marillac）说："法国全面发生暴乱"（1630 年）。[4]

- 更准确地讲，它们是发生在诺曼底的一系列骚乱、暴乱和运动的组成部分。

  —从严格意义上来讲这其中的有些运动是波及整个人民阶层的暴乱，具体来说，它们或是对政府某项举措的回应，或是对经济形势恶化的回应。

    a. 在 1623 年，一项法令把手推车车夫、服装旧货商、木材商、卸货工人的工作转变成为"公有产业"。在鲁昂，这项法令波及 4000 人[5]。

    b. 1630 年闹饥荒；当人们看到两只船正在装载用于出口的小麦时，暴乱（在卡昂）发生了。

  —但是其中有些运动带有完全不同的特征：存在一些有限

的、或多或少长期存在的群体，其成员反抗权力、生活在法律规范之外*。

国家被划分成帮派，例如在1614年2月，一个帮派袭击了一个载有税款的编队，该编队从蓬奥代梅（Pont-Audemer）出发，其目的地是鲁昂。

又例如在比松-科尔尼（Buisson-Cornu）指挥下的帮派，他们曾占领埃夫勒区（Évreux），“犯下了极端暴力的、反人性的无尽恶行，就连天空和大地都呼喊着复仇”[6]。诺曼底的大法官被迫对其宣战。

—还要考虑到诸多走私帮派，特别是非法交易盐的帮派［区分征收盐税（gabelle）（一种间接税）的地区和征收四分之一汤税（quart-bouillon）的地区］[7]。

例如：在阿夫朗什（Avranches）附近的走私活动是由当地的一些贵族组织起来的［迪塞（Ducey）伯爵，洛尔热（Lorges）骑士，蒙哥马利（Montgomery）兄弟］。在1637年3月，他们对步兵发起了一场真正的战役。

又例如洛朗·德·图（Laurent de Thou）带领的帮派，洛朗·德·图是魁奈（Quesnay）的领主、卡昂法院的顾问。1639年他和其帮派在鲁昂审理间接税案件的最高法院（Cour des Aides）被审判并

* 该句在这里被补充：“或者对抗负责贯彻执行这种或那种法律的官员。”

在很大程度上获得了宽恕[8]。

—最后还有一些地区抵制征税。他们根据年景、政治环境和外部支持的情况持久地、多少有些顽固地、多少带有暴力性地抵制交税。

例如，芒蒂利（Mantilly）和塞朗塞（Cérences）[9]。

至此我们看到反抗法律和与权力作斗争的一系列持续性的事件。

—当然在不同的情况下他们的行为有所不同（消极抵抗交税；武装攻击）；进行这些不同形式斗争的社会群体显然并不相同［贵族很少像不法之徒（hors-la-loi）一样去实施劫掠活动］。

—然而这些群体之间有很多的交流和沟通，他们的行为之间也具有连续性：

· 由于骚乱而经过诉讼程序被驱逐的人仍然留在该地区，然而是混在不法之徒的队伍之中；

· 贵族在无清偿能力的农民中雇佣自己的队伍；

· 为了进行走私活动或攻击税收车队，一些农民掌握 6
了武器的使用方法以及军事战略，可以将其运用在之后的暴乱中。

［然而1640年诺曼底发生暴乱，事实上在针对闹事者发起的诉讼中我们并没有找到他们在带头掀起暴乱之前就是土匪

或走私犯的证据。]*

总而言之，在这些各种形式的反抗法律的活动中，我们看到区分政治范畴内的活动和普通法范畴内的活动是如此艰难。

其实在这些持续的、层层渐进的活动中，刑事体系（=刑事理论、刑事制度和刑事实践）能够凸显出政治犯罪和普通刑事罪的区别**。

我的意思并不是说区别从这时候开始产生；也不是说从这时候开始区别永远存在。

长久以来，政治和普通法之间的对立影响着刑法和镇压实践活动；我们还会在下文中再次讲解这种对立。

而16世纪末和17世纪［从宗教战争到投石党运动（Fronde）、个人或集体判处国王死刑、人民大型起义等活动］无疑是对这种对立的形成起着至关重要作用的时代。

此时国家重新把手伸向司法。

无论如何，在一切反抗法律***的基础之上、在一切反权力的斗争的基础之上，赤脚汉起义于1639年爆发了。

—起义依靠曾经积极或消极抵抗税收的据点。

—起义依靠曾经制定的武装干涉战略。

---

* 手写稿中，这句话被写在方括号中。

** 被划掉的段落：

"举例说明，即使不借助任何明确提出的理论，只要看塞吉埃在1639年是怎样镇压暴乱的就可以得知，［……］

说实话，刑事体系没有停止对这种区别的划分"

*** 福柯曾写道："反抗权力"。

我们要指出该起义的某些特征：这些特征可以让人们从本质上理解运用到的刑事策略。

镇压可以说是"野蛮的"，也可以说是宽容的。在镇压中，"盲目打击"的暴力特征与苛求的仪式并存。镇压还混合了战斗和军事占领，并带有司法标签。

其实这种奇特的混杂遵从于一种复杂的体系*。

我想指出塞吉埃表现出的这种非同寻常的"惩治礼节"和"刑事仪式"同时与以下两点相符合：

—镇压的政治布局：被许可的联盟和被强制的服从、支援据点和压迫据点的战略。

—权力戏剧性的表演：也就是说通过人物、符号和话语，在时间和空间里以可见的、仪式性的形式来行使权力[11]。

简而言之，我们讲的是在"镇压的排场"中分析"权力的表现"，也就是说：对于一个受到压迫又起来反抗的阶级，怎样将其征服并再次征服；与此同时，撇开国王本人不说，怎样在最大程度上展示国家的"武器"。

---

* 这与被划掉的一段内容相一致：

"——不是刑事理论体系（当时能够论证过去事情的刑事理论还不存在）

——不是立法体系（更多的事情是不合法的，不管怎样，是绝对创新的）

——而是权力体系，后来权力体系引出了理论和立法汇编。"

国家的“凯旋”

1. 这是一场反税收的骚乱

骚乱进行的时候正是下诺曼底（Basse-Normandie）所掌握的特权被废除的时候——这里的特权是指四分之一汤税（自由采盐，并把四分之一的收成卖给国王）[12]。

8 • 这是诸多的举措之一，通过这些举措，权力增加了税收的压力*。

—对酒征税导致了1631—1632年普瓦捷起义的爆发。

—试图在外省落实选举赋税制度导致1630年艾克斯起义的爆发。

—1628年在拉瓦尔对布匹征税→暴乱[14]。

在1634年，人头税（le taux de la taille）增加了四分之一。1610年的人头税税收总计一千七百万利弗尔，而到了1642年，这个数字是四千四百万利弗尔[15]。

• 然而这笔税收主要是增加在农民和城市平民（plébéiens des villes）身上[16]。原因有以下几点：

—税收的方式；

—间接征税的主导部分；

—享有特权者的数量。

---

* 手写稿在空白处写道：“1637年盖伊·帕丁（Guy Patin）说：‘最终我们把赋税加在靠太阳取暖的人们的头上’[13]。”

因此一切税收的增长都会影响到最贫困阶级的生存的可能性。

- 富人也被波及，不过是以间接方式被波及：

  —无法取得自己的定期收益；

  —购买能力下降。

所以资产阶级和地主们自愿被卷入反税收的运动中或者持放任的态度。只有在自身受到威胁的情况下，他们才会表示出明确的反抗。

- 也许必须承认这种税收只是封建地租的中央集权形式（随后以年金的形式返给封建主）[17]。然而在这一点上，王室税收：

  （a）在数量上要比领主的税收繁重得多；

  （b）在种类上要比领主的税收更加名目繁多（后者一般在全年是固定的，必要时种类还会减少）；

  （c）由受益者带着更少的兵力去收取。

所以，王室税收制度首先就会受到人民骚乱的攻击。在农民和城市工人的眼里，税务官就像是首要敌人。 9

2. 其发展与同时期许多其他事件有着相同的线路

a/ 在中世纪获取租金和服务的领主是攻击的目标，而现在被攻击的是税务官或人们以为的税务官。

—7 月 16 日，首先被攻击的是普皮内尔（Ch. Le Poupinel，库唐斯行政、司法管辖区的特别中尉），他来到阿夫朗什是为了支持一位亲属的诉讼[18]：

—一位法官的到来[19]

—他们征税

随后人民在圣—伦纳德（Saint-Léonard）袭击了一名税务官[20]（并没有将其杀害），

—杀死一位富翁。[尼科尔（Nicolle）的内兄[21]]

—8月5日，人们在鲁昂杀死了某位名为鲁热蒙（Rougemont）的人，他是刚到不久的染色剂税收官（1639年5月规定每古尺染色呢绒的新税是4苏[22]）。

—夺取税收：7月末，人民在阿夫朗什夺取了9000利弗尔（livres）[23]。（人们在卡昂市政厅要求归还财产。[24]）

—特别是（在税务官府邸或者在他们的办公室里）洗劫并销毁税务机关的档案。

波及的税务办公室总计9间[25]。

8月12日在维尔，人们攻击了一名（裁决税收事务的）官员。局势陷入混乱之中：萨尔希里（Sarcilly）主席被处死[26]。然后萨尔希里以及收取人头税的税务员茹尔曼（Jourmain）的府邸被放火抢劫（这是同时燃烧了他们的家具和文件的喜悦之火）[27]。

以上是对抗文件、文书的旧形式的斗争。

b/ 第二阶段：袭击最有钱人家的府邸。人们把家具、餐具、壁毯丢到外面，并在街上点燃喜悦之火。但不偷走任何东西。

8月21日在鲁昂，人们劫掠并拆毁了税务官于戈（Hugot）的府邸。人们在街上烧毁了房子里的东西，“然而并没有侵吞任何东西”[28]。

戈林（Gorin），这位领导鲁昂起义的钟表工人来到街上， *10*
他手持一根末端带有铜球的金属棍，敲了一些府邸的门，而后这些府邸都被洗劫[29]。

c/ 出于某些我们将要讲到的原因，对市政权力和（除了税收司法以外）司法机构的（如同在别处发生的）攻击并没有发生。

然而干涉司法职能的事件多次出现：

在蓬—吉尔伯特（Pont-Gilbert），有人抢劫了五座农庄的办公室；在圣—伦纳德，有人抢劫了税务官的办公室。在这之后，人们手持武器在法官家门口游行，并叫喊着：“如果他们对发生的事件展开诉讼，就烧毁他们的府邸”[30]。

在处死（染色剂税收官）鲁热蒙之后，证人们拒绝讲述自己看见的事情。他们声称自己什么都没有看到，只看到“有些人戴着红色便帽，有些人戴着白色便帽，还有一些脚夫、一些独轮手推车车夫、一些女人和孩子”[31]。

在8月23日逮捕戈林的事件发生很久之后，人们看到竖起的绞架被拔出并且被烧毁[32]。

3. 这种动荡让哪些力量涌现出来？

—一方面，农民：他们以整个市镇为单位发起暴动（在阿夫朗什和库唐斯区，共计 27 个教区；还有包括芒蒂利的 9 个教区[33]）。

从 7 月到 11 月，在持续发生的暴动中农民轮流从军或务农。

这个数字是 20000 人，格劳秀斯（Grotius）[34] 说。

—另一方面，工人和他们在城市里的伙伴：

—他们受盐税所累，

—并且背负着多种对其工作不利的税目。政府在春天规定对染料征税；不久以后又对皮革征税。

在城市郊区或近郊，农民和工人之间保持着联系。8 月初达尔内塔尔（Darnétal）的工人占领了鲁昂的马路，并在那里盘
11 踞多日[35]。

- 面对此景，特权阶级的态度是怎样的？
- 毫无疑义，数量有限的贵族和资产阶级以个人的名义表示支持。

这些人包括军官中的蓬埃贝尔（Ponthébert）、拉巴西里耶尔（La Basilière）、雷菲韦尔［Reffuveille，他是迪普莱西—莫尔奈（Duplessis-Mornay）的孙子］；律师梅纳尔迪耶尔（Ménardière）的儿子、律师鲁特利

(Routry)、拉鲁埃（Lalouey，书记员的儿子）[36]。

- 尽管骚乱已经牵涉到税务官，鲁昂的资产阶级仍然保持着中立的态度。他们甚至多次拒绝介入其中[37]。

  例如，在人们洗劫总税务官于戈的府邸时，一些官员想要干涉。而资产阶级阻止这些官员说："什么，你们想阻碍公众的利益！"火炮兵被派遣到现场，他们的队长被石块击中头部而受伤[38]。

  同样的事情发生在人们洗劫图尔纳维尔（Le Tellier de Tourneville）的府邸时："我们武装起来是为了保护自己，而不是为了捍卫垄断者，我们不会为了他们让自己被杀死[39]。"

- 而议员们，同样，他们既没有立刻反对人民运动，也没有明确地反对人民运动。他们试图在人民与王室税务官的冲突中寻找可图之利[40]。

  —作为收取地租的地主，他们与税务官之间是竞争的关系，因为后者试图不断增加国王抽取的部分。

  —作为纳税人的地主，他们与税务官之间是冲突的关系，这种冲突并不是直接发生的，而是通过他们的职位间接地发生：

    —（财政官及司法官每年缴纳给国王的）官职税（paulette）

    —职位的增加。

此时审理间接税案件的最高法院已经拒绝登记税种。6月

7日该法院受到了梅尔科厄（Mercœur）公爵的强制。总检察官声称：“既然梅尔科厄需要他的公务人员绝对服从，我命令登记[41]。”

8月鲁昂发生大骚乱时，议会把自己打扮得更像是调停者，而不是秩序的担保人，与王室公务人员的权力相比，如同另一种具有明显区别的权力，尽管它本身同样来自国王。

在面前的各种力量关系的对比中，议会希望自己像有别于
12 其他的权力机关一样发挥作用，并且通过自身的权力符号出现在其中。

—议员们以他人拒绝登记法令为借口，身着自己的袍子并佩戴一切能够彰显身份的服装标志，走遍每一条街道要求骚乱者们待在自己家中[42]。

—他们多次要求（收取盐税的总税务官）图尔纳维尔离开自己的府邸并离开这座城市。

图尔纳维尔并不想离开，他抵抗、配备武器保护自己的府邸。当人群来洗劫时，他命人开枪射击：资产阶级的一名儿童被杀。议会立即派人散布“消息：关于图尔纳维尔家中躲在营垒后的人对资产阶级犯下暴力事件[43]”。

—骚乱的带头人戈林被捕时受到了一些法律保护，他并没有被立刻处以死刑[44]。

—特别是在8月末鲁昂的骚乱被平息的时候，议会顶着来自王室权力的压力，对重建办公室的事情毫无作为[45]。

因此直到年末，整个鲁昂都没有收任何税*。

注释

1. 福柯在此处指出了课程背景。参见下文“授课情况简介”第248页(原版页码，即本书边码。下同。——译者注)。 13

2. 这里讲的是赤脚汉起义（1639—1640），福柯将其作为课程的第一部分。关于此次起义，福柯参考了以下文献（参见Fonds，BnF，Boîte 2，Enveloppe 7，《赤脚汉》和《17世纪初的人民运动》)：《大法官塞吉埃在诺曼底地区的旅行日记》(*Journal du voyage du Chancelier Séguier en Normandie*）又名《日记》(*Diaire*)，此次旅行的目的是为了对1639年12月15日（塞吉埃接到去诺曼底的任务之日）至1640年3月27日（他回到巴黎的日子）间发生的运动进行镇压。该日记由行政法院审查官韦尔塔蒙（François de Verthamont）撰写，他曾任吉耶纳地区总督，在镇压过程中全程陪同塞吉埃。诺曼底档案员和历史学者弗洛凯（Amable Floquet）(1797—1881）在1842年发表该日记。福柯把该日记中提供的信息与另一个关于运动和镇压的重要资料进行了系统地对比，该资料由鲁昂的议员比戈·德·蒙维尔（Alexandre Bigot de Monville）(1607—1675）撰写，1876年艾斯坦托（Estaintot）子爵将其出版（福柯依据的正是这一版本)，1976年历史学家玛德琳·富瓦西（Madeleine Foisil）将其再版。该文章毫无偏袒地讲述了起义和镇压的事情，比戈·德·蒙维尔既对议会主席福孔·德·里斯（Faucon de Ris）抱有敌对态度，同时作为一名议员，他又致力于维护议会，对抗镇压之后来自巴黎的“税务官”和新议员。除了这两份

---

* 此处手写稿中包括3处引文：

在卡昂：“由于不合时宜的采盐，36名犯人受到了少量的罚款；他们并不悲惨，其中并没有穷苦的乞丐、耄耋之年的妇人。”(参见《大法官塞吉埃在诺曼底地区的旅行日记》，第329页)

马里拉克：“国王应该常常听取议会的忠臣的谏言，而不是他们制定的法令。”(《诺曼底议会史》，第4卷，第499—500页)。

司法部长洛贝皮恩（Laubespine）说：“你们在这里只是为人们谋求正义，而不是为了了解国家事务。”(《诺曼底议会史》，第4卷，第500页)。

时代的见证以外，福柯还研究了《诺曼底议会史》(*Histoire du Parlement de Normandie*) 的第 4 卷和第 5 卷，该资料由弗洛凯分别在 1840 年和 1842 年发表。这是一本信息量很大的汇编，参考了许多未发表的文献（鲁昂议会或市政当局的秘密纪要等）和当时的其他资料，其中也包括弗洛凯在《大法官塞吉埃在诺曼底地区的旅行日记》中记录的信息。然而福柯最主要的参考依据是苏联历史学家波尔舍内（Boris Porchnev）的作品《法国 1623 年至 1648 年期间的人民起义》(*Les soulèvements populaires en France de 1623 à 1648*)，该论题撰写于 20 世纪 30 年代末，于 1948 年用俄语发表，于 1954 年用德语发表，最终在 1963 年在法国发表（Paris，SEVPEN/EPHE，第 5 节 /CRH.《外国著作》IV）。其中整个第二部分都用于描写赤脚汉运动（第 303—502 页）。无论是对赤脚汉的说明，还是对 17 世纪人民运动的更概括性的解读，福柯都在波尔舍内的思想中汲取到很多的灵感。福柯熟悉并经常引用罗兰·蒙尼耶（Roland Mousnier）发表的相关作品:《农民的愤怒——18 世纪的农民起义（法国、俄国、中国）》(*Fureurs paysannes. Les paysans dans les révoltes au XVIIIe siècle-France*，*Russie*，*Chine*，Paris，Calmann-Levy，1967)，其中从第 97—121 页都在讲述关于赤脚汉的事情，另外在《羽笔、锤子和镰刀》(*La plume*，*la faucille et le marteau*，Paris，RUF，1970）中，蒙尼耶在第 335—368 页引用了波尔舍内的解释，并明确地进行了评判。若想更详细地了解波尔舍内和蒙尼耶之间的笔战以及福柯的立场，请参见本书后面：多伦（C.-O.Doron)，《福柯与历史学家们》(*Foucault et les historiens*)，第 291—307 页。最后，关于事实因素，福柯很大程度上参考了专题著作《赤脚汉的起义与 1639 年诺曼底的起义》(*La Révolte des Nu-Pieds et les révoltes normandes de 1639*，Paris，PUF，1970)，该作品的作者是罗兰·蒙尼耶的学生，历史学家玛德琳·富瓦西。此后，这部作品成为了研究该主题不可或缺的参考资料。

14　　关于对普遍性的人民起义的解释、特别是对赤脚汉的解释的最新研究，要参见伊夫—玛丽·贝尔赛（Yves-Marie Bercé）的作品，特别是他的《乡下佬和赤脚汉——法国 16 至 19 世纪的农民起义》(*Croquants et Nu-Pieds*: *Les soulèvements paysans en France du 16e au 19e siècle*，Paris，Gallimard，1974，2013)，还有《现代欧洲的起义和革命》(*Révoltes et Révolutions dans l'Europe Moderne*，Paris，PUF，1980)，此外，还有让·尼古拉（Jean Nicolas）的《法国式的反抗——人民运动和社会意识（1661—

1789）》（*La Rébellion française. Mouvements populaires et conscience sociale*（*1661—1789*），Paris，Seuil，2002），该作品讲述的是赤脚汉之后的时代。

3. 关于这些暴乱的发生顺序，参见波尔舍内，《法国 1623 年至 1648 年期间的人民起义》，第 133—134 页。艾克斯起义与选举制度试图在艾克斯的建立密不可分。1631 年起义被公爵率领的军队镇压（参见同上书，第 143—151 页；蒙尼耶，《羽笔、锤子和镰刀》，第 377—378 页）。吉耶纳的运动开始于 1633 年发生在尼奥尔（Niort）和达克斯（Dax）的暴乱。接下来是 1635 年发生在波尔多的大型暴乱，原因是各种皇家赋税逐渐上涨，特别是因为增加了一种关于酒的新型税种。然后是 1635 年发生在阿让（Agen）和佩里格（Périgueux）的起义。这些起义被韦尔塔蒙（后来撰写了《大法官塞吉埃在诺曼底地区的旅行日记》）和埃佩尔农（Épernon）公爵镇压（参见波尔舍内，第 157—186 页；蒙尼耶，《农民的愤怒——18 世纪的农民起义（法国、俄国、中国）》，第 54—57 页）。1632 年 12 月里昂起义的原因与进出口商品关税过重的问题密不可分（参见波尔舍内，第 151—156 页）。普瓦图和普瓦捷的运动被蒙尼耶记录在《农民的愤怒——18 世纪的农民起义（法国、俄国、中国）》，第 53—54、63—85 页：起义主要与糟糕的收成和关于小麦价格的投机活动有关。

4.“我认为这对国王的权力机关和其事务可能会造成无法估量的损失。法国全面发生暴乱。议会没有惩办任何人。”（1630 年 7 月 15 日马里拉克写给黎塞留的信笺，福柯摘自波尔舍内的《法国 1623 年至 1648 年期间的人民起义》，第 294 页。）

5. 4000 这个数字出自弗洛凯，根据他的著作内容，1623 年的法令使得“4000 名穷人”“饿死”，因为该法令把他们的工作转变为“公有产业”——或被征税，或被转卖。

6. 参见同上书，第 444—445 页。“一个成立在埃夫勒区附近的帮派，由比松—科尔尼和他的儿子统帅，他们在那里盘踞多年，‘犯下了极端暴力的、反人性的无尽恶行，就连天空和大地都呼喊着复仇’。”（第 445 页）

7. 参见蒙尼耶，《农民的愤怒——18 世纪的农民起义（法国、俄国、中国）》，第 104—105 页：“鲁昂、阿朗松”和“卡昂是征收盐税的地区，王室拥有盐的专卖权，附加沉重的赋税。然而科唐坦”和其他的一些子爵领地“是征收四分之一汤税的地区。也就是说制盐工人蒸干海水采盐，把收成的四分之一交给国王，自行处置剩余部分”。如此“对盐的生产和贩卖产生不良影响。盐商经过多次转卖，把盐带到征收盐税的地区边界。”

8. 关于这部分内容，参见下文，第105页。

9. 参见下文，第121页（关于塞朗塞）和第109页（关于芒蒂利）。参见富瓦西《赤脚汉的起义与1639年诺曼底的起义》，第75—78页（关于塞朗塞）。

15 10. 为了便于理解福柯在前面五次课程中阐述的事件，我们附加了一份关于赤脚汉起义及其镇压的简要年表。若要更详细地了解该编年表，参见富瓦西《赤脚汉的起义与1639年诺曼底的起义》，第163—171页；参见弗洛凯，《大法官塞吉埃在诺曼底地区的旅行日记》(*Rouen*, *Édouard Frère*, 1842)，第451—461页。为了方便读者阅读，我们将分别叙述起义的年表和镇压年表。

（1）起义。1639年7月16日：在阿夫朗什（Avranches）和其周边地区，普皮内尔被谋杀、一名负责收税的办事员被攻击，而后多间办公室被洗劫：标志着骚乱的开始；1639年4月4日：在鲁昂，染色剂税务官鲁热蒙被谋杀；1639年4月8日，在卡昂，与皮革标识相关的办事员遭到抵制，骚乱开始。从4月12日到20日，卡昂、维尔、阿夫朗什发生多起骚乱。从4月20日开始直到24日，鲁昂发生大型骚乱：人们洗劫多处府邸；攻击收取盐税的税务官勒泰利埃·德·图尔纳维尔（Le Tellier de Tourneville）的府邸。从4月26日到30日，卡昂发生新的骚乱：多所府邸被洗劫。在1639年9月，骚乱在阿夫朗什地区和库唐斯（Coutances）地区持续发生。在1639年10月和11月，起义以更零散的形式发生在阿夫朗什地区；11月30日，暴动者在对陆军上校加西昂（Gassion）所率领的军队发起的战争中失败。富瓦西认为，从1639年7月16日到11月末的起义时间如下：在7月共计5天，在8月共计17天，在9月共计11天，在10月共计2天，在11月共计2天。

（2）镇压。事实上要区分镇压的三个任务。福柯在课程中主要提到的是陆军上校加西昂和大法官塞吉埃（Séguier）在鲁昂和下诺曼底区（特别是在阿夫朗什）镇压的事情，但是不要忘记，从1639年10月20日开始，查尔斯·勒罗伊·德·拉波特里耶（Charles Le Roy de La Potherie）就任卡昂财政区的司法总督，11月等待与加西昂见面。1639年11月16日，加西昂受命奔赴诺曼底：他于11月23日进入卡昂。11月30日，他对阿夫朗什附近的暴动者发起战争，并在12月1日和2日在城里执行死刑。12月14日，他受命奔赴鲁昂，而他的军队在 12 月 31 日才到达。12 月 15 日，大法官塞吉埃受命奔赴鲁昂：19 日他从巴黎出发，21 日驻扎在加容（Gaillon）（距离鲁昂 20 公里）。12 月 23 日至 30 日之间，他在那里接见了鲁昂城里的多个贵族代表团（议员、大主教、市长等）。从 1639 年 12 月 30 日至 1640 年 1 月 1 日，他驻扎在蓬德拉尔克（Pont-de-l'Arche，距离鲁昂 10 公里），他在那里继续接见代表团，而加西昂的军队于 1639 年 12 月 31 日进驻鲁昂。塞吉埃本人于 1640 年 1 月 2 日到达鲁昂，他在那里进行镇压活动直至 2 月 11 日。而后他去了下诺曼底区和卡昂（从 2 月 16 日停留到 2 月 28 日），又去了库唐斯，从 3 月 4 日停留到 14 日。1640 年 3 月 27 日，他回到巴黎。

11. 大法官皮埃尔·塞吉埃（Pierre Séguier，1588—1672），巴黎议会主席，1621 年至 1624 年任吉耶纳总督，1633 年被黎塞留（Richelieu）任命为司法部长，1635 年被任命为大法官，此后他一直担任该职务（不包括在投石党运动期间）直至 1672 年逝世。带有双重头衔的塞吉埃对于专制主义国家和国家行政的作用不可小觑，而且他承担着司法和镇压双重职责。特 16
别值得一提的是他创立了多种重要的诉讼程序，并指挥了对赤脚汉运动的镇压活动。正是因为塞吉埃积累下来的档案，波尔舍内和蒙尼耶得以研究 17 世纪为针对各种人民情绪而采取的镇压活动（参见下文，多伦，《福柯与历史学家们》，第 292—298 页）。关于塞吉埃，参见里歇（D.Richet），《法官之家：塞吉埃》（*Une famille de robe：les Séguier*）和《大法官塞吉埃的职业和财富》（*Carrière et fortune du Chancelier Séguier*）收录在《从改革到革命——关于现代法国的研究》（*De la Réforme à la Révolution. Études sur la France Moderne*），Pierre Goubert 做序，Paris，Aubier（《历史》丛书），1991 年，第 155—316 页；参见希尔德斯海默（F.Hildesheimer），《黎塞留和塞吉埃》（*Richelieu et Séguier，ou l'invention d'une créature*），由贝尔纳·巴尔比什（Bernard Barbiche）&（伊夫—玛丽·贝尔赛）Yves-Marie Bercé 收录在，《对旧时法国的研究》（*Études sur l'ancienne France*），Paris，École des Chartes/Champion，2003 年， 第 209—226 页。

12. 波尔舍内，《法国 1623 年至 1648 年期间的人民起义》，第 313 页；蒙尼耶，《农民的愤怒——18 世纪的农民起义（法国、俄国、中国）》，第 104—107 页。讲述的是一种流言，传说在下诺曼底要确立盐税，这样就会消除征收四分之一汤税的地区的特权。

13.“恐怕最终我们要把赋税加在靠太阳取暖的人们的头上”(盖伊·帕丁,引用谢吕埃尔(André Chéruel),《法国君主制政府——从菲利普·奥古斯特即位到路易十四逝世》(*Histoire de l'administration monarchique en France, depuis l'avènement de Philippe-Auguste jusqu'à la mort de Louis XIV*),Paris,Desobry,第1卷,1855年,第210页)。

14. 这些日期以及关于征税理由的信息都出自波尔舍内的著作《法国1623年至1648年期间的人民起义》,第266—267页。在普瓦捷,对酒征税引发了1625年、1631—1632年、1638—1640年的起义;在拉瓦尔,起义是由“对布匹制造的监督和控制制度”(第267页)引发的。关于艾克斯,见上文。

15. 参见波尔舍内,《法国1623年至1648年期间的人民起义》,第394页。

16. 城市平民(plébéiens des villes)这一概念是由波尔舍内从恩格斯(Engels)关于1525年德国农民战争的著作中提取出来的。参见《德国农民战争》(*Der Deutsche Bauernkrieg*[1850]/La Guerre des paysans en Allemagne, Émilie Bottigelli译,Paris,Éditions Sociales,1974)。波尔舍内沿用了这个概念,根据不同时期的用语,来描述人民中的“贱民”(populace)、“下等人”(canaille)“渣滓”(lie)(参见《法国1623年至1648年期间的人民起义》,第269—275页),这里指的是一群不符合规则的混杂群体,包括“手工业者和手工工场里的工人组成的前无产阶级”、“大批小手工业者”、“没有确定职业和固定居所的人群”,特别是包括了恩格斯所指的“流氓无产阶级”(Lumpenproletariat),值得注意的是在当时这个词要比在19世纪的时候“更健康”,并不是指那种“道德败坏的”、“易被收买的”人。

在同一时期,“平民”的概念对于福柯非常重要,因为“非无产阶级化的平民”和平民之间的分界线被废除,其中刑事体系从19世纪开始发挥作用,而福柯在这个废除过程中看到了一个关键点,该关键点将重新分割课程中提及的种种问题(特别是区分“政治犯罪”和“普通刑事罪”的谱系学问题,以及一切犯罪都是政治性的事实表述)。见下文,“授课情况简介”,第245、250、260—261页;参见《言与文》,1954—1988(D. Defert & F. Ewald主编,Paris,Gallimard,1994,第4卷),第105、107、108、125号。从1973年开始,福柯开始与“暴动的平民”(Plèbe séditieuse)

和“非无产阶级化”(non-prolétarisée) 等概念保持距离，这一点特别体
现在其作品中，参见《惩罚的社会》(*La Société punitive. Cours au Collège
de France, 1972—1973, Paris*, EHESS-Gallimard-Seuil, 2013)；《关
于惩治监禁》(*À propos de l'enfermement pénitentiaire*, 与 A. Krywin 和
F. Ringelheim 的访谈，Pro Justitia., Revue politique de droit，第 1
卷，注 3—4：监狱，1973 年 10 月，第 5—14 页)，DE，II，注 127。见下 17
文，1971 年 12 月 1 日的课程，第 34—35 页，注 13。

17. 这是波尔舍内的著名论题：参见《法国 1623 年至 1648 年期间的人民起义》，第 395—396 页。“必须再一次指出，封建国家对人民的税收只是封建地租的中央集权形式，而不是其他，同样，从起源上来说王室权力只是封建等级的中央环节。”(第 395 页)。关于更多细节，见下文多伦，《福柯与历史学家们》，第 293—295 页。

18. 参见波尔舍内，《法国 1623 年至 1648 年期间的人民起义》，第 314 页。参见弗洛凯，《大法官塞吉埃在诺曼底地区的旅行日记》(*Rouen, Édouard Frère*, 1842)，第 397—400 页、第 422—424 页。相关的日期是 1639 年 7 月 16 日。

19. 法官指的是贝纳尔迪埃—普皮内尔（Besnardière-Poupinel)，他是该行政、司法管辖区的特别中尉，首席法官。因为他的头衔，并且同时有流言说将会设立盐税，于是他被看作是“垄断者、盐税税收官”，为国王征税。参见富瓦西，《赤脚汉的起义与 1639 年诺曼底的起义》，第 198—199 页。

20. 参见《大法官塞吉埃在诺曼底地区的旅行日记》，第 424 页。

21. 指的是戈阿斯兰（Goaslin)，他被绑在马后面拖了 3 天，然后被两枪毙命。参见《大法官塞吉埃在诺曼底地区的旅行日记》，第 305 页。

22. 参见同上书，第 365 页。

23. 参见同上书，第 399 页。

24. 参见波尔舍内，《法国 1623 年至 1648 年期间的人民起义》，第 353 页。8 月 6 日，人们要求归还征收的税款，这些税款是为了参加战争的人们的给养而征收的，并且人们要求归还收税官侵吞的税款。

25. 参见蒙尼耶，《农民的愤怒——18 世纪的农民起义（法国、俄国、中国）》，第 118 页。在这些办公室里居住着税务官，他们负责收取各种消费方面的间接税，特别是对酒收税（用于“帮助”他人)。

26. 参见《大法官塞吉埃在诺曼底地区的旅行日记》，第 410 页。在混乱

中，“石头和拳脚落在萨尔希里身上［……］以致他当场死亡”。

27. 参见《诺曼底议会史》，第 4 卷，第 574 页，“人们围绕在喜悦之火周围跳舞、叫嚷、咒骂盐税收取者和垄断者”。参见《大法官塞吉埃在诺曼底地区的旅行日记》，第 437 页。

28. 参见《诺曼底议会史》，第 4 卷，第 602 页。于戈曾是负责多种税收的总税务官。

29. 参见同上书，第 605—608 页。戈林，鲁昂的钟表匠，被看作是鲁昂的主要的情绪煽动者。

30. 参见《大法官塞吉埃在诺曼底地区的旅行日记》，第 424 页。“如果他们对所发生的事件展开诉讼，人们就烧毁官员们的府邸”。

31. 参见《诺曼底议会史》，第 4 卷，第 600 页。原文是这样的：“很多人戴着红色便帽，有些人戴着白色便帽，还有一些脚夫、一些独轮手推车车夫、一些女人和孩子。”

32. 参见同上书，第 25 页。

33. 起义扩展到两个地区。第一个地区是阿夫朗什和库唐斯，其中 97 个教区中的 27 个教区参与到起义中。第二地区是在莫尔坦（Mortain）和洞夫隆（Domfront）之间，9 个教区参与到起义中，其中芒蒂利以不愿交人头税而出名。参见蒙尼耶，《农民的愤怒——18 世纪的农民起义（法国、俄国、中国）》，第 108—109 页。

18 34. 这里的数量出自瑞典驻法国大使雨果·格劳秀斯（Hugo Grotius）写给大法官乌克森谢纳（Oxenstiern）的信笺（Hugonis Grotii Espistolae, Amsterdam, 1687），1639 年 12 月 3 日的信笺；参见波尔舍内，《法国 1623 年至 1648 年期间的人民起义》，第 322 页。

35. 参见《诺曼底议会史》，第 4 卷，第 322 页。

36. 参见富瓦西，《赤脚汉的起义与 1639 年诺曼底的起义》，第 182 页。参见蒙尼耶，《农民的愤怒——18 世纪的农民起义（法国、俄国、中国）》，第 111—113 页。

37. 参见波尔舍内，《法国 1623 年至 1648 年期间的人民起义》，第 380—381 页：“实际上，在开始的时候，资产阶级准备表现出对起义进行支持和认可的态度。”接下来的例子可以在波尔舍内的文章中找到。

38. 参见《诺曼底议会史》，第 4 卷，第 604 页；参见波尔舍内，《法国 1623 年至 1648 年期间的人民起义》，第 380 页。

39. 参见《大法官塞吉埃在诺曼底地区的旅行日记》，第 353 页："他们武装起来只是为了保护自己，而不是为了保护垄断者，并且不要让自己为了垄断者而被杀死"；参见波尔舍内，《法国 1623 年至 1648 年期间的人民起义》，第 381 页。尼古拉·勒泰利埃·德·图尔纳维尔（Nicolas Le Tellier de Tourneville），国王秘书，鲁昂城里最重要的"税务官"之一，是总负责征收盐税的高级官吏。在 1648 年他把自己的女儿卡特琳娜（Catherine）嫁给了弗朗索瓦·哈考特（François de Harcourt），后者来自诺曼底贵族中的一个大家族。

40. 在这里，福柯有些脱离波尔舍内的观点，后者仅仅强调事实：议会在资产阶级和人民"根基"及与之关系密切的"占优势的封建贵族"之间摇摆不定，利益推着议会去"捍卫贵族和专制主义的地位"（参见波尔舍内，《法国 1623 年至 1648 年期间的人民起义》，第 382 页）。

41. 参见《诺曼底议会史》，第 4 卷，第 598 页，原文如下："既然梅尔科厄需要他的公务人员绝对服从，（总检察官说，）我要求登记，国王的明确命令"（这一句在文章中被下划着重线）。其中的日期是指 1639 年 6 月 7 日。

42. 参见同上书，第 618—619 页。

43. 参见同上书，第 611—612 页；参见波尔舍内，《法国 1623 年至 1648 年期间的人民起义》，第 384 页。

44. 参见《大法官塞吉埃在诺曼底地区的旅行日记》，第 5—6 页。

45. 参见同上书。

19 # 1971年12月1日的课程

阶段概要：(1) 瞄准国家税收制度的人民暴动；(2) 贵族、资产阶级、议员的回避；(3) 军队作为唯一的保障：迈向“武装起来的司法”(justice armée) 的世纪；(4) 王室权力建立新的镇压体系。——创造新镇压体系的历史？反对意见：国家镇压机制的先前性 (antériorité)。回复：立法制度持续发展，然而司法制度内部却存在分隔；一方面，与旧体系连接；另一方面，新体系产生。与后革命 (post-révolutionnaire) 的资产阶级形成对比：资产阶级在司法独立的面具后面确立一种统一的镇压体系，同时具有国家的、司法的和治安的属性。——回到诺曼底的赤脚汉起义。他们赋予自己权力符号，并且擅取特权。反对法律的同时就是一种法律、反对司法如同于行使司法。——行使权力的符号：他们参照着自己穷困的特征所起的名称；他们的象征性的领导者、虚幻的人物；他们“以国王的名义”发布的命令。——在（军事、行政、财政、司法）权力行使过程中做出的举动。——实施镇压活动是反对另一种权力。

概要

人民暴动

- 人民暴动是对税收压力的回应，因为税收的增长超过了最贫困的人民的忍耐限度。
- 人民暴动接连牵涉到农村的人民和城市的人民：
  —农村的人民，从 1639 年 7 月到 11 月，几乎是以持续的方式参与其中；
  —城市的人民，以零散的方式参与：在鲁昂，8 月的前 3 周；卡昂，10 月中旬。
- 然而尽管暴动不是同时开始的，其原因各不相同（农村中的盐、鲁昂的染料、卡昂的皮革[1]），运用到的战略也各有千秋（在城市里——骚乱遇到军队；而在农村——更加自由的 20
方式），这些暴动都是同一个运动的组成部分——它们都使用同一个符号：赤脚汉。

特征

- 骚乱是有选择性的，甚至是以排他性的方式针对国家税收制度的代理人：
  —被认为是对税收制度的确立发挥作用的人［博普雷（Beaupré）[2]］；
  —通过租赁体系从税收制度中获取利益的人；

—对税收制度的适用、税收的分配和缴纳进行控制的审理间接税案件的最高法院（Cour des Aides）[3]；

只有在末期，骚乱才以毫无差别的方式转而针对富人。

- 然而在国家税务机构受到攻击的时候，它所依靠的并且与之相关的社会团体采取回避的态度：

—贵族，其中很大一部分贵族置身事外，因为国家税收制度与他们自己的税收形成竞争关系，而且国家税收制度只对大贵族有利；

—资产阶级，他们同样退缩不前，因为税收制度妨碍出口活动并大大降低了人民的购买力；

—议员，他们也是同样无所作为，因为他们与国家税收制度之间存在竞争关系：

·议员作为地主——税收制度触及了他们自己的地租，

·议员作为有审判权的人（justicier）——进行审判活动也要纳税。

1. 毫无疑问，这不是国家税收制度第一次与贵族、资产阶级，甚至是议会发生矛盾。我们同样可以说从腓力四世（Philippe le Bel）时期以来，这种矛盾持续存在，至少与贵族和资产阶级之间的关系是这样的；国家机器只有如此才能战胜这些矛盾：被部分贵族所掌握，并服务于他们的利益（以其他贵族利益为代价）；被部分资产阶级所掌握，并服务于他们的利益（以其他资产阶级利益为代价）。

2. 然而随着16世纪的经济大发展，亨利四世在宗教战争之后[*]重建了国家的［秩序］[**]： 21

—为了经济政治学目的，依靠地主和资产阶级，

—依靠议员，并为了他们的利益使官职买卖体系化。

因此，在17世纪初，国家秩序从三个方面得以保障：

—第一个古老的部门是领主代理人（行政人员、税务人员、司法人员）[4]。几个世纪以来，该部门日趋衰亡，但是衰亡的速度非常缓慢。在18世纪，该部门仍然活跃并保持影响力；

—资产阶级自卫队（milice）同样是一个古老的部门，自卫队由最富裕的阶层配备，由市政当局指挥，被城市里的贵族（patriciat）[5]所掌握。

—第三个是稍微没那么古老的部门——议会，但是与圣·路易（Sanit Louis）时期的议会相比，它更加自由化、分段化并植入于外省；同时与议会并置的或在议会之下的还有一些司法部门，或是与税收相关的（如审理间接税案件的最高法院），或是更加普遍的低级部门［如初等法院（présidiaux）］[6]。

---

* 福柯在空白处提及“（法国亨利四世及路易十三时代）起义的农民，乡下佬”（croquant）：“为了迎接骚乱的挑战，领主、议员、资产阶级找到了亨利四世［……］”

** 根据下文，补充缺失的词语。

维护秩序的就是这三个部门，显然，它们总是在军队的支持下维护秩序。

3. 然而随着17世纪大萧条状况的加剧，随着地方贵族、资产阶级议员、资产阶级商人面临价格暴跌、租金减值（moins-value）和市场局限的危机，维护秩序的三个部门拒绝让国家机器介入，至少在一段时期内如此。

只有一种力量准备无条件地参与其中，这种力量直接得益于中央集权（pouvoir central）下的封建地租的集中：军
22 队。军队在17世纪是一个机构，其中的贵族能够最容易、最直接地从中受益，因为王室权力代替他们收取延迟的和集中的封建地租并结转给他们；军队也［成为］主要的维持秩序的部门，从而也是保障其享有的地租收取的机构。

从黎塞留到路易十四，人们处于“武装起来的司法”（justice armée）[7]的时代。该时代以镇压17世纪30年代的骚乱为起点，并以镇压卡米扎尔（Camisards）[①]为终点。

4. 王室权力追随着军队，并躲在这种力量后面确立了一种新的镇压体系：

—越发抑制领主司法和领主的镇压；

---

① 18世纪初在塞文山脉（Cévennes）地区反对路易十四的加尔文派教徒。——译者注

—涵盖资产阶级法庭和自卫队（当王室权力不能将其代替的时候，就控制它们）；

—以严重的冲突为代价，限制议会权力。

我们看到这个时期出现的“武装起来的司法”是一种新的镇压体系，其确立是为了替代三个支撑不住的部门，是为了保护国家机器，［然而也是］[*]保障税收以便获取钱财。

这种新体系

· 渗入旧体系的缺陷中，

· 涵盖、抑制、打乱旧体系，

· 最终战胜旧体系。

我们要介绍的就是这个新体系。

然而我们可以立刻提出一种异议：与税收制度的扩展紧密相连的国家镇压机制，它已经出现很久了。毕竟，王室司法长久以来都在发挥着这样的作用。

- 我们要知道：并不是说王室司法出现于17世纪初。不管怎样国王曾在实质上就是具有审判权的人；事实上长久以来，国王的司法已经扩展到他行使的领主司法的范围以外。

 —议会，它是权力的直接反映（而且议会声称自己是权 23
 力各个方面的直接反映）[8]；

 —司法官吏管辖的（prévôtal）司法，从16世纪以

* 手写稿：“并且”。

来，这也是一种王室司法[9]；

—还有1551年确立起来的初等法院[10]。

- 然而要注意的是，直到17世纪，一种新的镇压体系——在王室司法内部——才出现。

王室司法是以议会的形式、初等法院的形式，或司法官吏管辖的形式叠加在封建司法上的；两者相互配合（显然不会没有冲突，却是遵循着同样的模式和同样的作用方式）。

与第一种镇压体系相比，新镇压体系被国王更加牢牢地掌握，尽管如此，新镇压体系却遵循着一种完全不同的运转模式；而且它与旧体系也并不相似。“司法和治安的职能常常是不可调和的”（1667年法令［……］*）[11]

所以，我们或许不能认同某些历史学家的观点：他们认为王室司法从12世纪至13世纪开始，直到18世纪末都是处在持续缓慢的推进过程中，并且相继出现了议会、司法官吏管辖的司法、初等法院、治安中尉等；演变的标志是1447—1499年的立法汇编、1539年的立法汇编、1670年的立法汇编。[12]

我们应该认同的观点是，王室司法从17世纪以来被划分开：

—一方面，王室司法叠加在封建司法上，以便对其进行限制和控制，两者共同组成所谓的“封建镇压体系”。

—另一方面，新的王室司法与之前的司法相比，与国王

* 字迹潦草的三个词。

本人的联系更为直接，事实上这是一种新的镇压体系：“国家镇压体系”。

因此：

—在某种层面来说，这是一种制度上的持续发展，伴随着实际的、规范的立法步调；

—从另一种层面来说，这是在司法制度内部深层的分隔。 24

这种分隔摒弃了旧镇压体系中的某些制度，并把某些制度联接到新体系上：

（1）一方面：议会、初等法院，

（2）另一方面：治安中尉、监禁、国王封印密札（lettre de cachet），1670 年的法令。

划分的点是 17 世纪的人民暴乱，

所以我们得到了一张这样的示意图 *：

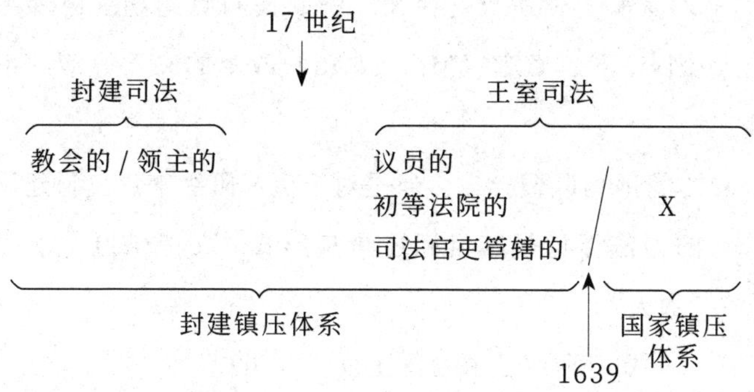

* 参照丹尼尔·德福尔（Daniel Defert）在上课时做的笔记。

---

* 第 10 页手写稿缺失，文章依据的是先前的复印件。

然而，倘若该示意图被采纳，一些事实就会被指明：

1. 人民暴动是为了反对中央集权性质的封建租金的收取。

镇压是为了保护租金、保护租金的收取还有保障租金收取的国家机器。这种镇压落实了一种机制，并且镇压在多次改革中实现，而改革与封建体系不能相容。

2. 这就解释了第一种矛盾：

- 该国家机器遭到了资产阶级的猛烈攻击，因为其目标*（是维持封建类型的税收制度）。在斗争中，资产阶级使一些人结盟，这些人对该镇压机制的目标没有敌意，而
25 是对其形式抱有敌意（掌握旧的镇压体系的人）：主要是议员。

从黎塞留时期起来反抗的议员，到大革命之前议员的反抗，长久以来，对立一直存在，例如投石党运动、冉森主义（jansénisme）、莫普（Maupeou）改革的失败等活动系列出现。

- 尽管战略联盟存在，但是对于资产阶级来说，封建议员的司法无论是其目标还是其形式，在严格意义上都是“敌人”：

—资产阶级会联合国王反对议员；

—18世纪，资产阶级发起一场持久的意识形态上和

---

* 在手写稿的复印件里被划着重线。

政治上的斗争，反对议会［卡拉斯（Calas）、贝卡利亚（Beccaria）］

—资产阶级从大革命开始摆脱议会。

所以资产阶级同时反对两种形式的王室司法。揭发国王封印密札、嘲弄议会，如同统一体系中的两种因素。然而这是两种不同的镇压体系（此外两者在同一政治制度里面相互依靠）。

- 但是躲在这种整体的批判后面（事实上是双重阵线），资产阶级在大革命时期特别是在拿破仑时期做出了选择：

  —资产阶级摆脱了（领主的或议员的）封建司法，因为对于资产阶级，封建司法的形式和目标都是难以接受的。

  —对于17世纪确立的新镇压体系，资产阶级摒弃了其目标（封建租金的收取），而没有摒弃其形式（至少是某些形式上的因素：治安因素）。

资产阶级把这些因素使用于自身的目的上。他们的目的不再是收取封建租金，而是维护资本主义的利益[13]。

然而君主制把两种混杂的镇压体系并置时——尽管两者的目的都是保护封建税收制度*，资产阶级使用一种统一的镇压体系：国家的、司法的、治安的体系。

---

* 手写稿里这一行中断，并另起一行。

26 资产阶级试图掩盖该统一体系——他们肯定司法独立，

—和国家的政治控制

—以及警察的武装力量。

这些是为了表现出司法在各个社会阶层中如同一种公断的、中立的权力，以确保司法的运转。

必须重提 1639 年的事件。

- 到目前为止，我们讲到的都是与 1639 年事件相关的、发生在之前或者之后的事情：

  —例如人民运动；

  —例如多次提到的反税收运动；

  —例如反复提到的资产阶级、议员和部分贵族的回避。

而且我们可以说，在诺曼底，地方长官的缺失和军队力量的薄弱使得骚乱愈演愈烈；并且导致议会、资产阶级和地方贵族的缺席似乎比在阿基坦大区（Aquitaine）更加明显，比如说埃佩尔农公爵（Épernon）[*]本可以尽早介入。

- 但是，除却过程中的持续时间和规模的不同以外，赤脚汉的骚乱[**]中存在着一个特征，那就是王室权力被攻击的方式。

也可能是一些外部情况让这个过程持续发展，并且让在别

---

* 手写稿："艾吉永"（d'Aiguillon）[14]。

** 在手写稿中画有着重线。

处以掩盖着、隐藏着的方式存在的事物，被同时代的人和当时的权力所见[*]。

这不重要。无论如何，诺曼底赤脚汉攻击王室权力——或 27
者至少是王室权力方面最让人难以忍受的代表：税收制度，通过这样的方式，他们至少把部分权力占为己有；他们赋予自己明确的标志，并行使特权。

这不再是反抗既定权力的纯粹的、单纯的斗争。赤脚汉也不再是为了贵族或资产阶级的利益而斗争的手段，不再是为了从国王那里夺取权力带给贵族或资产阶级。他们是作为自己，而赋予自己（军事、政治、司法、财政）权力[15]。

这种权力不是以无声的、秘密的方式出现，而是以明显的方式出现的，也许这就解释了

—恐惧对某些人产生的影响（例如议员，他们自认为是王室权力的唯一替代者）；

—（某些贵族）占有权力的欲望，但是过早就放弃了［参见蓬埃贝尔（Ponthébert）］[16]；

---

* 在标号为第“18”页并且被划去的手写稿后面，福柯是用以下的词句来介绍这种发展的：

“4. 然而该骚乱最为独特的特征，显然不是对峙的力量、联盟和支持体系。我们可以在 17 世纪大多数的人民运动中找到这些。
或许最鲜明的特征就是相对严格的组织，是具有自身的形式、行动方式以及权力符号。

这样对另一种权力的组织并不是可见的，也许并不存在，毫无疑义，这种组织只有在时间上更持久、空间上更分散的农民暴动中才比在城市骚乱中更有意义。”

—掌握权力的社会团体中反抗的暴力；

—他们感到有必要进行一种新的反抗，并且要在每次反抗中隐瞒国家权力的可见形式；

—事实上，在镇压的过程中，贵族权力、议员权力、资产阶级权力不仅没有进行自我保护，而且同意参与镇压活动，同时只要求保护自己的部分权力；

—事实上，该另一种权力长久以来被历史学家掩盖住了，另一种权力的出现具有突然性和不确定性[17]。

事实上关于该另一种权力，我们能知道些什么？根据（全部或大部分来自另一方的）文件的性质，我们能得知的事情很少。作为另一种权力短暂过渡的象征，作为其他权力恐慌、愤慨、惊愕的象征：

28 —比戈·德·蒙维尔（Bigot de Monville）在讲述赤脚汉失败的事情时，在章节的最后说："这些曾在数月间控制着乡村的下层人瞬间四散而去。他们在铁石英田里带着作为旗帜的沙锚[18]。"

从这种权力的行使中，我们能得到什么征兆或迹象？

a. 他们明确地表达出自己是最贫穷的人，他们没有什么可以失去的，因为他们一无所有，因为他们已经被富人完全剥削了[19]；而富人（在我们找到的两三篇文章里）并不全是拥有财产的人，而是"征税官"（partisan），是参与收税的人[20]。

这是一些穷人，表现得像穷人一样，他们作为穷人行使某些权力。

他们的名称的重要性：

—根据《大法官塞吉埃在诺曼底地区的旅行日记》所述，人们看到一个穷人赤脚在沙滩上奔跑，赤脚汉的名称就是由此产生的[21]。

—根据蒙格拉（Montglat）的回忆录，起义者想要“表明献纳金（subside）的压力迫使他们无鞋可穿”。

—国王顾问伯纳德（Bernard）(《路易十三史》，第12卷，第437页）说，他们选择了这个绰号是“为了通过名称表现出他们的贫穷”[22]。

提及行政区、省份的重要性，这些同时

—既是“苦难的”地区，

—又是曾经拥有独立、自由、规矩的地区，然而却失去了这一切，只剩下对国王的忠诚[23]。

b. 骚乱表现出拥有一名首领的样子：不仅发号命令，而且还根据传统的形式签发指示，让人们在教堂里诵读讲道(prône)，让人们张贴他签发的文件，而且在文件下方有他的印章和武器的标志[24]。

然而，全部的这些权力仪式和权力符号都与一位匿名的权力掌握者有关，而且我们现在知道这位人物并不存在。（毫无疑义曾经并存着多名首领，或许他们之间也很少协作；但是每一位首领都操纵着他们认为属于自己的权力符号。）

29 一切表现得似乎都是最明显的、最传统的、最仪式化的权力符号围绕着一个空置的座位、一个没有形象的名字，而这个空置的座位和没有形象的名字就指代着运动本身[25]。这在该权力符号的活动中代表着什么？

—显然是把权威形式赋予明显缺乏协调性的指挥上，

—然而也是显示其中的行为（如掠夺、放火、处死）是权力活动；涉及了惩罚、没收、死刑等。

—事实上这是他们在行使权力，标志是让·赤脚汉(Jean Nu-Pieds)“以国王的名义[26]”发号施令。提到国王并不代表暴动者承认国王的决定，也不代表他们援引国王的仲裁权力。借用国王的名义，是因为国王与权力紧密相关，是权力的来源之处。为了行使权力，必须从权力的源头——国王借用权力，必须从国王的“政治体”上提取权力[27]。

他们并不是服从于国王：他们是占有权力。

—此外，让·赤脚汉自称是“上帝派来”(missus a deo)，他把自己的权威奠定在神的使命上，而神的使命是用来回应国王的神的法律[28]。

c. 赤脚汉完成的权力活动

1. 召集军队［参见指示（mandement）］[29]。

军队组织（带有区域划分和队长）。

严格的纪律：对不服从命令的士兵处以绞刑（pendaison）[30]。

2. 行政和财政活动。

—在康卡勒（Cancale）附近，他们不允许盐仓的官员卸他们的货，除非得到30皮斯托尔（pistole）* 的税金。

于是他们就获得了带有让·赤脚汉印章的通行证[31]。

—10月18日，在加夫赖（Gavray）的集市上：赤脚汉到来并且宣读了一份声明“集市是自由的；不需要缴纳任何税费：我们来把你们从垄断者手里解救出来”[32]。

3. 司法活动 30

—对个人处以罚金：9月10日，拉卢埃（Lalouey）和莫雷尔（Morel）召见谢纳弗勒（Chenevelles）并对他处以100利弗尔的罚金，否则他的府邸会被摧毁。

他交付了70利弗尔；因为没有准时交付余额，赤脚

* 皮斯托尔，［西班牙、意大利的一种古金币；法国古币名，相当于10利弗尔。］——译者注

汉抢劫了他的府邸，并破坏了他的府邸一部分[33]。

—还有一个例子：他们控制住了（盐税包税人）尼科尔（Nicolle）的内兄戈阿斯兰（Goaslin），他们把他绑在马后面在田野里拖了2天，让他看着自己的房屋一座座起火。

这是栅栏刑[34]。

—鲁昂的火灾和掠夺就是通过这种方式发生的。（根据诉讼时的回忆录）戈林有一份名单，上面记录着将要被抢劫的房屋；他指引着起义者来到每一座房屋前，他让人们把国王的武器放在旗帜前面，用铁棍敲门并且说："伙伴们，干起来吧，无所畏惧。"他还说："就在这一天，我们要干掉垄断者。[35]"

因此，权力符号是一致的：一致的形式、一致的仪式，有时甚至是一致的行为*。

一致的权力——或者说，通过把已确立的权力的符号、形式、工具占为己有而表现出来的权力。权力的一切符号都在力量关系的变化中流通、被占有、被颠倒。

这里有一些重要的事情：

—他们与纳税的抵抗者、走私者、假冒采盐者、强盗等不

* 这里有一个句子被划掉："但是与此同时，这是一种完全向反方向前进的权力。"

同，后者组成了背景，甚至在某种程度上是骚乱爆发的可能性的条件。这些人要违反法律，躲避权力。然而对于赤脚汉来讲，反对法律的同时就是一种法律（如同法律的另一面；参见废除干草税的宣言）；反对司法如同于行使司法；对抗权力是以权力的形式完成的。

—这与议员、资产阶级的斗争也不同，后者用（日常或法 31
律）制度的办法反对王室权力（拒绝登记税收；获取特权）。对于赤脚汉，这是用完全不同的方式宣告的完全不同的法令，出自完全不同的力量关系。

他们没有使用已经存在的法令；他们创造了完全不同的法令。

（要知道让·赤脚汉自称是"上帝派来的人"（homo missus a Deo），他抵消了归属于王室权力的符号：这是另一种法律，该法律废除了先前的法律，如同圣·让（Saint Jean）宣布新的统治。）

在这些条件中，我们懂得起义在现有的法律形式中被镇压是不够的（例如纯粹的抢劫）；立法体系的更改也是不够的（例如，仅仅涉及法律的使用、法律的滥用、法律的挪用）。

必须同时这样进行镇压活动：

—例如收复已经变为敌区的地区，因为那里行使着另一种权力；

—例如再次适应权力形式，因为它们已经被另一个社会阶级占有；

—最后，例如传统行使权力的机构的再次分配：因为这些机构曾失去它们行使的权力 *。

注释

32 1. 在鲁昂，1639 年 5 月的法令规定了一种新的法规：每古尺染色呢绒收取 4 苏的税，并且设立了一些监管染料的职位；1639 年 6 月 7 日，该法令被审理间接税案件的最高法院强制执行（参见弗洛凯，《诺曼底议会史》，第 4 卷，第 597—598 页；参见波尔舍内，《法国 1623 年至 1648 年期间的人民起义》，第 438—439 页；参见富瓦西《赤脚汉的起义与 1639 年诺曼底的起义》，第 158—163 页）。在卡昂，骚乱开始的标志是袭击皮革标记员的府邸和皮革税收官的府邸，参见卡雷尔（P. Carel），《路易十三和黎塞留时期的卡昂骚乱》（*Une émeute à Caen sous Louis XIII et Richelieu*），Caen，Valin，1886，第 28—29 页；参见波尔舍内，《法国 1623 年至 1648 年期间的人民起义》，第 268—269 页。卡昂骚乱的重要原因是 1638 年 7 月建立了负责审理间接税案件的最高法院（Cour des Aides），并且有流言说将要在诺曼底的各种选举中确立盐税（一种间接税）（参见卡雷尔，《路易十三和黎塞留时期的

---

* 这里有一页尺寸小一些的手写稿，上面写着：

“关于司法实践。

烧毁房屋是旧的司法惩罚。

‘1368 年 1 月 28 日，查理五世在皮隆尼（Péronne）通过的共同宪章：[……] 如果任何人（si quis aliquem）[……] 已经被杀害和逮捕、斩首（occiderit et captus fuerit，capite plectetur）……他的房子（et domus ejus）[……]’。”（参见《大法官塞吉埃在诺曼底地区的旅行日记》，第 316 页，在文中画有着重线）。

“国家的习惯法汇编和诺曼底的公爵领地 [……] 犯了重罪的人的房子 [……]，[……] 善恶，警醒后人 [……]。”（参见同上书）

倘若其他房屋有发生火灾的危险，“屋顶和外墙需要被拉开，以防止殃及别人家。”（参见同上书；在文中画有着重线，DE Assise，第 24 章）。

注释者标注：“现在我们不再使用这些法律。”（参见同上书，第 317 页，在文中画有着重线）。

卡昂骚乱》，第14—15页）。关于盐的事情，参见《诺曼底议会史》，第4卷，第560—564页；参见蒙尼耶《农民的愤怒——18世纪的农民起义（法国、俄国、中国）》，第104—109页；参见波尔舍内，《法国1623年至1648年期间的人民起义》，第433—435页；参见富瓦西，《赤脚汉的起义与1639年诺曼底的起义》，第152—158页。起义的诱因之一是1638年12月颁布的关于盐税的法令（1642年被法院最终登记），盐税主要限制了诺曼底多个地区的既得特权，这些特权在某种程度上允许居民避开王室仓库的垄断而从事采盐活动，并且不需缴纳盐税。

2. 参见韦尔塔蒙《大法官塞吉埃在诺曼底地区的旅行日记》，第401—402页。参见从赤脚汉的号召里截取的部分："不能否认，是他［博普雷］//促使盐税产生//还有纸上的税"（第416页）。让·福廷·博普雷（Jean Fortin sieur de Beaupré），法国财务官，鲁昂审理间接税案件的最高法院顾问，曾任"征税官"（financier），负责创立圣洛（Saint-Lô）的选举制度，并在选举中把手伸向了职务买卖上。尽管他对可能发生的起义感到担忧，并且请求国王取消盐税，但是在流言中他成了一名"支持者"（partisan），负责盐税设立等有关事务。他不得不逃离诺曼底以便躲避起义。参见波尔舍内，《法国1623年至1648年期间的人民起义》，第345—346页；参见蒙尼耶《农民的愤怒——18世纪的农民起义（法国、俄国、中国）》，第107—108页。

3. 审理间接税案件的最高法院（Cour des Aides）负责处理各类民事诉讼和刑事诉讼，包括与直接税和间接税相关的诉讼，涉及人头税、间接税（aides）、盐税等各种税费；以及关于租赁和免税（例如贵族特权）的诉讼；还有针对税收制度发生的犯罪等。参见洛特（F. Lot）& 法蒂埃（R. Fawtier）《中世纪法国制度史》（Histoire des institutions françaises au Moyen Âge），第2卷：王室制度，Paris，PUF，1958年，第279—284页（关于中世纪）；参见泽勒（G. Zeller），《十六世纪的法国制度》（Les Institutions de la France au XVIe siècle），Paris，PUF，1948年，第293—294页（关于16世纪）。

4. "领主代理人"（agents seigneuriaux），最初是为领主管理产业的人：他们的主要职责是收取租金，并监督自由租地的保有者（tenancier）完成他们对领主应尽的服务。涉及的是一些"管理者"（villici）（市长或中尉）和"某些行政官吏或司法官吏"（prévôt），还有一切参与税费收取活动的中间人，参见布兰（M.Bourin）和马丁内斯·索佩纳（P.Martinez Sopena），《在中世纪乡村里的领主征费的人类学》（*Pour une anthropologie*
33 *du prélèvement seigneurial dans les campagnes médiévales*），第1卷、第2卷，Paris，Publications de la Sorbonne，2007年。关于中世纪和现代的代理人和领主司法，福柯主要参考了阿拉尔（A. Allard），《十六世纪刑事司法史》（*Histoire de la justice criminelle au seixième siècle*），Grand，H.Hoste/Paris，Durand & Pédone/Leipzig，Alphonse Durr，1868年；迪比（G. Duby），《关于10世纪和11世纪在南勃艮第司法制度演变的研究》（*Recherches sur l'évolution des institutions judiciaires pendant le* X^{e} *et le* XIe *siècle dans le sud de la Bourgogne*），Le Moyen Âge，第52、53卷，1946/1947年；费朗（M. Ferrand），《封建司法的起源》（*Origine des justices féodale*），Le Moyen Âge，第23卷，1921年；富尔坎（G. Fourquin），《中世纪的领主权和封建制度》（*Seigneurie et Féodalité au Moyen Âge*），Paris，PUF，1970年；甘少夫（F. -L. Ganshof），《关于10世纪末13世纪初勃艮第的司法部门的研究》（*Étude sur l'administration de la justice dans la région bourguignonne de la fin du* X^{e} *au début du* XIIIe *siècle*），Revue historique，第135（2）卷，1920年，13；盖纳（B.Guenée），《中世纪末期在桑利斯地区的法院和司法人员》（*Tribunaux et gens de justice dans le bailliage de Senlis à la fin du Moyen Âge*），Publications de la Faculté des Lettres de Strasbourg，1963年；参见洛特&法蒂埃《中世纪法国制度史》第1卷：领主制度，Paris，PUF，1958年。

5. 资产阶级自卫队有保卫城市的权利和义务：居民必须守卫他们的门和围墙，在骚乱的情况下让秩序得以恢复。有些人认为资产阶级自卫队要追溯到12世纪的市镇自卫队（布泰耶）；另外有些人（巴博）认为这要追溯到16世纪的夜间巡逻队（guet），根据军队的模式重组、并且分区控制（quadrillage）。关于资产阶级自卫队，参见巴博（Babeau），《旧制度之城》（*La Ville sous l'Ancien Régime*），第2卷，Paris，Didier，1884年，第21页。特别是在鲁昂，参见布泰耶（H. Bouteiller），《资产阶级自卫队和鲁昂国民警卫队》（*Histoire des milices bourgeoises et de la garde nationale de Rouen*），Rouen，Haulard，1850年。更近期的资料，参见考斯特（L. Coste），《法国资产阶级自卫队》（*Les milices bourgeoises*

en France)，由 Jean-Pierre Poussou 收录在《17 世纪的城市社会》(*Les sociétés urbaines au XVIII*^{e} *siècle*)，Paris，Presse de la Sorbonne，2007 年，第 175—190 页。

6. 关于议会，参见 1972 年 2 月 23 日的课程，第 174—176 页，福柯会讲到议会的产生与发展的情况。倘若说巴黎议会是在 14 世纪初完全建立起来的，那么鲁昂议会要等到 16 世纪（通过 1515 年的法令）才会确立起来，在赤脚汉起义发生的时候，外省一共存在 11 个议会。巴黎的审理间接税案件的最高法院（见上文，注 3）设立于 14 世纪初，而外省的审理间接税案件的最高法院是其分支机构；外省的第一座审理间接税案件的最高法院于 15 世纪设立在朗格多克（Languedoc），第二座审理间接税案件的最高法院于查理七世（Charles VII）时期设立在鲁昂。在其他地区，审理间接税案件的最高法院的职能由议会行使。关于外省议会的历史，参见普马雷德（J. Poumarède）& 托马斯（J. Thomas)，《外省议会：权力、司法与社会》(*Les Parlements de province: pouvoir, justice et société*)，Toulouse，Framespa，1996 年。关于初等法院，见下文，注释 10。

7. “武装起来的司法”，参见韦尔塔蒙，《大法官塞吉埃在诺曼底地区的旅行日记》，第 7 页：“大法官塞吉埃本人是路易十三、黎塞留所声称的武装起来的司法，用于展现给长期造反的诺曼底”(在文中加了着重线)。

8. 见上文，注释 6。巴黎议会本身是御前会议（Curia Regis)，是国王的法庭，而外省议会来源于巴黎议会，因此议会认为自己是君主权力的反映。在理论上讲，各个议会共同组成唯一的共同体，以便国王在整个王国行使自己的主权司法。(参见泽勒，《十六世纪的法国制度》，第 147—148 页)。

9. 关于行政官吏或司法官吏（prévôt)，福柯参考了泽勒，《十六世纪的法国制度》，第 166—167 页。参见洛特 & 法蒂埃《中世纪法国制度史》，第
2 卷：王室制度，第 141—144 页；参见邦让尔（Y. Bongert)，《关于 10 34
世纪至 13 世纪世俗法庭的研究》(*Recherches sur les cours laïques du X*^{e} *au XIII*^{e} *siècle*)，Paris，Picard，1949 年，2012 年再版，L'Harmattan，第 150—152 页。行政官吏或司法官吏（praepositi）首先是领主代理人，负责在专门的王室代理人被指定之前管理领地（châtellenie)。他们在行政、财政和司法方面代表国王。然而他们的职责是受到限制的，特别是在 12 世纪末设立的代表国王负责行政、司法的执行官（bailli）之后。行政官吏或司法官吏、代表国王负责行政、司法的执行官或宫廷总管大臣（sénéchal）之间的竞争

关系是持续存在的，直到克雷米约（Crémieu）法令（1536年）颁布后，他们各自的职权才被明确地规定下来。在一审时，行政官吏或司法官吏可以处理一切与贵族（gentilshommes）无关的案件，在上诉案件中，可以处理领主法庭判决过的民事案件。在（职业、市场等）治安方面，他们还具有总的行政职权。

10. 关于初等法院（présidiaux），参见洛兰（E.Laurain），《论初等法院》（Essai sur les présidiaux），Paris，Larose，1896年；参见泽勒，《十六世纪的法国制度》，第175—177页；参见布朗基（C.Blanquie），《1630—1642年黎塞留的初等法院：司法与卖官鬻爵》（*Les présidiaux de Richelieu：justice et vénalité，1630—1642*），Paris，Christian，2000年；参见布朗基（C.Blanquie），《达盖索的初等法院》（*Les présidiaux de Daguesseau*），Paris，2004年。初等法院是由亨利二世在1552年和1553年通过两个法令设立起来的，这是一种在"执行官的行政、司法管辖区"（bailliage）或"司法总管的辖区"（sénéchaussée）和议会之间的居间司法机构，设立在重要的"司法总管的辖区"。该司法机构的设立引起了强烈的敌对态度，特别是来自议会方面，因为议会不得不移交部分上诉法庭的案件，从而影响到自身利益。初等法院对于涉及低于250利弗尔（livre）的民事案件有终审权力，对于涉及250—500利弗尔的民事案件有权上诉议会。初等法院也有权处理刑事案件，然而只能负责其中的一审。这是处理小型案件的法院，而且是王国设立新职位的方式，是获取钱财的方式。

11."既然司法和治安的职能常常是不可调和的，而且巴黎官员的职责太过宽泛，那么我们要把两种职能区分开。"1667年3月的法令在巴黎设立了"治安中尉"（lieutenant de police）一职，第一次以明确的方式区分了司法和治安的职责。关于该法令的详细信息和其背景情况，参见德尼（V.Denis），《1667年3月设立巴黎治安中尉的法令》（*Édit de mars 1667 créant la charge de lieutenant de police de Paris*），Criminocorpus（在线），《治安历史》（*Histoire de la police*），2008年1月1日上传的文章。URL：<http://criminocorpus.revues.org/80>；DOI：<10.4000/criminocorpus.80>。

12. 福柯指的是查理七世的司法改革，1446年的法令、特别是1454年的法令（Montil-les-Tours）安排议会的职责并命令编撰习惯法；然后路易十二在1499年通过布卢瓦法令（Ordonnance de Blois）规定了一般的诉讼程序（procédure ordinaire）和特别的诉讼程序（procédure extraordinaire）。福柯指的其他的法令是1539年的法令（Villers-Cotteret）和1670年的法令。关于这些法令，福柯主要参考了谢吕埃尔（A.Chéruel），《法国君主制管理史》(*Histoire de l'administration monarchique en France*)，第1卷，第151—152页；参见埃斯曼（A.Esmein），《大陆刑事诉讼法的历史——特别参照法国》(*A History of Continental Criminal Procedure, with special reference to France*)，Boston，Little，Brown & Co.，1913年，第148—151页。

13. 福柯在后面的课程中详细介绍了17世纪确立的新镇压体系（警察、监禁等）在18世纪末被资产阶级取得的方式，资产阶级的目的是维护资本主义利益。参见《惩罚的社会》《规训与惩罚：监狱的诞生》，Paris, 35
Gallimard，1975年。然而他的观点在后面发生了微妙的变化，正如他在1973年关于惩治监禁的访谈中解释的："是为了略微纠正一下我所讲过的内容"，当"我讲到暴动的平民（Plèbe séditieuse）的时候，其实我认为最重要的不是'暴动的平民'的问题，而是出于经济发展的必要原因，资产阶级的财富被投到生产者手中这一事实。任何一个劳动者都可能变为噬食者（pédateur）。"[米歇尔·福柯，《关于惩治监禁》(*À propos de l'enfermement pénitentiaire*)，1994年版，第438页/Quarto第2卷，第1306页。] 关于镇压机构的主要职责是在犯罪的平民和无产阶级中间制造矛盾的假说，福柯改变了他的观点，他认为从18世纪开始，资产阶级的财产受到一系列在传统上曾被允许的非法活动威胁，因而要确立普遍的监督体系和刑事镇压体系，使得这些非法活动无法进行。关于这一主题，参见《惩罚的社会》，第143—144页，第155页。

14. 埃佩尔农公爵负责镇压吉耶纳的起义。参见波尔舍内，《法国1623年至1648年期间的人民起义》，第156—186页。

15. 参见波尔舍内，《法国1623年至1648年期间的人民起义》，第321页："反对税收枷锁的斗争必须采用一种确定的形式。为了面对权威，赤脚汉必须作为自己，组织成一支真正的军队。"参见同上书，第328页："与官方权力对抗的权力萌芽"。关于该另一种权力及其组织，参见同上书，第327—348页。认为赤脚汉构成另一种权力并参与到争夺权力的斗争中的观点与福柯在与中学生的访谈中的观点相接近，《超越善恶》(*Par-delà le bien et le mal*)，1971年刊登在《Actuel》杂志（《Quarto》，第1卷，第1092页）：官方认为人民运动“是为了解决饥荒、税收、失业等问题；从来都不是为了权力的斗争，就好像大众能够梦想好好地吃上饭，而一定不会梦想行使权力一样”。

16. 参见波尔舍内，《法国1623年至1648年期间的人民起义》，第325—327页；参见蒙尼耶《农民的愤怒》，第111—112页。蓬埃贝尔，诺曼底的年轻贵族，赤脚汉起义的煽动者之一，通过某些关系成为领导者之一。从1639年9月开始，他脱离赤脚汉并逃往英国。他被判处车轮刑（supplice de la roue）。

17. 福柯在这里援引了波尔舍内关于17世纪人民起义的论题（参见同上书，第29页），根据这一论题，19世纪至20世纪初的资产阶级历史学家无视这些起义，他们把注意力集中在“伟大的世纪”（le Grand siècle）以及资产阶级和专制主义的并行崛起之上。讽刺的是，根据波尔舍内所述，文献的负责者之一奥古斯丁·蒂埃里（Augustin Thierry）并没有对福柯的表达显露出不满：“关于该另一种的权力，我们能知道些什么？根据（全部或大部分来自另一方的）文件的性质，我们能得知的事情很少”（见下文）。

18.《1639年诺曼底比戈·德·蒙维尔主席的回忆录：关于赤脚汉骚乱和议会的禁止》（*Mémoires du président Bigot de Monville sur les séditions des Nu-pieds et l'interdiction du Parlement de Normandie en 1639*），Rouen，C. Métérie，1876，第167页。福柯在特殊的一页稿子上强调这个句子：“比戈·德·蒙维尔，他在章节的末尾讲述了阿夫朗什的战争：‘这些曾在数月间控制着乡村的下层人瞬间四散而去。他们在铁石英田里带着作为旗帜的
36 沙锚’”。

19. 参见“向诺曼底”申诉的名单，出自《诺曼底议会史》，第4卷，第586页：“一无所有之后［……］我们陷入绝境”；参见第580—590页，其中有赤脚汉留下的各种资料；参见波尔舍内，《法国1623年至1648年期间的人民起义》，第336—348页。

20. 参见“向诺曼底”申诉的名单，特别是“不可征服的队长让·赤脚汉的宣言，他是苦难军队的领导者”（参见《诺曼底议会史》，第4卷，第582—585页），他针对的是“靠着税收富裕起来的人们”、“征税官”、“盐税征税官，真正的暴君”。

21. 参见《大法官塞吉埃在诺曼底地区的旅行日记》，第400页：“让·赤脚汉的名字来自一个悲惨的采盐工人，他像平常一样，在海边的沙子上赤着脚。”

22. 赤脚汉的名称“是为了表明［……］献纳金的压力迫使他们无鞋可穿”参见《蒙格拉侯爵的回忆录》(*Mémoires de François de Paule de Clermont, marquis de Montglat*), coll. Petitot, 第2季, 第49卷, 第261页；或者“为了通过名称表现他们的贫穷”，参见查尔斯·伯纳德（Charles Bernard),《路易十三史》(Histoire du roi Louis XIII), Paris, 1646年, 第12卷, 第437页。这些评论和援引摘自《诺曼底议会史》, 第4卷, 第580页。

23. 参见“向诺曼底”申诉的名单，参见同上书，第585—586页：“我亲爱的国家，你撑不下去了 // 对你只剩下忠诚”，第416页：“如果您不保留您的规矩，诺曼底，您并没有心”。

24. 参见《诺曼底议会史》，第4卷，第580—590页，里面有相关细节；参见《大法官塞吉埃在诺曼底地区的旅行日记》，第428页；参见波尔舍内，《法国1623年至1648年期间的人民起义》，第327—336页，里面有大篇幅的内容。

25. 参见《大法官塞吉埃在诺曼底地区的旅行日记》，第440页；参见《诺曼底议会史》，第4卷，第580—581页。

26. 并且在圣洛找到让·赤脚汉的一张法令：“赤脚汉将军指挥教区居民［……］准备武器和战争军需品，为了服务于国王，并维护他的国家”，参见《诺曼底议会史》，第4卷，第589页。见下文，注29。

27. 关于国王的“政治体”(corps politique)，参见康托洛维茨（E. H. Kantorowicz),《国王的两个身体：中世纪政治神学研究》(*The King's Two Bodies: A Study on Medieval Political Theology*), Princeton, NJ, Princeton University Press, 1957年。法文版 *Les deux corps du roi*, 1989年, Jean-Pilippes & Nicole Genet 译, Paris, Gallimard。

此处的分析与波尔舍内的观点极其相似：“命令的风格模仿了王室命令的风格，必须证明这些命令出自代替了旧权威的真正的权威”，参见《法国1623年至1648年期间的人民起义》，第332页。总体来说，该论述是从波尔舍内的文章中得到的启发，参见同上书，第320—348页。

28.“人们看到很多印刷的指令，以‘Des Mondrins’的名义署名‘莫雷尔（Morel)’，并盖有一双赤脚站在牛角上的图案的印章，还有一句口号‘上帝派来的人’(homo missus a Deo)(参见《大法官塞吉埃在诺曼底地区的旅行日记》，第401页)；参见《诺曼底议会史》，第4卷，第582页。

29. 这里指的是总动员之命令："赤脚汉将军命令教区居民：无论是什么样的品质和条件，都要准备武器和战争必需品，为了服务于国王，并维护他的
37 国家，大约两周之后，在得到领主的命令或通告之后，有序地按照命令去往某地，保卫在征税官重压下的祖国的自由和独立；将军还嘱咐大家不要叛变教区，不要告知官员；否则将会被逮捕并作为垄断者的共犯和参与者受到惩罚；将军嘱咐神父们宣读本命令。// 致我们的阵营，8 月朔月 // 盖有我们的武器的印章 // 由领主 // 签名，Les Modrins"（参见《诺曼底议会史》，第 4 卷，第 589—590 页）。

30. 关于这些观点，参见《诺曼底议会史》，第 4 卷，第 647—649 页；参见波尔舍内，《法国 1623 年至 1648 年期间的人民起义》，第 312—323 页；参见《大法官塞吉埃在诺曼底地区的旅行日记》，第 414 页："让·赤脚汉将军告诫全体士兵，若无明确的命令，禁止采取任何敌对行动，否则判处死刑。然后逼迫中尉德拉波特·茹尔维涅尔（Delaporte Jourvinière）判处一名士兵死刑，其实这名士兵被绞死只是为了警示他人。"

31. 参见波尔舍内，《法国 1623 年至 1648 年期间的人民起义》，第 331—332 页。

32. 参见同上书，第 328—329 页。参见《大法官塞吉埃在诺曼底地区的旅行日记》，第 430 页："当月 18 日，从阿夫朗什、塞朗塞、库唐斯到加夫赖，哪里有集市，哪里就配有火枪和矛［……］他们说不需要缴纳任何税费，集市是完全自由的［……］他们说自己来这里是为了把人们从垄断者的手里解救出来"（在文中加着重线）。

33. 关于这些行为，参见波尔舍内，《法国 1623 年至 1648 年期间的人民起义》，第 330—331 页，文中多次强调"特别种类的征税"、税务部门（contributions）和罚款，"人们的头号敌人，财政官员、国家职员、富人"。关于谢纳弗勒（Chenevelles）的事件，参见《大法官塞吉埃在诺曼底地区的旅行日记》，第 427—428 页。

34. 参见《大法官塞吉埃在诺曼底地区的旅行日记》，第 305 页。关于栅栏刑（punition de la claie），参见穆雅尔·德·沃格朗（Muyart de Vouglans），《刑法研究院》又名《基本原则》（*Institutes au droit criminel*, ou Principes généraux en ces matières），Paris，Le Breton，1757 年，第 409—410 页。一般来说，当罪犯犯下了（对神的或对人的）亵渎君主罪（lèse-majesté）或进行了决斗、自杀、造反等活动，这种惩罚是用在罪

犯的尸体上的。“人们把尸体拖在栅栏上，面部朝下，经过宣判地点的马路和路口，然后人们把尸体挂在绞架上，并被拖行到路上”(第410页)。

35. 参见《大法官塞吉埃在诺曼底地区的旅行日记》，第354页：“鲁昂有一个工匠的儿子，名叫戈林，他是首领，他有一份名单，上面记录着将要被抢劫的房屋，他指引着起义者来到这些房屋前，让他们拿着带有国王纹章的指挥旗；他来到了要抢劫的房屋门前，用手里握着的火钳敲门，把指挥旗插在门前，告诉暴动者们要抢的就是这里，对他们说：伙伴们，干起来吧，无所畏惧；并且暴动者们说，就在这一天，我们要干掉垄断者。”(在文中有着重线)

39 1971年12月15日

“武装起来的司法”：镇压策略是一系列临时性的举措；军事活动被民事活动迟缓地替代：军事的缓慢介入和民事当局发挥作用之间的时间差。——用力量关系（rapport de force）的措辞进行分析：建立区别于军队的武装镇压机制，该机制被国家控制，而不是被特权享有者控制。——用政治—军事战略（stratégie politico-militaire）的措辞进行分析：区分城市/农村，民众/资产阶级以便暴力性地镇压民众阶层，而后惩罚特权享有者和议员。——用权力显现（manifestation de pouvoir）的措辞进行分析：权力的戏剧化掩盖了接下来的战略，把起义者指定为国王的敌人，服从于战争的惯例，而不是民事方面的罪犯。每个人扮演着各自的角色，大法官不是扮演战胜者的角色，而是辨别并区分好人和恶人的有审判权的人。

镇　压

我们很难给镇压定性。

- 严格的还是宽容的？

 —军队到来的时候，处决立刻进行，绞死的人长时间地被吊在卡昂（公共建筑物内的）室内散步场，绞架有四个分支[1]。

 —然而塞吉埃的特殊法庭看起来是比较宽容的。许多人被宣告无罪。自从［……］*，塞吉埃本人也提议废除一些刑罚[2]。

- 野蛮的还是合法的？

 —某些方面是野蛮的：处决戈林[3]；

 —合法的：权力机构的大动作遵守某些规则。

其实重要的不是给镇压定性，而是分析使用过的镇压策略**。 *40*

> 特瑟（Tessereau）在《掌玺大臣公署年表》（*Chronologie de la Grande Chancellerie*）（1676）中是这样叙述塞吉埃的旅行的："国王派出了武装起来的司法[4]。"

关于武装起来的司法这一主题，我们可以在关于塞吉埃的文中找到明确的叙述：

 —在塞吉埃对诺曼底的权力机构的讲话中

---

* 手写稿中，写日期处保持空白。

** 在下一页手写稿上，福柯写下了副标题："1. 武装起来的司法"，然后将其划掉。

—议长福孔·德·里斯（Faucon de Ris）来到加容让他作出对议会有利的宽容的判决，塞吉埃回答说自己“被派到外省，带着武器，是为了作出公正的判决[5]”。

—对于执行官的行政、司法管辖区的中尉，（终身市长）戈达尔（Godart），塞吉埃进入到鲁昂的时候宣称“他们带着武器的符号，不会无视国王正义的愤慨；然而他们的武器的用途只是维护司法[6]”。

显然，这种观点并不新颖，却只不过是事实。

—中世纪政治理论里的“活力与正义”(vigor et justitia)；

—国王的军队，在王国里行使司法职能。

但是重要的是定义这两种机制之间关系的方式，或者说是镇压机制发挥作用的方式，而该镇压机制被现代人描述成“武装起来的司法”。

*评注**

• 武装起来的司法，该机制一直都是复杂的、混杂的；不管怎

* 手写稿里包括 2 条评注，分别标记为“A”和“B”，其中的第 2 条是不连贯的并且被划掉了。以下我们列出第 1 条评注的内容，尽管在手写稿中，前 2 段也被划掉了。划掉 2 条评注似乎不是在同一个时间（用了 2 支不同的笔）。此外，福柯把第一个“评注”的复数表示“s”和评注前面的字母“A”去掉了，证明他在划掉之前本来是要保留这一条评注的。

样它曾经是时有时无的、过渡性的；尽管我们在著作中多次
找到它的踪迹（带有诸多的不同说法），它每次出现都是与 41
特殊的情况相关。

- 无论如何，该机制确立起一定数量的战略、职责类型、权力关系，它们持续下来并保持稳定。就是为了执行这些战略、完成这些职责、固定这些权力关系，构成“国家镇压体系”的机构从这里确立起来了[*]。

“武装起来的司法”是临时性的回应，但已经是系统化的了，决定了后来的国家镇压体系的固定点，而国家镇压体系赋予了前者持久性。

武装起来的司法并不是一个机构，而是一种活动：一系列活动渗透、甚至在某种程度上颠覆已经存在的机构；但是不同的片段或方面标志着还未存在的机构的确立点，或还未完全确立起来的机构的凝聚点。

这样我们知道了武装起来的司法的活动的重要性[**]。

---

* 手写稿：“新的国家镇压体系”；福柯划掉了“新的”一词。

** 接下来的 2 段被（轻轻地）划掉了：

“B. 第 2 点评注

在其活动过程中，武装起来的司法的活动分 3 个层面：

—在政治—军事战略层面，涉及对反对权力的结盟力量进行分割、分化他们的结盟、让他们之间相互发生矛盾、依靠其中的一部分去消灭另一部分、为这些结盟付出代价［……］”

*司法之前的军队

该事件的第一个方面是军队的到来和司法发挥作用之间的时间差。

我们回顾一下年代表[7]:

—11 月初加西昂被派遣。

15 日，他控制了卡昂。

12 月 17 日，阿夫朗什战争。

两周之后，12 月 31 日，他来到鲁昂。

42 —12 月 18 日，塞吉埃出发，19 日到达拉巴尔（La Barre），20 日到达蓬图瓦兹（Pontoise），21 日到达罗斯尼（Rosny），22 日到达加容（Gaillon）。他驻扎在加容。他并没有与加西昂的军队汇合；任凭军队转向农村、在城门前停滞不前；最后他在进入鲁昂之前，任凭军队驻扎在鲁昂。

在该年代表里两件事情让人产生强烈的印象:

（1）军队在占领卡昂、打败赤脚汉之后，长期驻扎在鲁昂，而从此以后那里在长时间内没有再发生过什么状况；

（2）司法与军队汇合，然而是如此地缓慢，也就是说:

---

* 副标题前面有数字“I”（被删除，因为没有再分出“II”）。

——一方面，镇压不完全是军事性的，人们以为必须在军事镇压以外再增加民事镇压或者政治镇压；

—另一方面，在相对长久的时期，军队被留下单独行动；直到 1640 年之前，两种活动都是分开进行的。

a/ 这两个事实（军队的介入；军事活动被民事活动迟缓地替代）在权力层面上和外省层面上解读了某种力量关系。

1. 外省

- 1635 年在阿基坦发生非常严重的骚乱，本可以由地方长官带着自己的军队或者他掌握的西班牙边境的军队镇压。[8] 而使用的镇压方式和镇压力量都是属于省内的[……]。*
- [在诺曼底]，** 必须求助于外面的军队。战争掏空了国家。借助这个过程，军队发挥的作用明显地显现出来了：治安和维护秩序的职能、威慑的力量以及政治镇压。
- 然而在军队不足以立刻保障外省的秩序的时候，城市里的议员、贵族和资产阶级也不再保证税的收取。

我们同样清楚地看到：以国家及其官员为中间人的地租的中央 43

---

* 字迹无法辨认。

** 手写稿里是“这里”。

集权化只能通过军事强制力在地方的出现而得以保障。税收的压力只能通过暴力而得以维持。毫无疑义，自中世纪以来我们就知道：这种军事力量必须施加压力。然而现在表现出的状况是这样的：

—封建大贵族（aristocratie）(与保卫国家紧密相关，这样就可以保障中央集权的地租的收取）不再拥有立刻维护秩序的力量；

—因此需要一种特殊的武装力量，以便对两个阵线施加压力：—穷人，

—特权享有者。

同样显露出来的还有战争和封建税收制度的不可调和性(中央集权的税收制度允许国家战争，然而从外省吸收军队的战争阻碍了税收活动，如此一来，突然间战争就变得不可避免)。

因此体现出镇压机制的必要性

—与军队不同，

—像军队一样武装起来，

—与国家（而不是特权享有者）相关。

2. 从中央权力层面来讲，倘若外部武装力量的介入在外省反映出一定的力量关系，那么民事镇压当局的介入就在中央权力的层面反映出一定的力量关系。

—事实上，在10月和11月，权力机构曾称赞鲁昂议会

控制骚乱的勇气[9]。

这些称赞是否真诚并不重要—— 这些称赞表现出权力指望议会参与到镇压活动中并在需要时起到带头作用。权力低估了征税官和议员之间的矛盾（后者拒绝重建管理机构办公室）。[10]

—于是征税官介入。

之后议员们抱怨被驱逐出诺曼底的（特别是被泰利埃(Le Tellier) 驱逐的）征税官[11]检举自己。

有一件事是明确的，一面是保证对国王忠诚的议员，一面是攻击议员的征税官，两者之间，取胜的是征税官。

12 月 14 日国王决定派遣塞吉埃和民事当局的代理人，并 44
且把军队置于他们的命令控制下。

这代表着双重意思:

—担负着维持秩序的武装力量必须配有民事指挥，

—该指挥不再是出自权力的旧机构，而是出自国家机器，它被征税官所控制（也不再是被封地或职位的掌握者所控制）。

b/ 从另一方面（并且从另一个层面）来看，这种双重介入，军队介入和民事当局介入的不一致性，以及两者介入的缓慢性是出于政治—军事方面的（战略）考虑。

1. 1635 年出现在阿基坦的危机是农民运动与城市运动之

间的联合。这种联合一方面使得城市起义者的粮食供应得到农民的保障，另一方面当农民在毫无遮蔽的农村受到威胁的时候能够在城市中占有牢靠的据点[12]。

2.［在诺曼底］权力想要避免这种联合的状况发生，因此缓慢性和快速性交替更迭。

—为了找到坚固的据点，加西昂迅速地投身于卡昂；

—然后他的军队渗入农村，以便防止大规模农民起义的出现（在赤脚汉中只有4000到6000人拥有武器，但是他们可以征集更多的人加入其中）[13]。

当赤脚汉聚集在阿夫朗什的时候，加西昂带领军队在城墙下痛击赤脚汉并取得了胜利。

3. 而对于鲁昂，在这个"王国中的大城市"里，当发现平民起义的策源地、资产阶级和特权享有者持反对意见的策源地时，必须要：

—把策源地与其他郊区运动（农民）隔离开来，

—在城市里进行惩罚以便起到警示作用（卡昂），特别是

—向资产阶级和议员隐瞒他们将要受到惩罚的事实。尽其所能地假装镇压只是军事性的，而且只是针对于民众的，以便给特权享有者留有时间去归附权力并且自愿提
45 供某次镇压的据点，而这种镇压也终将会把他们牵连进去。

这就是加西昂交替着占领城市和清洗农村的原因。

这就是鲁昂在受到惩罚之前被正式地孤立起来的原因。

最后要特别注意的是，这就是他们放任军队对民众阶层发起猛烈的镇压活动的原因；而且他们向特权享有者小心地隐瞒了后者即将受到的惩罚；他们把特权享有者留在了恐惧和希望的不确定性中；这种隐瞒持续到 1 月 3 日（直到占领鲁昂），直到这时大家才知道议会、审理间接税案件的最高法院和市政议会都被禁止，并且城市里的产业收入和公有收入被并入王室范畴。[14]

在这种政治—军事策略中，我们可以非常清晰地看到分界线被呈现出来，这种分界线会在未来跟随着国家镇压机制。这里的分界线是指：

（1）农村和城市之间的分界线；

（2）最贫穷的人（平民百姓）和最富裕的阶层（特权享有者）之间的分界线。

关于分界线，要注意几点：

—首先，显然该分界线与传统上的分界线不同，传统上的分界线区分刑事体系里面的机构，把刑罚分为对贵族的、对教士的、对第三方的；

—此时从封建社会正在转变为资本主义社会，这些分界线

> 使得转变过程中的封建社会的脆弱的方针转变成分离的阵线。城市—农村之间的联系和民众—资产阶级之间的联盟对于封建主（他们想维持赖以生存的税收制度）、征税官和企业主（他们一方面依靠同样的税收制度，［另一方面］可以从中得到廉价薪酬的保障）是同样危险的。

我们懂得镇压体系对封建地租（在其存在的150余年中）的维持起到了保障的作用，而镇压体系中的大部分（通过一些变革）都可以被资产阶级社会中的国家机器重新考虑使用。

46 换句话说：城市—农村之间平民的联系和城市里（民众—资产阶级）的联盟对于封建制度表现出来的危险，使得某种镇压体系（在17世纪—18世纪）不可或缺。只有当资产阶级需要使用这种联系和政治联盟来肃清封建制度和封建形式的税收的残余的时候，镇压体系才会在短时间内被解除。但是资产阶级需要迅速重建镇压体系（以新的形式重建更加严密的、更加易于操纵的镇压体系），因为只有躲在这种双重的政治分离（城市／农村，民众／资产阶级）背后，资本主义才能在封建制度的缝隙里发展；所以仍然需要这种双重的政治分离。[15]

c/关于这种双重介入、介入的缓慢性，我们可以从第三个层面进行分析（第一个层面：力量关系，起到决定作用；第二个层面：政治—军事战略，起到规范作用）。

第三个层面，是显现出来的权力的形式、等级、流转和关系。

[或许我们可以从这三个层面分析政治事件：

—力量关系的产生，*

—战略的合法性，

—权力的显现。

可以说我们能够这样领会政治事件：在其可能性条件的层面、在其产生的斗争的合理性的层面、在其制造的场景的层面。] **

权力在（双重介入、两者之间的时间差）这一段中是怎样显现出来的？什么样的权力关系被变得显而易见？

权力关系：

—记录、同时强调、迁移作为其基础的力量关系；

—使接下来的战略继续并将其隐瞒。***

因此我们在权力显现的层面上继续追踪诺曼底事件。在权力显 47

---

* 两种情况与手写稿一致。

** 在手写稿中，这一段是写在括号里面的。

*** 后面是一个被划掉的段落：

“权力关系的显现使战略增强（从第二个层面来说，权力关系的显现是战略的组成部分，并对力量关系产生影响，使得力量关系得以继续并且作为惯例被接受）。权力的标志、仪式、传统等一切可以看见的形式并不是纯粹简单的‘表现’或多余的表达；它们是力量关系的显示途径和政治—军事战略的重复。”

现的形式中:

—谁代表权力(何人、组成什么样的主体、以何种名义)?

—他们根据何种等级代表权力(权力在显现中赋予何种支配和服从方案)?

—权力是在什么方面、地点和情况下显现的(关于什么背景,表现的是哪一种情景)?

—在权力的显现的情景中,哪些是角色,哪些举动是事实,哪些话语被保留。什么被说出来,或者什么被显现出来?因为这些仪式、传统、举动不能代表任何事情。它们涉及的不是符号学,而是对力量(的重要性和战略)的分析。不能用符号学来分析显现出来的标记的要素,而是要用力量的朝代(dynastique des forces)进行分析。[16]

军队的派遣和民事当局的迟缓表现了什么?

1. 首先表现出来的是起义者变成了国王的敌人;公民主体(corps civil)由国民组成,而他们被排除在公民主体之外;因此他们不能享有国民受到的保护或特权。

所以他们不是罪犯,罪犯在社会秩序(ordre civil)层面犯了罪,我们把法律上的保护和法律的严厉适用于罪犯。但起义者是敌人,我们对他们适用战争上的惯例。

这就是社会秩序没有立刻显露的原因。整个年末，只有国王和敌人、一支军队对抗另一支军队、战胜者对抗战败者。社会秩序在下一年才会显露出来。

因此在 11 月和 12 月权力的显现是军事性的。加西昂进 48
入占领的城市卡昂。"在卡昂半古里外，他令军队在鼓声中列队行军，一旦进入城市就占领了城市里主要的城门，他还给每个士兵发一张短笺，上面指示着每个士兵要入住的房屋。"（比戈·德·蒙维尔）[17]

> 此外住房的问题在整个诺曼底镇压过程中都很重要。按照习俗，军队在王国内部应该遵守社会秩序，不能驻扎在没有军队税收义务的人们家中（贵族、议员、官吏、神职人员），这些人天生或通过职位被免除该义务。然而这条规矩并没有发挥作用，军队四处驻扎，似乎并没有受到社会秩序规则的约束。[18]
>
> 还有被加西昂认定的犯人首领被当作国王的敌人对待。"赤膊汉"（Bras-nus）[19] 和其他四人（因为亵渎君主罪）被处以车轮刑，此外他们的尸体被切开并挂在城门示众：对背叛国王的人、对加入敌人的人、对出卖城邦的人、对反抗国王的人处以仪式般的酷刑。

因此该地区被当作国王的敌人，在没有司法的情况下首先遭到了军队的惩罚。确切来说并不是整个地区，而仅仅是该地区的一部分：农村和农民。而作为城市中心的鲁昂受到了不同方式的对待。

2. 然而当军队在没有司法的情况下做出猛烈的行动时，民事当局戏剧性地表现出迟缓、远离和缺失的状态。民事当局在巴黎，其代理人也不过停留几日。当加西昂止步在鲁昂城门前的时候，塞吉埃停留在诺曼底的加容。[20]

舞台仍然是空的，或者说权力的两种形式（军队和司法）设置了一段空白的空间和时间，以便他们镇压的对象的力量：显现、分裂、分崩离析、结成新的联盟、完成归顺的仪式化举动、相互告发、相互出卖。

49 在舞台上、在权力的剧场上[21]我们也能看到鲁昂的议员、市政长官、市长、大主教带着他们的徽章，发表着各自的演说——每个人都在扮演着政治习俗赋予自己的角色，然而在角色内部，他们维护自己的利益、提议结盟、为自己的支援和归顺讨价还价。戏剧以某种方式延伸着力量规则和战略考虑。但是还伴随着重要的双重改变：

——一方面，规则在政治制度的词汇、举动和繁文缛节中延伸（在该制度被接受的基础上）；

—另一方面，在力量方面代表重要因素和在战略规则中代表决定因素的人物在这个舞台上缺失。在政治戏剧的舞台上，（农村或城市中的）民众的力量并没有出现。

在被接受的政治制度中的这种转换，以及在力量和战略中对主要因素的这种排除

—显示出该戏剧的特点

—与出现的力量的简单表达相比是另一回事。

然而就是这种不同能够让戏剧在某种力量的掌握中，对一切出现的力量的整体对抗产生影响。

在这场戏剧中的人物是议会中的议长、市长、大主教、国王（缺席）、红衣主教（缄默）和缓慢前行的大法官，发生了什么事情？每个人扮演着各自的角色（对他最有利或者最体面的角色）；但是权力在舞台旁边预留着军队、强制他们改变自己的角色并渐渐地按照权力的要求说话做事。

a. 终身市长和大法官[22]首先带来了城市的整体和共同归顺，承诺从此以后忠诚于国王，许诺不假思索地跟从国王的意愿，而不要求任何权利。

戈达尔·贝凯（12月22日在加容）：他向大法官保证鲁 50
昂居民的忠诚“为国王效劳，服从于国王的意愿而不需要军队的强迫；国王只需要确认他们的过错，他们向国王请求原谅，他们会补偿遭受到损失的人”。[23]

在此之前，哈雷曾写信给黎塞留：“每次阁下要求管理鲁昂，他都使您满意，他守卫鲁昂不可侵犯；十字架在军队的前面行进。”[24]

这种整体的归顺并且从表面上看是自发的归顺正是权力所希望的，因为具体来说权力在鲁昂城门前止步。归顺显然是把居民重新认定为国王的臣民的首要条件。

归顺必须是自愿的。因此当大主教提议戴着主教帽来迎接，并且让全城的人都跪倒在面前时，塞吉埃被激怒了。当大主教讲道时评述哈该（Aggée）“万民的愿望都将会实现”（veniet Desideratus cunctis gentibus）[*]，然后又评述耶利米（Jérémie）时，塞吉埃被惹怒了。[25]因为这些仪式和评述是以外族人民的名义面向他们所要归属的权力的。[**]

大主教在舞台上的态度违背常理，因为通过提议人民的归顺，他把国王定性为敌人（或拯救者），而对于要归顺的权力，人民被定义为国民。

［大主教的打算］[***]

b. 这就是国家代理人对自己呼吁的归顺表现出无动于衷的态度的原因。国家代理人期望归顺，但他不想扮演人们归顺的敌人的角色，他也不想扮演原谅归顺的人们的统治者的角色。权力想要作为挑选和区分的人的角色而被承认，权力原谅一些人而不原谅另一些人，依靠某些人并攻击另一些人。

这就是塞吉埃做出回答的原因……

51 —对此，权力总是这样回答：不需要感到害怕；但是对于有罪的人，惩罚是不可避免的。区分好人与恶人、罪人

* 手写稿：“veniat cunctis gentibus desideratus”。

** 手写稿在空白处写道：“禁锢国王或所有人都渴望的统治者，或熄灭以色列微弱的光明的敌人。”[26]

*** 手写稿中写在括号里。

和无辜者的是权力。

塞吉埃回答戈达尔·贝凯："无辜者没有什么好害怕的；只有犯错的人将会感受到正义的怒气和国王的愤慨的后果。"[27]

对于议长，塞吉埃回答说："好人将会得到补偿而不需要害怕任何事情，但是坏人将会受到惩罚。"[28]

—贵族很快也得到了回答。谁是好人，谁是恶人。

—戈达尔·贝凯向塞吉埃指出军队的出现更会"让镇压骚乱的好人感到重负；让制造混乱和骚乱的平民百姓人数增加；通过对陪伴大法官的兽群效力，脚夫的地位将得到提升。"[29]

—库唐斯的子爵在塞吉埃到来的时候说："错误不是城里的居民犯下的，群氓只是败类和废物，国王不应该牺牲司法，像另一个耶弗他（Jephté）一样牺牲城市里最珍贵的东西。"[30]

注释

1. 这里讲的内容更符合在阿夫朗什的情况：参见《诺曼底议会史》，第4卷，第659页："加西昂带领他的军队在阿夫朗什取得胜利，然而他们被猛烈的抵抗行为激怒了，要处理被攻占的城市。按照加西昂的命令，几名犯人［……］即刻被绞死在散步场里的榆树上［……］。绞架和车轮被搭建在高处，几名被捕的骚乱者立刻被审判。"按照塞吉埃的命令，带有四个分支的绞架被树立在阿夫朗什的小麦市场。参见《大法官塞吉埃在诺曼底地区的旅行日记》，第307页。

2. 参见《大法官塞吉埃在诺曼底地区的旅行日记》，第444页："回忆录涉及消灭阿夫朗什教区的赤脚汉”。回忆录虽然没有日期，却是写在1641年5月之前，因为此时国王宣布了此项关于消灭的命令。

3. 关于处决戈林，见下文，1972年1月12日的课程，第68—69页。

4. 特瑟（A. Tessereau），《法国掌玺大臣公署年表》（*Chronologie de la Grande Chancellerie de France*），Paris，Pierre Le Petit，1676年，第387页：“骚乱非但没有平息，反而其规模与日俱增，为了解决问题，陛下决定派出他的武装起来的司法。”

52 5. 参见《1639年诺曼底比戈·德·蒙维尔主席的回忆录》，第204页：“他被派到外省，带着武器，是为了作出公正的判决”。这里讲的是议长查尔斯·福孔·德·里斯（Charles Faucon de Ris）（1644年逝世）。

6. 参见《大法官塞吉埃在诺曼底地区的旅行日记》，第66页：“他们带着武器的符号，真的不会无视国王正义的愤慨；然而他们的武器的用途只是维护司法。”这里说得是阿蒂斯·戈达尔（Arthus Godart），国家顾问，鲁昂终身市长，执行官的行政、司法管辖区的中尉。

7. 让·德·加西昂（Jean de Gassion）（1609—1647），旅长（maréchal de camp），罗兰·蒙尼耶将他描述成从1630年至1632年“参加了所有古斯塔夫·阿道夫（Gustave-Adolphe）的战争和路易十三的战争的老兵”。参见《农民的愤怒——18世纪的农民起义》，第119页。他统领着4000名士兵和数支骑兵部队。关于加西昂，参见德雷维翁（H.Drevillon），《英雄主义对专制主义：以加西昂旅长（1609—1647）为例（1609—1647）》（L’heroïsme à l’épreuve de l’absolutisme. L’exemple du maréchal de Gassion（1609—1647）），Politix，第15期，第58号，2002年，第15—38页。关于事件的年代表，见上文，1971年11月24日的课程，第14页，注3。

8. 关于1635年阿基坦的起义及其镇压，参见波尔舍内，《法国1623年至1648年期间的人民起义》，第160—186页。镇压活动是由埃佩尔农公爵率领的，然而波尔舍内的观点与福柯的观点有着细微的差别：埃佩尔农公爵在第一时间发起了一场非常温和的镇压活动（波尔舍内将其描述为“不活跃性”（inactivité）），因为他没有足够的兵力，也不能求助于西班牙前线的军队，担心起义扩展到整个吉耶纳地区（事实上，这的确发生了）。波尔舍内认为，与其说这是一场用武器进行的镇压活动，还不如说这是退缩和让步策略，最后该策略重新建立起有限的秩序。

9. 参见《诺曼底议会史》，第 4 卷，第 622—624 页。塞吉埃是这样向顾问勒诺布尔（Le Noble）和戈达尔（Godart de Bracquetuit）解释的："你们可以向鲁昂议会的先生们作证［……］我由衷地感谢他们的作为［……］我恳请他们如同开始一样继续进行下去。我知道议会发挥了很大的作用"（第 623 页），国王宣称"对此非常满意——议会平息骚乱，优秀地履行了他们的职责"（第 624 页）。

10. 参见同上书，第 625—626 页。延迟重建办公室使得国王非常恼怒。议会只在 12 月 1 日发布了重建办公室的决定，而且仅限于旧的权利。直到 4 个月之后，议会才有实际行动。

11. 参见同上书，第 638—644 页。关于征税官和议员之间的斗争，参见波尔舍内，《法国 1623 年至 1648 年期间的人民起义》，第 485—488 页。关于泰利埃（Le Tellier）的情况和事实，"他的作为引起了国王的怒火"，参见《1639 年诺曼底比戈·德·蒙维尔主席的回忆录》，第 108 页。

12. 参见波尔舍内，《法国 1623 年至 1648 年期间的人民起义》，第 165—166 页。

13. 参见富瓦西，《赤脚汉的起义与 1639 年诺曼底的起义》，第 181 页。

14. 实际上占领鲁昂要分为几个步骤：1639 年 12 月 31 日，加西昂带领军队进入鲁昂；1640 年 1 月 2 日塞吉埃进鲁昂，并对前来迎接和致辞的议员、审理间接税案件的最高法院、初等法院、子爵领地的官员们严肃地给出了不同的回答。根据弗洛凯所述，塞吉埃"知道国王的秘密声明（直到此时还是秘密的），知道声明会禁止议会和城市里的其他机构"（《诺曼底议会史》，第 4 卷，第 680 页）。事实上，各种（对议会、审理间接税案件的最高法院、终身市长和市政厅官员的）禁止是在 1 月 3 日才被宣布的（《诺曼底议会史》，第 4 卷，第 683—687 页；《大法官塞吉埃在诺曼底地区的旅行日记》，第 78—87 页）。

15. 见上文，1971 年 12 月 1 日的课程，第 34—35 页，注 13。这些断
言反映了当时全部文章的观点，福柯坚持认为刑事体系的主要功能是在社会因 53
素中引入矛盾或分隔，以便消除联系（17—18 世纪，城市 / 农村，民众 / 资产阶级；19—20 世纪，犯罪的平民 / 无产阶级）带来的危险。

此外，城市 / 农村的分割回应了当时的一场论战，该论战是关于农民在中国革命中和整个第三世界（Tiers-monde）国家（越南、柬埔寨、拉丁美洲……）的现代斗争中的作用。关于这个主题，吕西安·毕昂柯（Lucien Bianco）的古典主义作品就是始于这个时期，他的《中国革命的缘起》（*Les origines de la révolution chinoise*）于1967年出版；此外在法国的毛主义者之中，人们讨论着法国农民和工人的结盟［例如共产主义（马列）青年联合会（UJCML）："法国资产阶级怎样试着联合农村民众"，在1968年，该联合会劝勉人们反对资产阶级"划分民众，特别是划分工人和农民"的战略，从1970年开始，共产主义（马列）青年联合会把经验带给法国农村，于是在1976年，Maspero出版社发行了《贫穷农民之书》(Livre des paysans pauvres)］。在福柯与毛主义者的《关于人民司法》(*Sur la justice populaire*)（DE，第2卷，第108号，1994年，第340—369页/Quarto，第1卷，第1208—1237页）的论战中，福柯强调指出，真正的矛盾存在于犯罪的平民和无产阶级中，吉尔斯（Gilles）(安德烈·格鲁克斯曼André Glucksmann）提出："威胁资产阶级的并不是工人与农民的汇合"，并期待着"无产阶级斗争方式和农民战争方式的融合"。福柯对此回答道："我们可以说工人—农民的关系完全不是19世纪西方刑事体系的目标，我们感觉到资产阶级［……］对农民相对有信心"(第357页/第1225页)。

16. 在这里，"朝代"(dynastique）的概念似乎是第一次出现，在后面的课程中，我们还会看到这个概念（见下文，1972年3月1日和8日的课程)，后面《惩罚的社会》也会再讲到这个概念（第86页、第95—96页、第212页，授课情况简介，第305页），还有他与莲见（S. Hasumi）的访谈《从考古学到朝代》(*De l'archéologie à la dynastique*，DE，II，第119号，1994年，第405—416页/Quarto，第1卷，第1273—1287页），以及1973年5月21日至25日在里约热内卢天主教大学的研讨会《真理与司法形式》(*La vérité et les formes juridiques*)（DE，II，第139号，1994年，第538—646页/Quarto，第1卷，第1406—1514页），他说："我们研究朝代"(第664—1422页)。倘若说当时福柯同等地使用"朝代的"和"谱系的"(généalogique）概念，那么至少"朝代的"代表着某些特征，值得我们一说。

1/朝代与"符号学"(semiotique或semiologie）截然不同，后者从含义的角度研究要素（话语、举动、图像等)。这里显然参考了巴特(Barthes）的《符号学基本概念》(*Éléments de sémiologie*)［《写作的零度》(*Le degré zéro de l'écriture*)，1964年］和他的《流行体系》(*Système de la mode*)（1967年），巴特建议借用结构语言学（语言/话语，语言符号的含义、词义/语言符号的发音、词音，体系/音义段、意群等）的基本概念，发展一种作为“全部符号体系的科学”的符号学，以便于非语言学符号的要素和规则的使用。而朝代把要素作为“标识”(marque）进行研究，在表象的层面解释力量关系和隐藏的权力斗争的规则。在这里，他引用了尼 *54*
采（Nietzsche）的观点，还有德勒兹（Deleuze）在1962年发表的《尼采和哲学》(*Nietzsche et la Philosophie*)，Paris，PUF，其中的第59—76页说力量的不同规则和谱系学艺术是对这些关系的解读。关于“标识”的概念，可以参照福柯在《尼采·谱系学·历史学》(*Nietzsche*，*la généalogie*，*l'histoire*)(DE，II， 第84号，1994年， 第143—146页/Quarto， 第1卷，第1011—1014页）中的分析，还有福柯在1971年关于尼采的课程（《知识意志》，法兰西学院课程系列，1970—1971，Paris，Gallimard-Seuil，2011年，第203页)。福柯认为，尼采摆脱了阐释学的（herméneutique)、现象学的（hénoménologique）观点（符号→对于一种意思或一种最初经验的解释）以及结构主义的（structuraliste）观点（符号→符号和推论规则的体系)。“朝代”与尼采的“冒现”(émergence）的概念相距不远，也就是说“力量开始发挥作用［……］力量通过涨溢和激增，从幕后跳到了台前”，在那里，强者和弱者“相互面对，其中的一部分占据上风［……］冒现是指对抗的地点”。那么朝代是指对力量规则和力量关系（总是统治者/被统治者的关系）的分析，特别是对“发挥作用的规范空间，其中空间的形式在历史上发生变化”的分析：“在历史上的每一段时间”，统治“固定在一种惯例中；强制性地规定一些义务和权利；它构成细致的程序。它确立一些标识［……］规则，并不是为了缓和暴力，而是恰恰相反，为了满足暴力”(参见《尼采·谱系学·历史学》，第144—145页/第1012—1013页）。因此本课程的特殊意义出自司法形式、司法程序、司法规则和司法惯例。“朝代”是一种关于“使得在我们至今为止的文化历史中，隐秘得最深的东西得以呈现：权力关系”的分析（参见《真理与司法形式》，第544页/第1422页)，在研究表象的要素的时候，(行为、单词、角色，以及场景、形式、规则的分配)“显现”(manifestation）如同“标识”，反映出隐藏的权力的分配。

我们要知道，福柯在后面强调（见下文，第49页）表象的条件、“约束体系”(les systèmes de restriction）和要被表象的要素服从的规则都意味着某些最重要的权力的缺失，这种缺失表明着隐藏的权力关系的分配，以及被表现的要素实际发挥作用的方式。

2/因此我们在这里看到权力仍然是以“表象”(représentation)(表

达、动作、仪式、象征等）的方式被研究，此外，这就解释了1972年4月7日，福柯在明尼苏达（Minnesota）大学研讨会上发表的研究内容，该项研究名为《17世纪的仪式、戏剧和政治》(Cérémonie，théâtre et politique au XVIIe siècle，Proceedings of the Fourth Annual Conference on 17th-Century French Literature，1972年，第22—23页；参见同上书，第235—241页)。在研讨会上，他介绍了关于赤脚汉表象的分析，该分析是另一个研究的组成部分："关于政治权力仪式化的表象的更深广的研究：从希
55 腊罗马的广场辩论到18世纪末的仪式。这是一种对政治权力采用可见的、戏剧化的形式并对人们的想象和行为发生影响的方式的研究。这是政治权力表象的真正的人种志（ethnographie），是对社会中权力标识体系的研究。"(第237页）在《规训与惩罚》中，我们也可以看到这里的某些方面（只要想到达米安受到的酷刑就够了；参见《惩罚的社会》，第12—13页，注释），我们也知道后来福柯逐渐努力与建立在表象上的权力的分析拉开距离，并转向于研究整个权力机制，贯穿主题的是整个权力机制，而不是表象。特别要参见著名的访谈：《贯穿身体的权力关系》(*Les rapports de pouvoir passent à travers les corps*，DE，III，第197号，1994年，第228—236页/Quarto，第2卷，第228—236页）和他的用语"我认为必须小心一切充满政治分析的关于表象的主题"(第232页/第232页)。我们可以把本课中"朝代"的概念与福柯在1971年12月7日写下的笔记作对照，该笔记写于本课程的前几天："三个层面；[1] 战略：力量关系，战争；[2] 惯例、权力表象、仪式；[3] 合同、契约、仲裁、控制。演说从这三个层面进行。"

17.《1639年诺曼底比戈·德·蒙维尔主席的回忆录》，第163页。"在卡昂半古里外，他令军队在鼓声中列队行军，一旦进入城市就占领了城市里主要的城门，他还给每个士兵发一张短笺，上面指示着每个士兵要入住的房屋。"

18. 士兵驻扎的问题得以详细阐述，参见同上书，第222—229页。议员们强调说，当士兵来到鲁昂时，国王曾免除议员留宿士兵的义务，塞吉埃回答说："这与以前的例子不同，军队来这里是为了惩罚议会。"(第222页)

19. 8月26日，"赤膊汉"鼓励卡昂的人群反对初等法院和王室官吏，因此他被认定为骚乱的煽动者，参见《1639年诺曼底比戈·德·蒙维尔主席的回忆录》，第11—12页、第111—112页。对他的行刑是这样被描述的："赤膊汉与另外一个人被活活打死［……]。他们死后，尸体被挂在城门示众。"

20. 12月19日塞吉埃从巴黎出发，经过蓬图瓦兹和芒特（Mantes），

于21日到达加容。事实上他并不着急，12月24日还在加容的公园里参加了狩鹿活动。加西昂于12月25日到达加容并住下，然后去了埃尔伯弗(Elbeuf)。

21. 权力通过确定的符号和话语显现，这种权力戏剧化的分析符合福柯在《话语的秩序》(Paris, Gallimard, 1971年，第40页）中所说的“限制的复杂体系”(18世纪的“礼仪”)，根据特定的规则描述力量关系，详情参见福柯的《17世纪的仪式、剧院和政治》(见上文，注16，见下文，第237页)。

22. 这里说得是阿蒂斯·戈达尔·贝凯（Arthus Godart du Becquet，见上文，注6）和弗朗索瓦二世·德·哈雷（François II de Harlay)，1615—1651年间鲁昂的大主教。

23.《1639年诺曼底比戈·德·蒙维尔主席的回忆录》，第201页：“鲁 56
昂的居民知道他进入诺曼底，向他保证自己的忠诚为国王效劳，服从于国王的意愿，不需要破坏城市和村庄的军队的强迫；国王只需要确认他们的错误，他们向国王请求原谅，他们会补偿遭受损失的人。”

24. 参见《大法官塞吉埃在诺曼底地区的旅行日记》，第18页，注释：“每次阁下要求管理鲁昂，他都使您满意，他守卫鲁昂不可侵犯；按照您的要求，十字架和军队一起行进。”信上的日期是1639年12月12日。

25.《1639年诺曼底比戈·德·蒙维尔主席的回忆录》，第183页，讽刺了大主教的要求和拉丁文的引文。引文如下“万民的愿望都将会实现”。关于隆重接待塞吉埃的计划和他的拒绝，参见同上书，第197页；参见《诺曼底议会史》，第4卷，第667—673页。

26. 哈该（Aggée)，“veniet Desideratus cunctis gentibus”这句话经常被解读为宣告弥赛亚（Messie)、也就是基督到来的预言。参见戈德龙(E. Gaudron)，《我们的主耶稣基督的所有奥秘的指示》(*Instructions sur tous les mystères de Notre Seigneur Jésus-Christ*)，Paris, Florentin, 1791年，第2卷，第443页：“我将使所有的人感动”，哈该说，“万民的愿望都将会实现，我将使房子里充满天上的荣光［……］”。大家都知道他在预言里所说的万民的愿望就是耶稣基督，哈该说到这个名字是为了表明极度的向往，“所有的国家都渴望他 & 为了感受到他的恩赐 & 接受到他的怜悯”。关于耶利米（Jérémie)，在《耶利米哀歌》中，由于他的过错，耶路撒冷被摧毁并被敌人控制。正如福柯所写，因此国王与外族人做比照，涉及“所有人都渴望的统治者”(弥赛亚）或者人民托付给的敌人统治者。主教作为人民的说情者，以他们的名义对所要归顺的外族统治者讲话。相反大法官塞吉埃期待着自愿的归顺，以便把人们确认为法国国王的臣民。

27. 参见《诺曼底议会史》，第4卷，第676页："总之，塞吉埃回答，'无辜者没有什么好害怕的；只有犯错的人将会感受到正义的怒气和国王的愤慨的后果。'"（在文中加着重线）这里说的是1640年1月2日塞吉埃对戈达尔·贝凯的演说的回复。

28.《1639年诺曼底比戈·德·蒙维尔主席的回忆录》，第204页："大法官先生回答说［……］好人将会得到补偿而不需要害怕任何事情，但是坏人将会受到惩罚。"这里是塞吉埃对鲁昂议会议长查尔斯·德·福孔（Charles de Faucon）的回答，他于1623年接替了他的兄弟亚历山大·德·福孔（Alexandre de Faucon）的职位。

29. 参见同上书，第202页："军队的住宿由镇压骚乱的好人负责；制造混乱和骚乱的平民百姓人数增加［……］通过效力于陪伴大法官的兽群，脚夫的地位将得到提升。"

30. 参见《大法官塞吉埃在诺曼底地区的旅行日记》，第74页："错误并不是大部分人犯下的，说实话，也不是城里的居民犯下的［……］群氓只是败类和废物，［……］国王不应该出于怜悯而牺牲司法，像另一个耶弗他（Jephté）一样牺牲城市里最珍贵的东西。"

1971年12月22日 57

回顾：通过武装起来的司法从（力量关系、战略考虑、权力显现）三个层面分析镇压的第一阶段。——从第三个层面展开：四种行为的戏剧化。(1) 王室权力把民众认定为“社会敌人”(ennemi social)。(2) 地方权力带来了自身的归顺却试图限制王室权力：三重限制理论（théorie des trois freins）的适用。(3) 大法官的拒绝，他援引最后的审判（Jugement dernier）以支持自己的理由：“好人将会得到补偿，恶人将会受到惩罚”。(4) 特权享有者通过控告“群氓”(basse populace）并区分好人和恶人从而进行自我保护。——戏剧化（théâtralisation）使镇压手段和镇压权力重新分配。

摘要。“武装起来的司法”：一系列行动。

对镇压第一阶段的分析：

—军队到达，纯粹的军事镇压；然而伴随着分期、停顿、

交替出现的打击和相伴而来的威胁；而后

—民事当局到达，但小心地与军队的到达时间岔开，一系列戏剧性的迟缓。

我们已经在三个层面研究过这种双重迟缓：

—在力量关系的层面解释了

—封建地租不能再被贵族当地力量征收，

—国家机器被大征税官控制（或重新控制）；

—在战略考虑的层面：

—切断城市与农村的联系，

—通过给平民与资产阶级时间让他们“自发地”重新整合秩序和力量的方式，在城市中切断平民与资产阶级的联系；

58 —在第三个层面，权力显现的层面：

—谁代表权力？

—仪式中标记着何种形式的等级和从属？

—在权力的舞台上，哪种力量被实实在在地代表，而哪种力量缺失？

我们已经开始研究这种权力的舞台，或者更恰当地说，这一系列的权力的舞台。

A. 通过派遣军队并只派遣了军队，权力把民众认定为敌人；权力没有把民众认定为国民。敌人对敌人的关系显现出来：

—通过军队的惩罚举动（立刻执行死刑、酷刑）；

—通过军队对民众的态度（住宿的问题）。

民众自身也显示出了敌人对敌人的关系：

- 当加西昂进入库唐斯的时候，民众跪在路边，加西昂听到的是叫苦和哀求。[1]

这个第一方面很重要，因为它回应了赤脚汉曾经的态度。

- 赤脚汉表现得如同另一种权力*，方式如下：为自身夺取权力符号，让权力符号为自身发挥作用，确立了印章、旗帜、口号，发出指示、命令、通行证，废除部分税收并向富人征税。
- 如同另一种权力，该权力根据社会秩序的规则运转，并承认社会秩序的原则和基础，特别是承认国王。

对此权力是这样回应的：我们既不承认你们是另一种**（外来的）权力，也不承认你们在社会秩序内部占有一席之地。一切都留在王国内部，你们在王国里只是“敌人”。

---

* 在这里被划掉的词语：“像一种社会秩序”。

** 在手写稿中标有着重线。

59 [*] 在这里不应该说出现了“内部敌人”(ennemi intérieur)或“社会敌人”(ennemi social)的概念，也不能说这个概念是区分依据。在这个概念出现之前，镇压活动已经把某种形式争取权力的斗争或反对权力行使的斗争定性为敌对活动；镇压活动已经把斗争的人定性为敌人；镇压活动已经把进行这种形式斗争的社会阶层置于普通的法律保护之外。

在力量关系层面，军队的介入表明贵族若要保障税收，不能再依靠自己的力量或当地的资产阶级结盟，而是需要国家机器和中央集权的军事机制。

在战略层面，军队的介入以及军队介入的方式对城市 / 农村，平民 / 资产阶级作出了划分。

在权力显现层面，军队的介入使得在权力的对面出现了一个被定性为敌人的社会阶层，权力与该社会阶层变得完全相对立——更恰当地说，该社会阶层自从进入争取权力的斗争后，就立刻被定性为敌人。

以 1639 年的镇压活动为例，镇压活动整治或重新安排了特殊的镇压方法或镇压制度，这些特殊的镇压方法或镇压制度针对的是贫困阶层、失业者、乞丐、游民、骚乱者或类似的人。

这一切都属于一种类似于军事化的司法，“元帅裁判团”

---

* 在这里，首句被划掉：“这种非外来敌人、敌人的概念［……］”

（maréchaussée 或 prévôts des maréchaux），他们起初负责军队里或军队周围的治安（具体来说对行为如同国家敌人、潜逃或背叛的人进行惩罚）[2]。

在 1670 年的法令里，这种司法被用于制裁穷人，并且被制度化。

B. 最后的审判 60

在军队横扫农村并威胁卡昂的时候，在民事当局稍作停留的时候，在起义被定性为敌人的时候，——贵族和地方权力一方发生了什么？

每个人都（以城市的名义或民众的名义，与此同时为了自己的利益）进行了一些活动：

—议员派出了代表团，或去巴黎，或去找即将到达的塞吉埃；

—大主教写信给黎塞留，然后写信给塞吉埃；

—最后，市长请塞吉埃同意市政长官去巴黎恳求国王[3]。

他们在这些奔走活动中说了些什么？

a. 他们带来了城市的整体归顺。

—议员保证一切有序进行。

—12 月 22 日戈达尔·贝凯在加容保证鲁昂居民的忠诚“为国王效劳，服从于国王的意愿而不需要军队的强迫；

国王只需要确认他们的过错，他们向国王请求原谅，他们会补偿遭受到损失的人”。[4]

—哈雷曾写信给黎塞留：“每次阁下要求管理鲁昂，他都使您满意，他守卫鲁昂不可侵犯；十字架在军队的前面行进。”[*]

b. 然而在他们带来整体的归顺的同时，他们把自己当作全体的代理人，把自己当作王室权力的限制原则。

—议员仍然不登记法令，仍然不重建办公室；[6]

—鲁昂市长请求亲自去找国王以便直接取得他的宽恕；

—特别是大主教：他说，反抗使上帝不高兴，人们想要惩罚反抗，就要冒着使用让上帝更不高兴的办法的风险，
61 “难道就不能通过他们的错误平息上帝的愤怒吗，而不是以惩罚为目的带来更大的错误和对上帝的冒犯？”[7]

在这里他们显然起到了对王室权力的限制、缓和的作用[**]。

然而，从16世纪到17世纪，这变为一种政治理论，首先对其进行系统阐述的是塞瑟尔（Seyssel）。这就是三重限制理论：[8]

—第一重限制是宗教：倘若国王脱离他的宗教职责，“一

* 手写稿在空白处写着：“当人们要惩罚孩子的时候，听听他母亲说的话吧。”[5]

** 这里有一些词句被划掉：“议会、大主教、贵族。司法、宗教、臣民的等级秩序。”

名普通的说教者就可以接管这一职责，并公开说辞”；[9]

—第二重限制是司法，司法“在法国被批准，而议会的设立主要就是出于这种原因”；[10]

—第三重限制是治理，由此不同的社会群体被授予特权并能够维系特权，还有“官员的意见和建议”。[11]

很容易看到这三重限制使主教、议会和市长轮流发挥作用。因此我们可以这样解读这些步骤：

—作为权力规则（有条件地依靠王室权力）；

—作为策略（让自己被当作说情者）；

—作为一种理论因素的使用和出现。

c. 此外是国王，或者更准确地说，那些权力的代理人予以回应。

1. 首先他们拒绝贵族代表民众找国王说情和调解。

—塞吉埃严厉禁止戈达尔作为说情者去巴黎。一切决定都已经被作出[12]。

—大主教曾幻想来到大法官面前并让所有人都跪下；当提到主教说情的权力时，他引用了圣人奥古斯丁（Augustin）的话；他在布道时说到了哈该（“万民的愿望都将会实现”[*]）和耶利米[13]。

然而塞吉埃对此异常愤怒；尤其拒绝了大主教的迎接： 62

---

* 见上文，1971 年 12 月 15 日的课程，第 50 页，注释①。

“我被派到鲁昂不是为了商议，而是为了宣布并执行国王参事院（Conseil du Roi）的决定，不能听从大主教的请求，改变不了不可撤销的决定。在这种情况下，宗教的光辉和浮华是没有效果的。”

并且他强调说情的仪式会“更加激发出人们的情绪”，有可能会让他们“撤销对陛下的服从”。[14]

2. 塞吉埃尤其拒绝使用三种限制理论。这种拒绝在演说里看似平常的句子中非常明显。例如：

他对戈达尔说：“无辜者没有什么好害怕的；只有犯错的人将会感受到正义的怒气和国王的愤慨的后果。”

他对议长说：“好人将会得到补偿而不需要害怕任何事情，但是坏人将会受到惩罚。”[15]

这个句子表面看起来普通，使人消除疑虑的同时令人感到不安；而对于鲁昂的贵族来说，这是个骇人的句子。这是能够听到的、关乎权力的显现中最令人生畏、最令人惊异的句子之一。这个句子是最后的审判。[16]

这个句子本来也与明确的政治理论有关。这是让国王不服从王国里的法律之理论；而且国王不服从王国里的法律：

—不像罗马的皇帝一样，因为他的意愿是法律；

—国王从上帝那里直接得到启发：“国王的心受到上帝的本能和驱使而行动，上帝根据自己的愿望来引导君主”

（布德（Budé））。[17]

> 上帝把君主的心引向恶吗？这是为了惩罚他的臣民。上帝把君主的心引向善吗？那么正如格拉萨耶（Grassaille）所述，国王是根据衡平法而不是司法作出决定：因为他的职责是赏善（fruitio bonorum）和罚恶（punitio malorum）[18]。

在16世纪，国王的这种专制主义职责被专制主义者确 63
认。这一点我们可以在勒比费（Rebuffi）的文章中看到。[19]衡平法把国王置于与上帝最接近的地方、置于上帝的手中，不能存在限制。

塞吉埃面对着交谈对象的时候，援引的就是这个观点。王室权力没有要将眼睛固定在特权上（特权是其唯一的恩赐），没有固定在宗教上（对于国王来说，宗教只是浮华和光辉），也没有固定在议会的司法上（司法不如衡平法公正），王室权力要区分好人和恶人。

d. 那么对于这句话，对于这句清除王室权力上一切（制度的、宗教的或传统的）限制、约束的话，这句让国民面对国王的衡平法和区分的话，特权享有者只能这样回答：我们是好人，他们是恶人。

我们什么都没做，我们是无辜的，这些是我们的敌人。

—议员表明自己谴责起义，并尽其所能地压制起义。

—戈达尔请求塞吉埃不要让军队进入鲁昂，并且表明军队居住的费用更会“让镇压骚乱的好人感到重负；让制造混乱和骚乱的平民百姓的人数增加；通过对陪伴大法官的兽群效力，脚夫的地位将得到提升”。

—库唐斯的子爵说：“错误不是城里的居民犯下的，群氓只是败类和废物，国王不应该牺牲司法，像另一个耶弗他（Jephté）牺牲城市里最珍贵的东西一样。”[20]

我们可以概括这段戏剧的过程：

—起义不应该在社会秩序内部发生；起义也并没有组成另一种权力。起义者被取消国民的资格，完全被定性为国王的敌人，对于权力来说他们并不是外来的。

64 —对此贵族回答说：但是社会秩序或宗教秩序保留下来，我们继续代表司法、宗教或治理。我们在权力面前代表民众；我们在权力内部代表对王室权力的限制。

—权力的反对理由：其决议的唯一的法律就是衡平法。这种衡平法毫不考虑特权、爵位或职务；而只承认好人/恶人的区分，要惩罚的人和不惩罚的人的区分。权力区分善与恶，这比契约、忠诚、诺言、授予的特权更为本质。国王在成为领主们的领主之前，就是区分善与恶的决策机构。权力在得到保障之前就是镇压。

—但是这种镇压抛开了中间人、说情或限制而作用于敌人

（他们也就是罪犯）。事实上这种镇压重新切割出区分之线，这条线被特权享有者勾勒出。一方面当镇压的国家颠覆他们的特权时、无视他们的政治或传统司法职责时、扯破带有保障的封建体系时，指出“坏人”的就是这些特权享有者；另一方面国家允许这同一批特权享有阶级对惩罚作出区分、划出社会和政治界限——这些界限被权力以好人和坏人、无辜者和有罪者这样的措辞所改写。

我们看到：镇压权力和镇压手段的重新分配正在进行中。*

注释

1. 参见《诺曼底议会史》，第4卷，第660页：“当他进入库唐斯市郊的时候，所有的居民：男人、女人、儿童，都跪倒在他面前，哭着喊着请求宽恕。”

2. 关于元帅裁判团，福柯参考了泽勒的《十六世纪的法国制度》，第196—201页。元帅裁判团对于参与战争的人或游民（常常是逃兵）犯下的重

---

* 手写稿中，在第4课的后面还有一页没有编页码的文稿，内容如下：

1639年的骚乱

概述：—对税收制度的反应

—城市和农村

—统一（除了差别以外）。

特征：—反对国家税收机制

—三个部门的回避。

机制：—这种回避不是第一次

—亨利四世复兴国家，三种结盟 65

—然而经济衰退导致回避，除了军队

—新的镇压体系在红衣主教的庇护下确立起来。

罪进行终审，不允许申诉。为此他们配有武装部队。元帅裁判团于16世纪末出现，在弗朗索瓦一世的统治下职责范围扩大；尽管亨利二世对其进行了限制，但是后来他们得以继续发展壮大。

关于近期的文献，可以参考洛尔尼耶（J. Lorgnier），《元帅裁判团——司法改革史》（*Maréchaussée. Histoire d'une révolution judiciaire*），第1卷：《穿长靴的法官》（Les juges bottés），Paris，L'Harmattan，1994年。关于对穷困阶层、失业者和游民的镇压职能的制度化，参见福柯《古典时代疯狂史》，Paris，Plon，1961年。

3. 塞吉埃拒绝了，参见《大法官塞吉埃在诺曼底地区的旅行日记》，第23页。

4. 参见上文，上一课，第50页。

5. 母亲和孩子的引文出自哈雷写给黎塞留的信："为了他人的损失而报复，当人们要惩罚孩子的时候，听听他母亲说的话吧"（《大法官塞吉埃在诺曼底地区的旅行日记》，第18页，在文中加了着重线）。

6. 事实上从亨利二世统治时期开始直到路易十三统治时期，鲁昂的议会拒绝登记诸多法令。关于议会缓慢地重建，参见《诺曼底议会史》，第4卷，第624—626页；见上文，上一课，第43页、第52页注10。

7. 参见《大法官塞吉埃在诺曼底地区的旅行日记》，第18页："难道就只能用更大的错误和对上帝的冒犯来平息上帝的愤怒吗，这是为了惩罚？"

8. 参见塞瑟尔（Seyssel），《法国君主制度》（*La Grande Monarchie de France*），Paris，Galiot du Pré，1558年，第10页。关于三重限制理论的分析，参见丘奇（W. F. Church），《十六世纪法国的宪政思想》（*Constitutional Thought in Sixteenth-century France: A Study in the Evolution of Ideas*），New York，Octagon Books，第47卷，1969年（第1版，Cambridge，Mass.，Harvard University Press，《Harvard Historical Studies》，第47卷，1941年）。

9. 参见塞瑟尔，《法国君主制度》，第11页。倘若国王施行暴政或反对基督教法律，"一名普通的说教者就可以接管这一职责，并公开说辞"。

66 10. 参见同上书，第12页："第二重限制是司法，司法在法国被批准，而议会的设立主要就是出于这种原因。"

11. 在这里福柯似乎参考了丘奇的《十六世纪法国的宪政思想》，见上文，第30页。治理涉及王国的基本法律，同时涉及授予不同阶层的全部的

“自由、特权和可嘉的习俗”。特别是文中还详细地讲到，塞瑟尔的定义包括“众多的官员和参与行政工作的行业提出的建议”(第 37 页)。

12. 参见《大法官塞吉埃在诺曼底地区的旅行日记》，第 23—24 页：“戈达尔·贝凯［……］说他要去巴黎，为了城市找国王说情，并请大法官作为他们与国王之间的调解者。但是大法官回复表明没有补救办法：‘我禁止你们［……］去找国王。陛下已经通过军队把被破坏的权威重新建立起来，对鲁昂的造反进行了警示性的惩罚’”(在文中加了着重线)。

13. 见上文，上一课，第 50 页、第 56 页注 26。

14. 参见《大法官塞吉埃在诺曼底地区的旅行日记》，第 19—21 页：“他，尊敬的大法官并不是为了来商议，而是为了宣布并执行国王参事院和陛下的决定，他不能听从大主教的任何请求，也不能改变解决了的、商讨过的事情［……］在这种情况下，宗教的光辉和浮华是没有效果的，人们的情绪可能被激发并撤销对陛下的服从”。

15. 见上文，上一课，第 51 页、第 56 页注 28。

16. 例如圣经马太福音第 25 章（Mat 25: 31)：“当人子在他荣耀里同着众天使降临的时候，要坐在他荣耀的宝座上。万民都要聚集在他面前。他要把他们分别出来，好像牧羊的分别绵羊、山羊一般；把绵羊安置在右边，山羊在左边。”

17. 布德（G.Budé)，《君王制度》(*Le Livre de l'institution du Prince*)，Paris，Foucher，1547 年，第 21 章，第 60 页。所罗门（Salomon）也认为，江河笔直或弯曲地流动取决于神的安排，“同样国王的心受到上帝的本能和驱使而行动，上帝根据自己的愿望和绝对的神意来引导君主，让他对自己的人民是可嘉的、正直的、有用的、随和的、有益的：或者换句话说，根据君主和其臣民的状况，他也可以是阴险的、不正直的。”

18. 格拉萨耶（Grassaille）的文章表达了略有不同的思想。首先是关于法令，他写下：“因此是为了保护好人，惩罚恶人，根据高卢的规则，这被称为国王的法律”(ideo ad tuitionem bonorum & punitionem malorum, factes sunt leges regiae quas ordinationes Galli vocant)(格拉萨耶(C. de Grassaille)，《法国王室》(*Regalium Franciae*)，Lyon，Simon Vincent，1538 年，第 60 页)。接下来关于专制主义者的援引无疑出自丘奇，《十六世纪法国的宪政思想》，第 58—59 页。关于这些理论的近代历史和理论产生的背景，参见乔安娜（A. Jouanna)，《绝对权力：王权政治幻想的产生》(*Le Pouvoir absolu. Naissance de l'imaginaire politique de la royauté*), Paris, Gallimard, 2013年。参见乔安娜,《绝对权力：君主制幻想的顶点和衰落》(*Le Pouvoir absolu. Apogée et déclin de l'imaginaire monarchique*), Paris, Gallimard, 2014年。

19. 参见勒比费（P. Rebuffi),《宪法中的历史》(*Commentaria in Constitutiones*), 第1卷, Lyon, G. Rouilly, 1613年。

20. 见上文，上一课，第51页。

1972年1月12日 67

I. 民事当局进入（鲁昂），有形的国家部门（corps visible de l'État）形成。——大法官超越传统的司法规则并把司法秩序和军事力量秩序联结在一起：国家保障镇压权力。——国家的第三种纯粹的镇压职能出现，该职能由大法官（国王参事院的成员）保障，独立于国王。有形的国家部门代替王室权力和缺席的国王。税收机制叠加在镇压机制上。II. 新形式的监督，却没有新制度。——质疑地方权力：暂时中止。特派员暂时接管地方制度。——军事措施和税务罚金体系，以便把特权享有者和他们的承诺绑在一起。总而言之，不稳定的监督体系仍然依靠在封建机构上，这预示着特殊的国家镇压机器的创立。

*C. 有形的国家部门

民事当局于1640年1月2日进入鲁昂。在这里民事当局

---

* 上一课中可以找到《A》和《B》部分。

指的是塞吉埃、弗里利埃（La Vrillière)、数位国家顾问和审查官。我们必须懂得这些人意味着什么，或者更恰当地说，他们属于什么部门或代表何种社会团体。

至此民事当局仍然处于舞台的后台，放任军队行使司法权，仅仅保证国王的司法如同上帝的司法一样将会介入以便区分有罪者和无辜者。形势影响时机。国王的司法在整个降临节(Avent)(“万民的愿望都将会实现”，大主教的讲道[1]）期间都在蓄势待发：而民事当局在新的一年开始的时候才发挥作用。

民事当局开始发挥作用的主要特征是什么？

68 1. 军队受大法官的监督，或者更准确地说，大法官个人肩负两种重大的权力职责——军事职责和司法职责。

一系列措施、举动、“手续”标志着这种两种职责的结合。

—塞吉埃到达加容以后，陆军上校加西昂奉命前往。而军事决定是由大法官作出的。[2]

—此外，塞吉埃把数名参与抢劫或犯罪的士兵移交给民事司法部门。比戈・德・蒙维尔认为被判处死刑的士兵比被判处死刑的起义者还要多。塞吉埃还暂停了军队里的一项旧的特权。[3]

—但是与此同时至少在一种情况下，塞吉埃在军事上亲自使用民事司法。这就是戈林和其他四名起义者的情况。他们被判处车轮刑。

但是这项判决违背了司法的三条基本规则：[4]

—这是塞吉埃自己作出的判决，没有任何人到场；

—他依据的是信息和证词，没有听被告人的说法；

—他经口头判决，像发出一个命令一样，并没有写下来。[5]

在现代看来，违背（多名审判官、书写下来的判决、对被告人的庭审）这三条规则也是非常严重的。在16世纪，埃罗（Ayrault）说："不听被告人的说法就将其审判，这触犯了万物，颠覆了天地。"[6] 一个世纪之后，茹斯强调指出该处决的不合法性。

一切看起来都像是塞吉埃想要打乱司法秩序和军事力量秩序的分界线；似乎他想要表现出一种超越两者的、更为彻底的权力，这种权力既不服从于一方的特权，也不符合另一方的规则。大法官还赋予自己无视*不同类型司法诉讼的限制性规定的权力。他借用自己所需的诉讼程序或惩罚，而不遵守其合法的适用条件。韦尔塔蒙就曾写下过一个奇怪的句子， 69
是关于对戈林的处决："在一场骚乱中，犯人在行动中（in flagranti）** 被捕，人们还以为在这样的事件中，必须在其死

* 划掉的词语："司法特权"。

** 在手写稿中被划着重线。

后才能进行诉讼程序。”[7]

—但是戈林并不是在行动中被捕的

—并且“死后的诉讼程序”并没有适用理由，既然他已经被捕，那么信息就是开放的。

于是我们看到除了军队和司法以外，出现了一种由国家保障的镇压职能，并且该职能没有被传统的规则束缚。在司法权力和斗争力量之外，还有一种如同镇压权力的东西。

我们可以说在对骚乱的镇压中，这不是权力第一次颠覆司法和军队的界限并进行一种粗暴的、猛烈的镇压。在查理六世统治时期，诺曼底发生过类似的事情。年代更近一些的还有凯尔西（Quercy）起义。[8]

然而塞吉埃的镇压并不粗暴；镇压不是在斗争的暴力中进行的。当一切都回归秩序，当骚乱者被制服，当特权享有者归顺，在这个时候，镇压活动才展开。

要考虑到塞吉埃的有些行动明显不合规定。但这无关紧要，因为要表现出：

—一方面，国家具有某种镇压权力，该镇压权力超越司法规则或军事惯例，至少不被后者束缚；

—另一方面，该镇压权力一般被投入司法或军队中，它可以根据自己的限制性规定发挥作用，至少在这种情况下是可以的：民众骚乱。

在君主主权的（司法和军队）两个传统方面还要再加上第

三个方面：镇压。国王可以并且必须为自己的国民作出公正的裁决；他可以并且必须为了保护国民而反抗敌人；他可以并且必须镇压自己的国民的骚乱。

镇压的任务由大法官负责，这证明镇压的任务不是边缘的 70
或偶然的，镇压的任务不再像在吉耶纳[9]一样由封建王室的高级官员（同时代表国家和自己）负责；这标志着从此以后，镇压任务被载入国家一贯的任务之中。

大法官的司法—军事统治使得国家纯粹的镇压职能产生，这是一种核心职能。

然而，该职能不是由国王负责的。

2. 国王的缺席

于是大法官统帅军队并重新掌控司法规则。然而直至此时谁能够同时兼任司法和军事双职，并且自己不受其规则约束？谁能一手控制司法和军事双职？国王。[10]

a. 大法官就正处于国王的位置上。有了国王之后，就有了战争长官和司法长官的区分（陆军统帅和大法官的职责的区分），而大法官的存在超越了这种划分。

大法官占据着该职位，任凭自己处于一个几乎是渎圣的（sacrilège）替代的位置上。总而言之现代人是这样理解的。

在这里必须把仪式看作权力的显现。

—韦尔塔蒙认为塞吉埃只有“长时间推辞”之后才能接受军事上的显要地位；

—此外在塞吉埃写给大主教的信中，他强调他不是来商议的，而是“为了宣布并执行国王参事院的决定”。[11]

因此他并没有商议之王室权力；他不能自由改变决定；然而这个决定是他自己作出的，是他在作为国王参事院的一员时作出的决定。

那么国王的位置被某人占据

—该某人并不是国王，因为他执行决定；

—但该某人不只是国王的代理人，因为他执行的决定是他自己作出的。

通过这种方式我们看到一个行政区、一批人、一个部门
71 (corps)——有形的国家部门与国王个人相脱离。像塞吉埃这样的一个人以及他周围的人不再仅仅是国王的代理人（直接执行他的意愿的人）：他们代表国王权力，或者更恰当地说他们组成国家权力。

倘若说中世纪的政治理论和政治神学果真承认两种身体（corps）集中于国王个人（肉体和政治体（corps politique）），[12]也许必须承认这些来到诺曼底的人、这些享有类似于国王的特权的人共同组成了有形的国家部门。

有形的国家部门代替缺席的国王并在他的位置上前行。此外（权力在仪式的层面上显现），大法官带来了国玺，一切都

如同国王在场一样。[13]

b. 塞吉埃以及和他类似的人作为有形的国家部门行使镇压职责，准确来说这些既不是司法职责，也不是军事职责，那么这些是什么人？

—弗里利埃、22或23辆马车载来的国家顾问、审查官；其中有奥尔梅松（d'Ormesson）、劳出特蒙（Laubardemont）、马雷斯科（Marescot）、韦尔塔蒙、塔隆（Talon）、泰利埃等。[14]

—这些人与议员都属于同一社会团体。但是变为地主的他们都处于地方封建体系中，他们是国王周围的仲裁人，周旋于征税官和大领主之间，其中征税官在土地租赁中收税，而大领主从中央集权的、重新分配的地租中受益。*

这些人具有决定性的作用：[15]

—在税的确立和税额的决定方面。他们推动选举制度（régime des Élections）代替国家制度（régime des États）；[16]

---

* 被划掉的段落：

"仲裁税务的就是这些人：他们在租赁的授予方面起到决定性作用，在年金的分配中起到不可小觑的作用；在税收分配中起到重要作用，并且他们推动选举制度代替国家制度。"

72 —在租赁的授予和许诺国王的债权条件中；

—最后在地租、年金、职位的分配上。

所以就税的整体循环而言，他们被置于一种战略位置：

(a) 为了享有被整治过的封建地租的好处，大领主必须依靠他们；

(b) 他们自己也是获利者，因为他们作为中间人可以在经手的时候抽取到不小的一部分；因此，

(c) 对于保障镇压活动，他们被置于最好的位置。他们拥有着镇压的权力，并能够从中获得利益。

对此，他们的地位与议员、王室官员不同：

—在社会阶层关系上他们是资产阶级和贵族的中间人，他们自己也出自资产阶级并在资产阶级中获利，并且他们通过土地产权融入贵族。然而，王室税收通过简单地增加官职和土地所有者的办法，降低官职持有者的价值，但后者却承受着赋税增长。

而“执政者”(gouvernant) 和“当权者”(homme au pouvoir) 从增长的税收中有利可图：他们的份额、他们的权力直接按比例增长。

因此在镇压活动中，他们代替议员和传统的司法人员是很正常的。他们将自然而然地变成官员，负责全新的控制和国家

新的镇压。*

镇压和税收制度 73

总体来讲，我们可以说存在一种国家机器，它曾是税收机制。

国家机器依靠某些具有地方特点的强制机制和镇压机制。

当时在大型骚乱过程中出现的是——国家税收机器只有在镇压机制的保护、叠加下才能运转。

通过转移到诺曼底，有形的国家部门指出该职责和介入点。

但是它还没有创造出制度和机构。

它仅仅确立了承诺和保障规则。

D. 秩序和保障

这些新形式的监督是怎样确立起来的?

---

* 被划掉的段落：

“c/1640 年他们在鲁昂是怎样做的?

(1) 一系列措施通过快速消除一切地方权力，为他们铺平道路

‘消除’：不是最终取消，而是让其形式、职能、当前的政治地位消失，以便让其稍后再出现——我们将说到出现的条件。

—当地资产阶级的一切政治、军事依靠据点都被撤销

资产阶级被解除武器

市政长官和市长被停职

产业收入和城市财产归属于国家。”

新的制度在当时还没有出现。新制度是在后来才出现的，旧制度的改组也是后来才有的。[*]为了回应赤脚汉的起义（或同时期的起义），王室权力并没有确立任何制度。然而王室权力使已经存在的制度的职能发生改变、转型和偏离；王室权力勾画出普遍镇压职能的大致线条，后来它们慢慢依次连接成特殊的制度，在后面的世纪里会发挥不同的政治作用。

1. 对一切地方权力机关重新提出质疑。在传统的模式上重新质疑：在一段时间内全面中止，然后再重新开始，不带有任何改变、甚至连人员都没有发生变化。

74 —市政府被暂停，其产业收入和财产归属于国王。[17]

—议员也同样被停职；他们失去了保障；他们被命令离开城市并去巴黎待命；他们被威胁要承担罚金的大部分。[18]

然而对于显现出的权力关系和其包含的理论因素来说，这些关于禁止的声明是有利的。

(1) 在议会（1639年12月17日的声明）：“为了让人们更加尊敬议会，国王以王国的伟大和荣耀赐予议会更庄严的标志。”[19]

[议会参照的原则：国王本人主持自己的法院；议会的判

* 开头的句子被划掉：“但是一些职能出现。”

决是国王的判决；法院是独立自主的。］*

“但是君王的代理人，他们不仅要为民众主持正义，还肩负着让国民保持着完美的、合法的顺从的职责。”[20]

［然而在这里，国王和议员对前一条原则给出了另一种解读：

—议员从这条结论中得出，倘若他们没有登记，国王的意愿仍然是不完整的；

—国王从这条结论中得出，议员必须让民众服从一些意愿，这些意愿本身就是完美的、足够成为法律。］**

议员仍然把政治体当做封建概念，看作是统治者的“法院”；而国王已经把政治体当做国家机器了。

（2）国王以同样类型的声明让市长停职。他责怪市长“由于其松懈和勾结”而遭遇到反王室权威的起义；国王的职责和市长的职责“赋予其对居民的全部权力”。[21]

市长的职责不是被城市特权定义，而是被定义为以国王的 75
名义行使的没有界限的权力职责。

显然，中止和停职只是暂时的。这种中止和停职的方式却非常明确地指出从此以后权力机关应该怎样运转。

---

* 在手写稿中，该句子是写在括号内的。

** 在手写稿中，该段落是写在括号内的。

然而还要注意一件事情：国家部门的统一仍然是用封建承诺之措辞来表达的。

—国王对议员和市政长官说为了国王他们应该冒生命危险；[22]

—国王命人在议员停职声明中指出，在起义爆发的时候，国王“把自己暴露在长途旅行的不适和危险中”。[23]

生命的承诺。

2. 重新恢复秩序的第二个方面是让特派员（commissaire）暂时代替这些被中止的制度。仍然没有任何制度发生变化，因为一切都是暂时的；但是有人提议一种特别的运转方式。

—议员在第一时间被特派员、审查官这些行使权力的人替代。他们负责以特殊的形式作出审判。[24]

—然后他们被从巴黎派遣而来的其他议员代替。[25]

  —构成策略上的灵活性：巴黎的议员全都是与当权者最接近的人。国家顾问都是来自他们之间或者他们的家庭。以塞吉埃为例，他是议长的儿子，他的堂兄被派遣去主持虚假的议会（pseudo-Parlement）。[26]

  —这也是对原则的肯定：议员确信他们全都是出自同一部门的“阶层”；因此他们是团结一致的，他们之中没有等级之分；因此国王不能让一些人反对另一些人，也不能让一些人代替另一些人。

通过这种举措，国王想要表明他只是把议员当作自己
的代理人，他们在地方各自回应他的命令。不是议会 76
作为一个部门来完成意愿；而是国王的意愿通过议会的代理人传达。

—国王对鲁昂市长所做的事就是一个这样类型的例子。在某种意义上国王把他替代了。戈达尔·贝凯被代替：他曾经是初等法院的中将；他被执行官的行政、司法管辖区的中尉布莱（Boulays）所代替。[27]

同样的人物担负着同样的职责，但是要以其他的方式运转。

*3. 然而让配有同样人员并且保持不变的制度以其他方式发挥作用，这怎么可能？

我们可以说权力人物的介入和出现毫无疑问地改变了平衡，至少是让监督形式发生了改变。但是问题是他们人数有限，而职责让他们只能驻在巴黎。他们离开了，那么新形式的监督怎么发挥作用？

人们要求资产阶级和贵族作出承诺，他们必须以自己的生命作出保证。

—对于贵族（1640 年 1 月 8 日的声明）："今后诺曼底的

---

* 开头的句子被划掉：

"3. 然而特别是第三方面，这是最重要的：整个担保和保障体系被强制性地规定。"

贵族必须在自己的土地范围内制止任何集会，否则他们要以自己私人的名字作出回应，并作为共犯。”[28] 对于“法官、官吏和其他人”，誓言是同样的。

—对于资产阶级，1 月 19 日，在鲁昂代替市政长官的特派员召集了鲁昂重要的资产阶级并向他们提议军队可以撤退，只要通过声明“他们为使国王满意，将守护鲁昂城，他们对国王表示顺从和忠诚，能够冒着生命危险去保护鲁昂［……］；他们承诺赶走一切想要打破平静的人”。[29]

77 2 月 7 日的法令详细地规定当骚乱发生时资产阶级应该做的事。否则“他们将会成为目标”，必须“对混乱负责”。[30]

怎样能让这种承诺牢靠？主要是通过军事方面和财政方面的措施。

1. 军事措施

—普遍解除武装。在鲁昂大约有 1000 支枪、1500 支戟、3000 把剑被收回。[31] 市政厅的大炮也被搬走。

—但是解除武装是具有选择性的。

根据《大法官塞吉埃在诺曼底地区的旅行日记》中的记载：1 月 5 日，“我们开始慢慢地解除群氓的武装，［……］高素质的人、正直的商人和资产阶级仍然配备武装，这是出于公共防卫的需要。”[32]

关于卡昂，《大法官塞吉埃在诺曼底地区的旅行日记》中的记载如下：莫兰（Moran）“建议为了卡昂城，负责人中有500人向国王保证使城市免受骚乱的破坏，并让城市维持顺从的状态以便可以把武器还给他们。我认为倘若他们递交签过字的请求，我们可以出于他们所提议的安全的考虑，让这500人配备武装。”[33]

事实上提到的是有选择性地重新分配武器。当我们要求资产阶级自己维护城市秩序的时候，这种道德承诺是基于武装监督集中在某些人手中，这些人数量不多却是确定的，至少道德承诺是与这种集中相关。

（从投石党运动中将会看出：集中不充分、太过自由、承诺不确定。因此之后有了新的［……］*。）

2. 罚金体系

—在鲁昂，罚金达到1100000利弗尔

其中：

150000利弗尔是过期未付款

150000利弗尔是军队给养

400000利弗尔是损害赔偿（dommages et intérêts）

400000利弗尔是“其他和分摊给富裕的人”。[34]

---

* 无法辨认的字句。

78 然而这笔罚金是怎样付的？我们能想到对议员收取罚金、对富人收税。然而，事实上这是通过间接税（与在卡昂和鲁昂一样）完成的。

（1）租金被交给鲁昂的一名居民。在几经推诿和威胁之后，塞吉埃同意让人们把租金交给某个名叫雅克·玛丽（Jacques Marie）的人。

> 所以整个城市都对玛丽负债。然而城里最富有的资产阶级也为玛丽做担保。[35]
>
> 因此城市是负债的，不是对于国王负债，而是对于居民中最富有的人负债。
>
> 倘若外部的税收承包人（traitant）曾夺取市场，这些就不会发生。

（2）城市怎样偿还？

国王同意增加新的赋税，加在货物和食品上。[36] 但是他明确指出这种税只能加在留下的货物上，不加在出去或经手的货物上。[37]

也就是说：

—消费品；[38]

—手工业者购买的原料［……］*。[39]

税收分摊方案在武器分配方案中准确地再现，或者说税收分摊方案在武器分配方案中受到限制。[40]

---

* 无法辨认的字句。

因此，我们得出一种四个层面的体系：

—最贫穷的人集体负债于最富有的人；

—［集体负债］*叠加在私人负债上；

—税收义务和税收减免体系；

—武器分配体系（武器分配给被豁免的人和债权人）。

该体系在逻辑上是严密的。

—在农村直接性的罚金仍然由最贫穷的人承担（每法尺百分之10利弗尔的税）。对于没有不动产的人，罚金是25利弗尔。

对于无力支付（并且没有抵押）的人，人们可以卖掉他的 *79*
物品。[41]

（3）从这种军事财政双重保障出发，人们可以宽恕群氓。倘若希望税收恢复、商品流出、资产阶级得以偿还，那么这种双重保障是必不可少的。

躲藏起来的参与暴动的人必须离开。

—关于法院的宽恕。

—同意革除。[42]

最富有的人同样被“宽恕”，因为他们是秩序在财政和军事方面的担保；穷人作为纳税人和生产者被宽恕。

除了其逻辑以外，这是一个不稳定的体系，它仍然太过于依靠封建机构。变革应该被推动得更远。为了以集中的形式维

---

* 手写稿：“其”。

持封建租金，必须有一个更完善的国家镇压机器。

—在事件过程中出现的一切职能，在地方、在临时措施中被行使的职能，在行为、仪式中被行使的职能等——国家把这些职能都以封建承诺的形式委托给资产阶级、当地贵族和议会。

—之后的投石党运动将会表明：必须把这些职能委托给特殊的国家机器；对民众的监督不再是由不确定的联盟保障，而是由国家稳固掌握的工具保障。

注释

1. 见上文，1971 年 12 月 15 日的课程，第 50 页，第 56 页，注 26。

2. 参见《大法官塞吉埃在诺曼底地区的旅行日记》，第 2 页：“陆军上校加西昂，作为军队长官被派往鲁昂，加西昂必须向对上级一样交给他一切权力，包括与军队相关的权力。”弗洛凯强调塞吉埃的“超出的权力”。

3. 参见《1639 年诺曼底比戈·德·蒙维尔主席的回忆录》，第 241 页：
80 “在他停留期间”（比戈讲的是加西昂）“在鲁昂，被处死的士兵比被处死的资产阶级多。”参见弗洛凯，《诺曼底议会史》，第 4 卷，Rouen，Édouard Frère，1842 年，第 39 页。

4. 关于这一判决以及戈林和其共犯遭受的酷刑，参见《大法官塞吉埃在诺曼底地区的旅行日记》，第 112—116 页。此外我们可以从中找到福柯接下来引用的参考资料。

5. 关于处决戈林的评论，参见丹尼尔·茹斯（Daniel Jousse）在《论法国刑事司法》（*Traité de la justice criminelle de France*），第 1 卷，Paris，Debure，1771 年，前言，注 14：“在判决和处决中有三件不同寻常的事情。第一件，大法官自己判处这 5 人死刑，而审查官没有出席；第二件，他没有见他们而直接作出判决；第三件，作出判决却没有判决书。司法官吏口头向他们宣布了判决。[……] 这种不见被告人而直接作出判决的事情如今不会发生，这种变化建立在更加可靠的理由上”（Fonds BnF）。

6. 参见埃罗（P. Ayrault），《秩序：司法程序和预审》（*L'Ordre. Formalité et instruction judiciaire*），Paris，Sonnius，1588 年，第 6 页。埃罗讲到了准则“判决不能没有对质和审问”，并写下：“这是如此地自然、合理、符合一切权利，不这样做就是触犯万物，颠覆天地。”

7. 参见《大法官塞吉埃在诺曼底地区的旅行日记》，第 115 页：“这种战争的命令被认为是更多地涉及国王的权威；此外在骚乱中，犯人是在行动中被当场捉住的，人们还以为在这样的事件中，必须在其死后才能进行诉讼程序。”

8. 这里说的是 1382 年鲁昂的骚乱，被称为“de la Harelle”，骚乱从 2 月 24 日开始，3 月至 4 月结束；然后在 8 月再继续。

关于这些起义，福柯查找了米罗（L. Mirot）的《查理六世在位初期的城市起义》（*Les Insurrections urbaines au début du règne de Charles VI*），Paris，Fontemoing，1905 年；关于镇压，参见第 104—108 页，第 202—209 页。国王直接负责对第一次起义的镇压，并判决了数次死刑立即执行。第二次起义是由国王的官员和改革特派员负责，他们逮捕了 300 余人，并对抵抗税收的人判处死刑。凯尔西起义是指 1624 年的农民起义，起义被泰米内（Thémines）元帅领导的当地贵族军队破坏。

9. 由埃佩尔农公爵领导。

10. 最好的例子是镇压第一次“Harelle”骚乱（见上文，注 8）。另外参见弗朗索瓦一世在 1540 年 9 月 17 日诺曼底议会的禁止（声明）：于是国王转移到诺曼底（《诺曼底议会史》，第 2 卷，Rouen，Édouard Frère，1840 年，第 1—15 页）。

11. 参见《大法官塞吉埃在诺曼底地区的旅行日记》，第 20 页：“是为了宣布并执行国王参事院的决定”，但是他强调“当着陛下的面”。

12. 参见康托洛维茨，《国王的两个身体：中世纪政治神学研究》。

13. 参见《大法官塞吉埃在诺曼底地区的旅行日记》，第 4 页、第 42 页。

14. 参见《诺曼底议会史》，第 4 卷，第 676 页（关于四轮华丽马 *81*
车）；关于对人物的描述，参见《大法官塞吉埃在诺曼底地区的旅行日记》，第 3—5 页。弗里利埃是统帅秘书；奥尔梅松（d'Ormesson）、劳巴特蒙（Laubardemont）、马雷斯科（Marescot）、韦尔塔蒙、塔隆（Talon）是国家顾问；泰利埃是审查官。

15. 关于这些人以及他们的职责，参见波尔舍内，《法国 1623 年至 1648 年期间的人民起义》，第 444 页。还有德塞尔（D. Dessert）的作品，特别是《伟大的世纪的金钱、权力与社会》(*Argent, Pouvoir et Société au Grand Siècle*), Paris, Fayard, 1984 年。

16. 旧制度区分国家地区(pays d'État)和选举地区(pays d'Élections)。在国家地区(勃艮第、布列塔尼等),当三个等级(les trois ordres)聚集在负责分摊税和征税的"省三级会议"(État provinciaux)的时候,君主制度的税收需求会受到检查;而在选举地区(pays d'Élections),税务管理由总督负责,税收的职责被委托给王室官员——"当选者"(élu)。在 1628—1630 年之间,在税收增长和君主制权力得到巩固的背景下,人们强烈反对国家体系并试图把"选举"引入不同的地区。参见乔安娜的《绝对权力》,第 131—135 页。

17. 参见《大法官塞吉埃在诺曼底地区的旅行日记》,第 138—140 页。

18. 参见《诺曼底议会史》,第 4 卷,第 683 页;参见同上书,第 1 页。

19. 福柯参考了弗洛凯的《诺曼底议会史》,第 4 卷,第 682 页。原文如下:"当国王,我们的前人,设立议会的时候,把如此大的权势和威望委托给他们[……]他们不甘于放下手中的司法;然而为了让人们更加尊敬议会,国王以王国的伟大和荣耀赐予议会更庄严的标志"(1639 年 12 月 17 日的声明),参见埃龙(A.Héron),《关于诺曼底的资料》(*Documents concernant la Normandie*), Rouen, Métérie/Société de l'histoire de Normandie, 1883 年,第 324—325 页。

20. 这个句子出自上一句话:"国王以王国的伟大和荣耀[以及他们的威望]赐予议会更庄严的标志,他们不仅要为国民主持正义,还肩负着让其保持着完善的、合法的顺从的职责"(参见同上书)。

21. 参见《大法官塞吉埃在诺曼底地区的旅行日记》,第 138—140 页:国王责怪市长"由于其松懈和勾结而遭受起义和混乱[……];国王的职责和本市终身市长的职责赋予他对居民的全部权力"。

22. 参见《诺曼底议会史》,第 4 卷,第 681 页:市政官员"在这种情况下,必须冒着生命危险维护王室权力机关"。

23. "为了国民利益,在我们去往王国边境的过程中,我们的身体遭受着长途旅行带来的不适和危险。"(1639 年 12 月 17 日的声明,参见同上书,第 325 页)

24. 参见《诺曼底议会史》,第 4 卷,第 7—10 页。

25. 参见同上书,第 75 页。

26. 这里说的是塔内吉·塞吉埃（Tannegui Séguier）。参见同上。

27. 参见《大法官塞吉埃在诺曼底地区的旅行日记》，第 140 页注 1。戈达尔·贝凯曾经既是终身市长又是执行官的行政、司法管辖区的中将（lieutenant général）。布莱（Boulays）曾在鲁昂任执行官的行政、司法管辖区和初级法院的特别中尉。他从 1640 年 1 月 9 日开始暂时就任中将一职。

28. 参见同上书，第 145 页注 1。声明原文如下："我们声明，从今以后 82
我们诺曼底省的贵族必须在自己的土地范围内制止任何集会的发生，否则当在上述土地范围内发生反对我们行政部门的起义时，他们要以自己私人的名字作出回应，并作为共犯"（《关于诺曼底的资料》，第 343—344 页）。

29. 参见同上书，第 191 页注 1："[……] 为使国王满意，他们将守护鲁昂城；他们对自己至上的领主——国王表示顺从和忠诚，能够冒着生命危险去保护鲁昂 [……]；他们承诺赶走一切想要打破平静的人"。

30. 参见同上书，第 191 页注 1："在鼓声中，资产阶级迅速拿起自己的武器，来到上尉的府邸前待命；否则他们会被当作指挥的违抗者和反抗者、作为暴乱或骚乱的共犯，要对即将到来的混乱负责。"

31. 参见同上书，第 154—155 页注 1。准确的数字是：1598 支火枪，5497 把剑和 1037 支戟。而玛德琳·富瓦西指出：1598 支火枪，3490 把剑和 977 支戟。（《赤脚汉的起义与 1639 年诺曼底的起义》，第 314 页。）

32. 参见《大法官塞吉埃在诺曼底地区的旅行日记》，第 92 页："在接下来的日子我们开始慢慢地解除群氓的武装，高素质的人、正直的商人和资产阶级仍然配备武装，这是出于公共防卫的需要。"

33. 参见《大法官塞吉埃在诺曼底地区的旅行日记》，第 390 页："莫兰先生建议为了卡昂城，负责人中有 500 人向国王保证使城市免受骚乱的破坏，并让城市维持顺从的状态以便可以把武器还给他们。我认为倘若他们递交签过字的请求，我们可以出于他们所提议的安全的考虑，让这 500 人配备武装。"这项提议是塞吉埃发出的。

34. 关于罚金的细节，参见玛德琳·富瓦西，《赤脚汉的起义与 1639 年诺曼底的起义》，第 314—315 页。150000 利弗尔是用于 1640 年冬天的军队给养；400000 利弗尔是"其他和安排给富裕的人"；400000 利弗尔是损害赔偿。150000 利弗尔的过期未付款不是那么清楚，一切原始资料——其中包括富瓦西的文章，指明这个数字是 85000 利弗尔。

35.《1639 年诺曼底比戈·德·蒙维尔主席的回忆录》，第 272—273

页。比戈称其对鲁昂城是积极措施。参见玛德琳·富瓦西，《赤脚汉的起义与1639年诺曼底的起义》，第315页。

36. 参见《大法官塞吉埃在诺曼底地区的旅行日记》，第243页。这里说的是1640年2月16日最高行政法院在鲁昂决定的税则，关于细节参见《关于诺曼底的资料》，第353—357页。

37. 参见《关于诺曼底的资料》，第356页："税加在上述货物和消费品上，这些货品和消费品要在上述城市和鲁昂市郊被消费，由于运输的原因而进入、经过或停留在上述城市的货物除外。"

38. 牛肉、猪、酒等。

39. 煤、呢绒、花呢、各种丝织品等。

83 40. 这是有争议的：曾明确指出这些措施适用于"所有人，无论其素质、条件如何，无论其是否获得豁免，无论其是否享有特权"(《关于诺曼底的资料》，第354页)。

41. 参见《大法官塞吉埃在诺曼底地区的旅行日记》："按照［……］(每法尺百分之十利弗尔）收税［……］没有不动产的仆人和贫穷的农民付25利弗尔或者在战斗中为国王效力。"

42. 关于"回忆录涉及革除阿夫朗什教区的赤脚汉"，参见《大法官塞吉埃在诺曼底地区的旅行日记》，第444—446页（见上文，1971年12月15日的课程，第51页注2)。

1972年1月19日 *85*

用多个标题论述镇压体系。I. 内部一致性（cohérence interne）：不同的惩罚规则，其目的是打破先前社会团体之间的联盟；给予特权享有者金钱方面的利益，以维持秩序作为交换；第三种决策机构（既不是军事的，也不是司法的）的建立，作为国家行政（司法—军事）工具，但是主要缺失一种特殊的镇压机制。II. 明显的不稳定性（précarité visible）：不同的武装（资产阶级自卫队的问题和民众武装的问题），军队毁灭性的干预；土地收入降低，税收增长：租金/税收之间的对立；两种矛盾。III. 解决租金/税收的对立的问题，以及军队的稳定。从1640年开始，在国家机器内部建立一种新的制度和有别于其他的镇压机制（司法、治安、财政总督），它们的用途是作为行政法院和特别法庭；设立中央集权的和地方的治安：从“危险的人口”（population dangereuse）中抽取（prélèvement）个人、监禁和放逐。——与资本主义共同诞生的监狱。

我们为什么分析赤脚汉起义？

因为我们可以从中看到镇压体系的确立，我们将用多个标题对其进行论述[1]。

I
内部一致性*

a/ 策略的一致性：对立的社会团体之间曾结成联盟（一面是农民和手工业者；另一面是小封建主和议员）。尽管税收以不平等的方式落在两者身上，但在税收的要求下这个联盟曾是稳固的；该联盟无论如何很容易发生变化。

在镇压的整个过程中，（通过时间差、威胁、勒索、暂时性的惩罚等方式）镇压力求达到让该联盟破裂的目的，因此特
86 权享有者重新回到实施镇压的一方。

从“整体的”镇压的角度来看，惩罚是有区别的。

b/ 解决类型**：在很长一段时间里特权享有者和穷人之间的决裂是通过双重保证体系得以确保的：

—特权享有者向权力保证维护秩序，甚至可以通过武力的方式。为此权力特许他们可以重新拥有自己的武器。

---

* 福柯原本写的是“a. 其内部一致性”，然后划去了“a. 其”。

** 在手写稿中，这一段开头的部分词句被划掉：“镇压达到结果的一致性和表面的稳定性”。“结果的一致性和”、“稳定性”被划掉。

—但是与此同时为了使他们在维护秩序的时候有利可图，权力向他们保证税收方面的利益、罚金以及全城对税务机关的负债。

因此为了让特权享有者维护秩序，权力给予他们金钱上的补偿；同时对于他们来说，维持秩序也是享受被给予的金钱方面的利益的方式。他们变成债务人的警察，也是镇压的工人。

对于税收制度来讲，一切都没有发生变化：税收没有减轻，相反权力向特权享有者承诺额外的利益，而这一部分加在额外向民众强制征收的税上。

重利（usure）和承诺（封建体系）。[2]

c/ 组织镇压的决策机构（该机构不再是封建性质的）*。这是第三种决策机构，它既不是军事的（尽管从上层指挥军队），也不是司法的（因为它赋予自己颠覆基本司法规则的权力）。

该决策机构是国家的行政部门，这意味着：

—不再是国王自己，［也不是他的］** 代理人

—而是像塞吉埃一样的一些人，他们遵守决定并参与决定的制定。[3]

—因此：国家机器犹如作出决定的地点、犹如把决定付诸

* 被划掉的句子：“镇压不再由国王——作为战争领导者或司法领导者而保障。”下一句的开头也被划掉：“而是通过……”。

** 同样被划掉。

实践的工具。

87 这是国家权力的司法—军事模式被行政模式接替的时代。

—国家的司法—军事模式：作为国民，暨作为受法院管辖的人，也就是说可以要求司法并必须接受司法；能够被武装力量保护，并在某些情况下必须参与其中；最后，如果拒绝司法权力和军队义务，就会变为敌人并受到军事上的惩罚。

—行政模式：作为国民，就是要听从以所有人的名义做出的（财政、经济、司法、军事）决定，并且除特殊情况外该决定适用于所有人。

因此：

—在司法—军事模式中，国家总是通过一系列回应特殊情况的仲裁和干预而显现，在这些特殊情况中，惯例给出普遍的、标准的模式。*

我们知道权力的一切意识形态表象围绕在重要的理论问题周围，该重要理论问题是：权力是公正的吗？为了公正，统治者应该把眼睛转向哪一边（转向神法还是自然法，转向理性还是惯例，等等）？

最后我们知道，在司法—军事模式中，同时既是特殊的，

* 在下一行写下："权力中心的分散。斗争［无法识别的字句］"，然后将其划掉。

又是普通的[*]镇压机构并不是必不可少的。司法判决本身具有[**]管理职能和镇压职能；军事干预既是政治性的（对某个团体有利，为了毁灭某些个人或使某些个人受益）又是镇压性的。

镇压被使用在权力的复杂环境中，也就是说在仲裁和斗争中。[4]

—相反，在行政模式中，国家通过一系列法律显现，法律约束所有个人而且国家本身也被约束（除了国家原因以
外）。这不再是与惯例相关的仲裁，而是普遍性的决定， 88
在必要时会因为国家原因而被中止。

我们知道对于国家的一切意识形态表象的重要理论问题不再是公正的问题，而是意愿的问题。国家的决定代表谁的意愿？哪种意愿在法律或规则中被表达出来或被显示出来？国家的意愿在什么范围内中止或让与个人的意愿？

最后，我们认识到国家的这种行政模式要求镇压的普遍模式、唯一的决策机构和万能的工具——这个工具能够限制司法判决和军事干预。

我们来从细节上研究这种权力的显现

—它在第一个层面回应了打破阶级联盟的战略上的必

---

* 被划掉的词："国家"。

** 被划掉的词："行政的"。

要性；

—然而这也是行政权力运转模式在司法—军事权力模式中的显现。

[要以这种方式来解读我们强调的这些符号：

—赤脚汉曾把司法和军事决定的权力符号占为己有，议员和主教使自己的仲裁权力符号的价值凸显出来，

—权力通过显现、话语、仪式、程序而进行回应，这些显现、话语、仪式、程序使分散的符号和各种司法—军事权力服从于国家权力的行使。国王不再同时作为司法的领导者或军队的领导者；而是由有形的国家部门来作出决定并执行决定。]*

当然，这里并不是在说 1639 年国家行政机制以最初的模式出现。国家行政机制还要很长时间才会建立起来。

—然而在这一时期（这是国家机器的胜利前夕），该国家机器（以及国家机器为之利益而服务的阶层）碰到了一定的界限：它与平民（农民和手工业者）发生了激烈的冲突；与资产阶级和当地贵族同样发生了冲突。

89 —为了战胜这种抵抗，它并没有特别的镇压工具。它显现出自身的镇压力量；它围绕着武装力量调动，并被司法

---

* 手写稿中，这一段被放在括号里。

的领导者指挥；在仪式方面，它显露得、表现得、铺展得如同独立于一切司法并能够支配一切军队。它使自己被看成是普遍的并且是特殊的决策机构：它必须仍然依靠司法和军队；它受平衡、承诺和诺言体系所限制。它仍然需要封建性质的忠诚。

标志着1639年事件的特权的并不是国家行政镇压机制的出现；而是在它遇到的对立和它作出的断言中显露出的一种重要的缺失：镇压机制。

* 因此产生了明显的不稳定性（précarité visible）。

II
塞吉埃的镇压的明显的不稳定性

不稳定性出现在保证体系中，这种保证体系必须以持久的方式支持塞吉埃实施的镇压活动。

该保证体系即刻便遇到两种内部矛盾。

a/ 武装力量的问题

——一方面我们要求特权享有者维持秩序。这是一个艰难的任务：因为罚金体系使得经济方面的负担显著增加。

---

* 福柯曾写道："从中得出镇压体系的第三个特点：明显的不稳定性。"第一个提议被划掉。

（在阿夫朗什，不是地主也要交税 25 利弗尔）[5] 倘若人们真的被解除武装，我们知道，手工业者和农民制造白刃兵器（arme blanche）也不是件困难的事情。

—然而当他们被要求保证维持秩序的时候，他们的武器被解除，因为人们知道他们归附于权力是非常不稳定的，
90 留给他们武器会太过危险。况且无论他们是否忠诚，一旦民众夺取了他们的武器，便又是一场新的内战。

于是，民众武装的问题被提了出来：

—民众武装的问题与以镇压为目的武装的问题不同。应该武装谁？到何种程度才应该停止武装？（资产阶级自卫队的问题。）

—从军队（逃兵、被遣散的士兵）开始的武器循环的问题。正规部队的解散和武装的游民的问题。*

人们采取一些不完全的措施：

—重新武装最富有的资产阶级；

—在卡昂，最富有的 500 人被武装起来；[6]

---

* 被划掉的段落：

“这两点只能通过以下一系列措施大规模地进行解决：

—为了保证武装镇压任务，用治安机构代替资产阶级自卫队；

—常驻军队的建立，和反对游民的斗争［无法识别的字句］。

不管怎样，在 1639 年，我们已经远远超出于此。”

—在鲁昂，［1640 年］2 月 7 日，权力决定在民众骚乱的情况下资产阶级必须拿起武器（这是协约的一部分）。[7]

—权力决定撤走市政厅的大炮，并将其运送到旧宫（Vieux Palais）。[8] 之后又将其中的一半返还。

（阿夫朗什或卡昂的资产阶级名单上字母“A”的历史。）[9]

—然而，有些人被要求保留武装，至少是保留部分武装，这只是为了战斗。

在 1643 年诺曼底的国家请求书上，我们发现一些对军队的出现的控诉。

在阿朗松（Alençon）财政区（généralité）有百余名士兵收取人头税；在奥尔贝克（Orbec）的子爵领地有五十名持有武器的士兵。每个士兵都要被供应饮食，此外每天还要钱。“他们打破并烧毁房门、抢劫谷仓、公开把小麦以贱价卖出；［……］还烧毁双
轮运货马车和犁、大批屠宰牲口，他们做的事情简直 91
比敌人做的还要可怕。”[10]

然而军队毁灭性的出现使得土地收入降低，农民的支付能力让他们不能成为令人满意的纳税人和债权人（这是协约上许诺的冒险举措）。

因此，矛盾如下：

—为了冒着风险重新武装全部特权享有者，会使加在他们身上的赋税太过于沉重。

—解除他们的武装意味着另一种武装力量的介入。但是，这会抑制国家税收的增长，减少资产阶级的租金，会让他们越来越不满意；而使他们武装起来，他们有可能会变得越来越危险。

b/ 第二种矛盾由此出现。协约希望特权享有者成为税收的担保人，通过这种方式，他们变为最贫穷的人的债权人。起义过后，最贫穷的人因为曾拒绝成为纳税人，而再次变为纳税人（对于国家，并有利于大贵族）和债务人（对于预付罚金的资产阶级）。

然而，不可调和性突然爆发出来。富人和国家即刻进入竞争关系：

—上文提到的国家请求书就是一个迹象：军队直接为自己获取财物；军队使本来用于交税的钱进入承包人的囊中。地主或者说债权人在这之后才到来。

—相反倘若地主或者说债权人先到来，就没剩下什么钱可以交给国家；此时审理间接税案件的最高法院必须扣押财物并定罪，但是地主将来的租金又会受到影响。

如此，我们看到了税收和租金之间的对立。[11] 这种对立是17、18世纪政治斗争的很大一部分的基础，也将推动理论争辩，争辩的一方是经济学家（他们是租金拥护者，支持土地的生产特征，宣扬土地租金以自然的方式浇灌整个社会，而社会不是直接从税收中汲出的：他们是重农主义者（Physiocrate）），争辩的另一方拥护国家以税收的形式进行干预*，在最小的程度上介入生产和财富流通中。[12] 92

无论如何两者的公设（postulat）是租金和税收不应该即刻发生竞争关系，并且在取消的时候两者相互阻止。

倘若现在我们比较塞吉埃镇压体系内部的两种矛盾，会发现我们被指引着觉察到什么？

—塞吉埃的镇压建立起两种矛盾：

1/民众武装（也就是战争的武装）和选择性武装（镇压的武装）的矛盾。在权力行使的层面，该矛盾无疑是中世纪末期的主要矛盾。该矛盾曾是导致法国中央集权的部分原因。

2/镇压带来了另一种矛盾：租金和税收之间的矛盾。一方面该矛盾是由国家的存在带来的（通过租金的集中）；[13] 另一方面该矛盾很快变为“不足以决定的”（在更基础的决定中重新出现，使它根据自己的规则发挥作用）。这种更基础的决定就是资本主义生产，首先它依靠税收并巩固君主专制统治，然后它依靠于租金。

---

* 被划掉的句子“直接有利于某些其他活动，使得整个社会受益”。

总之，一方面是封建制度末期权力行使中自身的矛盾，另一方面是在资本主义初步发展中国家职能特有的矛盾，而塞吉埃的镇压处于两者的结合点上。

—然而倘若塞吉埃的镇压带来了这些矛盾，那么镇压并没有解决任何问题。说实话，镇压反而激化矛盾并使矛盾越来越尖锐。

在反对国家权力的普遍化的斗争中，投石党运动表达出对一切形式税收的反抗；该运动指出农民和手工业者能够很容易地武装自己，而资产阶级的武器却很容易转向反
93 对国家，军队自身仍然受制于独立和封建忠诚的规则[14]。

在17世纪初，塞吉埃类型的一切镇压都加速了投石党运动的到来。

—这些矛盾都将会被克服

——一方面是当租金/税收的矛盾被解开的时候——这是重商主义（mercantiliste）政治在整个世纪中试图达到的，然而效果都不是很好；

—另一方面是当军队被稳定下来成为职业军队时，并且为了不被解散而与民众足够区分开来的时候。

行政国家的成长既是解开租金/税收的矛盾的结果和要素，又是武装力量重新分配的结果和要素。

III

镇压机制的确立将去往何种方向？

1. 塞吉埃试图让特权享有者自己保障对可能发生骚乱的人群的控制。这依据封建社会两种典型的形式：经济形式的重利和司法形式的约束。

从1640年开始渐渐施行的是不同的镇压机制，该镇压机制有两种职能，在某种意义上这两种职能是正交的(orthogonal)：

——一个是，（从上至下）直接保证对一切运动或骚乱的控制和镇压。其方式有两种：

（1）通过武装力量直接干预；

（2）通过淘汰一些在起义中作为先锋、领导者和联络员的人（失业者、游民、被放逐的人、盗匪）。

淘汰的方式是：—招募入伍

—监禁（enfermement）[15]

—大型工程。

—但该镇压机构的另一个职能是控制特权享有者实施控制的方式，控制他们负责的治安的职能，控制他们作出司法判决的方式，控制他们的税收和租金的分配方式。 94

镇压的这种双重职能由国家机器中的一种新制度负责：“司法、治安、财政总督，他们是王国财政区的急遣特派员，他们是为了执行国王的命令。”[16]

这些总督有四种镇压职能：

—“阻止人群、压迫和混乱”(赋予他们武装干涉的任务，使得资产阶级自卫队、贵族以及他们的军队失去作用)；*

—控制财政：“进入并主管城市议会、财政局，代理收入支出报表”；

—作为行政法院：“通告侵吞、暴力、让与、贪污事件，通过独立审判和终审惩罚犯罪的人。”[17]

[科尔伯特（Colbert）曾说过：“通告一切我们的国民可能遭受的来自官员和其他司法部长的不公正行为：行贿受贿、愚昧无知、玩忽职守或其他。”[18]] **

—最后，作为特别法庭：他们受理对法官正当怀疑（suspicion légitime）的案件。

我们知道总督与省里的传统贵族互相冲突，因为他们剥夺了贵族的许多权限和某些利益（特别是议员和司法官员，他们的诉讼案件大量减少）。

我们还知道他们在资产阶级的历史文献中留下积极的形象：

—因为一方面他们反对骚乱；并且

---

* 手写稿的空白处写道：“1754年布莱尔（De Blair）委员会”。

** 手写稿中，这一段被写在括号里。

—另一方面，他们是租金和税收的仲裁人，他们通过创造新财源的方式寻求停止两者之间的竞争。

大型工程、反失业的抗争、手工制造业的发展、对初生的资本主义的援助回应了这两点需求。 95

2. 创立于17世纪的镇压机制的另一个特征是它回避了取舍：特权享有阶级的直接武装或者军队的出现。

为了避免塞吉埃的镇压中的矛盾，国家确立两种制度：

—治安：中央集权的（巴黎的治安中尉，有干预整个王国的权力），和地方的（自1699年开始出现在所有城市中的治安中尉）[19]。治安，意思是：

  —一种武装力量，但没有军事任务；

  —一种融入人民之间的武装力量，具有即刻干预的能力，特别是具有预防的能力，这是军队所没有的；

  —一种武装力量，其出现并不会像农村武装一样带来糟糕的经济结果。

—另一个更崭新的制度是监禁或放逐（déportation），意思是“摆脱”（soustraction）* 一群人。[20]

  —直到此时，对骚乱的惩罚和威胁就是军队的出现和涌入。

  —而现在是在危险人口中抽取（prélèvement）

---

* 在手写稿中加着重线。

个人。

摆脱或者威胁摆脱部分人口不会像军队的出现一样带来经济上的弊病。

—维持低收入：与被监禁相比，人们更能够接受低收入。

—刺激低价产品（用于出口）；刺激殖民地商业。

治安和监禁是两种相关的现象。两者有利于回避在军队的出现和民众武装中进行选择；两者有利于避免军队局部镇压带来的
96 额外开支；最后，两者在经济发展中起到一定的作用，而经济发展在租金和税收之间开辟一条道路。

注意：监狱还不是刑事体系中的一部分。[21]

监狱出现在普通刑事体系的空白处，类似于平行线路。

监狱与资本主义生产的发展相关。但不是以直接的方式相关。监禁的介入不是为了牟利；其经济作用是次要的。

然而监狱与中央集权的国家镇压机制的确立相关，国家镇压机制主要用于防止类似于16—17世纪的骚乱的出现，它被赋予最低的经济成本，最后它在一定程度上（至少在地方层面）构成调节工资和价格的方向盘。

因此，我们看到具有明显特征的国家镇压机制是这样形成的：

—通过被放入国家代理人手中的司法。

司法通过官职买卖体系横在封建体系和商业体系之

间，所以这对于司法是一个很大的颠覆。[22]

—通过以国家名义运转的治安工具。

司法的封建形式与斗争和仲裁相关，所以这对于司法是一个很大的颠覆。

注释

1. 福柯似乎重新组织了这一课的内容，在于指出镇压体系的主要特征，最后把课程分为“I”、“II”、“III”三个部分。第一个部分用于分析“内部一致性”，第二部分用于分析“明显的不稳定性”，第三部分指出未来的发展情况。我们将从“I”的“内部一致性”开始。

2. 参见上文，上一课，第 73 页。

3. 参见同上。

4. 参见下文，1972 年 2 月 2 日的课程。

5. 参见上文，上一课，第 78—79 页、第 83 页注 41。

6. 参见《大法官塞吉埃在诺曼底地区的旅行日记》，第 200 页、第 390 *97*
页；参见上文，上一课，第 77 页。

7. 参见《大法官塞吉埃在诺曼底地区的旅行日记》，第 245 页。

8. 关于细节，参见同上书，第 187—189 页；参见富瓦西，《赤脚汉的起义与 1639 年诺曼底的起义》，第 314 页。1650 年，部分大炮被返还。

9.《1639 年诺曼底比戈·德·蒙维尔主席的回忆录》，第 224 页。在加西昂进入鲁昂之前，城里的资产阶级队长交给他“全体居民的名单；他在最有支付能力的名字前写了字母 A，这些人被保留武器以便被指挥。其他人被解除武器”。

10. 参见罗比拉德·德·博尔派尔（C. de Robillard de Beaurepaire），《路易十三和路易十四统治下的诺曼底国家请求书：会议资料》（*Cahiers des États de Normandie sous les règnes de Louis XIII et de Louis XIV: documents relatifs à ces assemblées*），第 3 卷，Rouen，Métérie，1876—1878，第 110—111 页：“在阿朗松财政区有百余名士兵收取人头税，在奥尔贝克的子爵领地有五十名持有武器的士兵［……］每个士兵都要被供应饮食，

此外每天还要钱；他们打破并烧毁房门、抢劫谷仓、公开把小麦以贱价卖出；[……] 还烧毁双轮运货马车和犁、大批屠宰牲口，他们做的事情简直比敌人做的还要可怕。”

11. 注意：波尔舍内认为“在中世纪 [……] 租金和税收在封建体系中是不可分割的”（《法国 1623 年至 1648 年期间的人民起义》，第 395 页）。提及两者之间的矛盾，这是从封建体系中走出来了。

在写于 1971 年 10 月 28 日的第 11 号笔记上的内容中，福柯表现出对封建土地租金和国家税收之间的区别的关注（租赁，特别是由资产阶级通过官职买卖体系做的租赁活动），这与波尔舍内的观点也有所不同。正如他写道：“积累不是从土地租金和封建租金开始的”而是从“资产阶级的租赁开始的：他们由此赚到数量可观的金钱（他们没有再把这笔金钱投入到土地上）。然而这赋予他们金钱上的实力。税收与土地租金发生竞争关系（与封建主、议员的矛盾）。问题：官职≠土地租赁。与国家机器的产生紧密相连”。我们知道，正如福柯在后面的课程中所讲的内容，该分析把资本积累机制（物质条件、基础条件、生产模式转变条件）和权力关系的演变（这里指的是国家机器的建立）联系在一起，特别是强调了司法在财富的占有和积累中的作用。

12. 参见福柯，《词与物——人类科学的考古学》（*Les Mots et les Choses. Une archéologie des sciences humaines*），Paris，Gallimard/nrf，1966 年，第 207—209 页。事实上重农主义者（或“经济学家”（économiste））的目的是取消全部直接税（taxes directes）（特别是人头税）和关于生产、消费、财富流通的间接税（例如关税），并且用一种直接的、唯一的、与农业净产品成比例的税替代，也就是与土地净收入相关。参见里克
98 蒂·德·米拉波（V. Riqueti de Mirabeau）& 魁奈（F. Quesnay），《赋税论》（*Théorie de l'impôt*），Amsterdam，Arkstée et Merkus，1761 年；或同上，《赋税》（lmpôt）（1757 年），收入《经济学全集》（Œuvres économiques），第 1 卷，Paris，INED，2005 年，第 213—256 页。

这一建议被写入重农主义者的经济学说中——认为实际上唯有土地具有生产能力，同时这一建议也被写入政治背景中，参见斯科尼奇（A.Skornicki），《经济学家、法院和祖国》（L'Économiste, la Cour et la Patrie），CNRS Éditions，Paris，2011 年，第 347—353 页：确立一种与先前体系中的矛盾脱离的税收制度，旧的体系以官职买卖和对私人参与者的委托为基础，在短期为王国保障收入，但是其数量的增加产生了税收特权和

税收豁免。

13. 这里我们重新看到波尔舍内的部分分析：起初中央集权的国家是“为了镇压而确立的特别的组织”，能够“收取封建租金”。然而我们清晰地看到一种在“以税收为形式”的“封建租金”和封建领主租金之间的矛盾。参见波尔舍内，《法国1623年至1648年期间的人民起义》，第395—396页。

14. 关于“投石党运动的问题”，参见同上书，第3部分；参见罗兰·蒙尼耶，《羽笔、锤子和镰刀》，Paris，Galliamrd，1972年（第1版，Paris，Plon，1961年），第2、3章；参见《惩罚的社会》，第126页。

15. 关于监禁，参见米歇尔·福柯，《古典时代疯狂史》(*Histoire de la folie à l'âge classique*)，Paris，Gallimard，1972年（第1版，Paris，Plon，1961年），第2、3章；《惩罚的社会》，第126页。

16. 参见博耶·德·圣–苏珊娜（E.-V.-C. de Boyer de Sainte-Suzanne)，《旧制度下的行政：亚眠财政区（皮卡和阿图瓦）的总督》(*L'Administration sous l'Ancien Régime.Les intendants de la généralité d'Amiens*（*Picardie et Artois*)），Paris，Dupont，1865年："司法、治安、财政总督——王国财政区的急遣特派员，他们是为了执行国王的命令"（第14页）。关于总督和其设立，参见蒙尼耶，《羽笔、锤子和镰刀》，第179—213页；参见安托万（M. Antoine)，“总督设立的起源”(Genèse de l'institution des intendants)，《学者报》(Journal des savants)，1982年，第3卷，第283—317页；关于对总督的总体看法和目录学定位，参见博尔德（M. Bordes)，《法国十八世纪的省、市行政》(*L'Administration provinciale et municipale en France au XVIIIe siècle*)，Paris，SEDES，1972年。

17. 这份职责列表出自1754年布莱尔委员会致埃诺（Hainaut）总督的复印件，有改动；该列表重新出现在盖特（G.-A. Guyot）的《论权利、职责、特许、豁免、特权和优先权》(*Traité des droits, fonctions, franchises, exemptions, prérogatives et privilèges*)，第3卷（Paris，Visse，1787年，第437—440页），其中“省总督”的各种职责被详细论述："阻止人群、压迫和混乱"（第439页）；"进入并主管城市议会"（第438页）；"进入并主管财政局［……］代理收入支出报表"（第439页）；"认真通告对财政的侵吞、暴力、让与、贪污事件；通过独立审判和终审［……］惩罚犯罪的人"（第439页）。还有一份更为古老的类似的职责列表，关于1635年皮卡（Picardie）的拉斐玛斯（Laffemas）委员会，参见博耶·德·圣–苏珊娜，

《旧制度下的行政：亚眠财政区（皮卡和阿图瓦）的总督》，第 568 页。这些程式不停地再现。

18. 参见戈达尔（C. Godard），《路易十四统治时期总督的权力：特别是在 1661 至 1751 年间的选举地区》（*Le Pouvoir des intendants sous Louis XIV, particulièrement dans les pays d'élections de 1661 à 1751*）（Paris, L.Larose，1901 年），其中他引用科尔伯特的话："通告一切我们的国民可能
99 遭受的来自官员和其他司法部长的权力滥用［……］和不公正行为、过错和压迫：行贿受贿、愚昧无知、玩忽职守和其他"（第 41—42 页）。

19. 1699 年 10 月设立治安中尉的法令。参见德拉马尔（N. Delamare），《论 治 安》（*Traité de la police*），第 1 卷，第 2 版，Paris，Brunet，1722 年，第 51—52 页。关于旧制度下的治安历史，参见拿波里（P. Napoli），《现代治安的产生》（*Naissance de la police moderne*），Paris，La Découverte，2003 年。关于巴黎的治安中尉，参见 1971 年 12 月 1 日的课程，注 11。

20. 参见《古典时代疯狂史》，第 2、3 章；参见《惩罚的社会》，第 125—144 页，这是关于《刑事理论与刑事制度》的该主题的延伸。福柯一个个地重拾课程中提及的要素："通过卖官鬻爵，司法被封建化并被私人占有"，"联盟［……］反对国家税收制度"，"当司法不是部分同谋时，它在人民运动面前无能为力"，"军队的干涉；'武装起来的司法'的重复的结果"，福柯把这些要素当作"一种沉重的、耗费高昂的工具"。"所以凸显出使用另一种工具的重要性：这种介入用于替代镇压——在人口中抽取个人的方式"（第 126 页）。接下来的内容介绍了准司法机关："司法总督"和治安机构，还介绍了监禁（特别是国王封印密札（lettre de cachet））。

21. 参见塞尔皮雍（F. Serpillon），《刑法典》（*Code criminel*）或《对 1670 年法令的评论》（*Commentaire sur l'ordonnance de 1670*），第 3 卷，Lyon，Périsse，1767 年，第 1095 页："根据我们的民法，监狱不被看做是一种刑罚"。在 1972 年 3 月与 N. Meienberg 的访谈，《大监禁》（*Le grand enfermement*）（Tages Anzeiger Magazin，第 12 期，DE，第 2 卷，第 105 号，1994 年，第 296—406 页 /Quarto，第 1 卷，第 1164—1174 页），福柯继续这个观点："当资本主义初期面对新问题的时候［……］当 17 世纪的社会经历大型民众骚乱的时候"，监禁是"古典时期绝妙的干预"。监禁是一种解决矛盾的方式，这种矛盾是旧的镇压（武装起来的司法）引发的，在经济上和政治上都变得不合时宜："因此为了得到不同的结果，我们发明了监

狱［……］把人口中的一部分人作为危险的人排除，这种排除不会带来经济上的灾难性后果”（第 297/1165 页）。此外为了“躲避监禁，必须［……］接受雇佣劳动，即便是薪酬很低。因此最低工资通过监禁的威胁被稳定下来”（第 298/1166 页）。接下来关于把监狱纳入刑法的条件，福柯些许改变了自己的观点（参见《惩罚的社会》和《规训与惩罚》）。

22. 关于官职买卖，参见罗兰·蒙尼耶（Roland Mousnier）的古典作品，《亨利四世和路易十三统治时期的官职买卖》（*La Vénalité des offices sous Henri IV et Louis XIII*），Paris，Maugard，1946 年；关于 18 世纪的更近期的资料，参见道尔（W.Doyle），《唯利是图：法国 18 世纪的官职买卖》（*Venality: the Sale of Offices in Eighteenth Century France*），Oxford，Clarendon Press，1966 年。

101 # 1972年1月26日

大法官塞吉埃的镇压的失败以及之后的投石党运动使得三种新制度确立：中央集权下的司法（司法总督）；治安；通过在人口中抽取个人、监禁、放逐等方式确立的惩罚制度。为了回应人民斗争，用于镇压的刑事体系制造出犯罪的概念：刑事体系——犯罪这对链条是镇压体系——骚乱这对链条的影响。——新制度没有代替封建制度，而是与其并置。——政治权力的行使与初生的资本主义相结合。为了保护封建经济而孕育出的新的镇压体系在机能上与资本主义经济相结合。新镇压体系在刑法典中成型，并会在18世纪末生效：刑罚/犯罪的编码的产生。

新镇压体系的特征*

塞吉埃的镇压，** 或者更准确地说，塞吉埃的失败与以下事实相关：

(a) 该镇压本该由国家机器单独指挥，而不是依靠地方权力；

(b) 但是，这种国家机器缺少一种特殊的镇压工具。这种国家机器在其镇压职能中显现出来，却缺少合适的镇压制度。

(c) 因此，必须求助于旧形式的镇压，尽管旧形式不适合镇压。

就是在塞吉埃的失败（和投石党运动）表现出的不足中，三种新的制度确立起来：

—司法总督，也就是中央集权的司法，被国王直接掌握，负责

—一方面，镇压骚乱；

—另一方面对负责控制的人进行控制； 102

—治安，也就是一种镇压力量，与军队相比不但不会花费高昂，而且具有预防的作用；

---

* 该副标题前面有字母“A”(被删除，因为没有字母“B”)。

** 福柯指出塞吉埃镇压的三个特点，其中他在“(c)”部分指出了调任(déplacement)。

“—保障和承诺

—罚金和负债

—军队的存在”。

—监禁或者放逐，这是一种惩罚方式，不会对财富造成破坏，而是在人口中抽取个人

—这种抽取具有一定的经济效果

—但是，其意义主要是镇压、反骚乱。[1]

关于这些新制度，必须注意：

a/ 它们完全由反骚乱镇压的必要性支配。起到决定作用的就是人民斗争。

或者更恰当地说是人民斗争的新形式、新的威胁导致了回击。因为我们将会看到，刑事体系和镇压体系的一切重要演变阶段都是回应人民斗争形式的方法。*

镇压体系的反面不是犯罪，而是人民斗争——人民反对权力的斗争。这就是镇压体系所回应的。

而犯罪是该镇压体系的结果之一。我想说镇压体系确立防止、预防、提前干预、持续监督的一些限制性规定**：

—这些限制性规定以法律或者习惯法的形式在禁止和威胁中表示出来；

—这些限制性规定定义犯罪的行为和举止；

—并且这些限制性规定能够把民众骚乱的基本预防措施凸

---

* 手写稿在空白处写道："骚乱导致大革命"。

** 被划掉的内容："它们通过法律或刑事方面的习惯法指出全部犯罪行为，并且［……］"

显出来，作为对犯罪的惩罚。

刑事体系—犯罪（système pénal-délinquance）这对链条是镇压体系—骚乱（système répressif-séditieux）这对链条的影响之一。从这种意义上来说，该影响是指其结 103
果、维持条件、调任和遮掩。[2]

b/ 这些新制度回应人民斗争的新形式。然而，它们与全部旧司法制度并置。

—领主司法

—王室司法 = 行政官吏或司法官吏

初等法院

议会。[3]

新制度显然对它们进行限制并对它们造成压力。然而，新制度并没有将其消灭。

而且，1670 年的法令尽力使它们正式地结合起来。因此，一切现实矛盾被留下来。[4]

事实上倘若说存在着并置而不是替代，其中的原因无疑是这样的：

—国家镇压新制度必然表现出国家机器的存在和发展，这对于封建制度来讲完全是陌生的；*

* 被划掉的句子："此外一方面它被资本主义生产的发展变为可能；另一方面它有利于资本主义生产的发展。"

—然而封建制度的首要任务是保护封建租金和整个封建制度。

但是，司法制度被纳入该封建制度中（司法制度或是与封地的授予（inféodation）的直接方式相适应，或是与可买卖的官职的间接模式相适应）。

因此，新的镇压体系（其形式和职能不是封建性质的）的职能是保护封建租金制度的其余部分，而旧镇压体系已经通过司法的利益纳入封建租金制度。旧体系制造的司法的利益已经成为该封建租金的一部分，而新体系要保护封建租金。

因此［这两种体系］[*]并置是正常的，然而它们不是在同一个平面上，而是处于服从的状态中

104 —旧体系越发变为纯粹简单的利益来源（除土地产权和商业之外），

—新体系行使的权力侵越它所保护的东西，并且后者逐渐化为乌有。

［c/］第三点，这种并置并不阻碍根本上的革新。[**]

（a）倘若它用于控制并准许税收，那么它本身并不参与税

---

* 手写稿：“它们”。

** 句子的开头被划掉：“A. 在新的镇压体系中，绝对的革新的要点是什么［?］”

的收取。它不是税收制度的一种形式

—与领主司法不同[5]

—与官职不同。[6]

司法不作为一种税收制度。

直到此时，能够接受审判，这是能够被征税的一种方式。

（b）倘若它是用于保护私人所有权，那么它本身不是一种私人所有权

—与依附的司法不同，

—与法官的职位（judicature）不同。[7]

（c）倘若它与政治权力的行使相关，那么这是一种在新模式方面的相关。

—直到此时，作出判决的事实是拥有政治权力。因为行使权力是作出判决，国王的决定本身就是判决。政治自然而然地被作出审判的人所引领。

—此时正相反，赋予审判权力的却是政治。因为政治进行管理，［司法］总督才能进行审判。

［d/］第四点要注意：新体系与初生的资本主义相结合。*

—旧体系从两个方面与封建经济相结合：

—它（通过它的职能）保护封建经济；

* 被划掉的句子："（d）新司法的使用与经济发展相结合，但仍然依据另一种模式。"

—它通过自己的实施条件巩固封建经济（因为司法所有权仍然是封建类型的，而且司法所有权把资产阶
105 级空闲的资金吸引到这种类型的所有权上。）[8]

—从其结构上看新体系是对封建经济的一种保护。然而，事实上新体系有利于资本主义经济的发展。

为何如此？

—通过它的决定？在某种程度上是这样。是谁作出审判？依据的是何种方面的利益？

—特别是通过其发挥作用的条件：

（a）它[*]使税收的司法和其收入的重要性降低。

（b）它使［它们的］政治重要性降低。

（c）因此，它使资产阶级的财富能够流向新的投资形式。

所以我们看到，新的镇压体系在多个方面与资本主义发展相结合：

—新的镇压体系即使不算民众骚乱停止的主要原因，至少也是其中的部分原因，有利于资本主义生产的发展。

战略的影响[**]

—新的镇压体系，通过其判决（因为它作出的判决），总

---

* “这种新司法”，参见上文，第104页，注释*。

** 福柯先是写了：“镇压的影响”，然后划掉“镇压的”，在下面写道：“政治的”［或者也许是：“实践的”］，然后划掉“政治的”，在下面写道：“战略的”。

体上是对初生的资本主义有利。

判决的司法影响

—新的镇压体系，通过其导向生产方向的运转模式，获得了资产阶级财产中可以调动的资本。

其运转的经济影响

—新的镇压体系的主要部分可以在19世纪资本主义和资产阶级国家的政治体系中被重新使用。

制度影响

从以上的几点我们懂得它取胜的原因。尽管在结构上与封建制度（和其中央集权形式）相连，［新的镇压体系］* 在实用角度与资本主义的发展相结合：

—资本形成的必要性， *106*

—对司法权力的所有权的放弃，

—司法行使和税收的分离，

—司法向国家行政权力的转移。

这四种过程相辅相成。

** 至此，我们明白为什么在18世纪末最终被采用并生效的是这种新体系：***

---

* 手写稿："它"。

** 句子的开头被划掉："第五点要注意的是［……］"

*** 句子的后面被划掉："产生一种新的刑事表达法和对犯罪的新的分区控制、新的编码（codage）"。

—最终（公职化的司法以及治安和监禁）这种体系代替另一种体系：依附的司法、特权享有阶层的保证和诺言、军事上的流放—入侵（bannissement-invasion）。

—这种反骚乱体系将会在刑法典、司法机关、治安机关和对犯罪的新的分区控制中成型。

—这种体系显然以若干重大修改为代价，将会在资本主义社会中反骚乱并保障安全。[9]

制造犯罪活动（criminalité）的不是资本主义。存在一种具有肤浅特征的分析：制造小偷和杀人犯的是资本主义；倘若没有资本主义就不再会有杀人犯。[10]

不得不说倘若没有以反骚乱为主要职责的镇压机制，资本主义就不能存在。该机制制造出某种刑罚—犯罪（pénalité-délinquance）的编码。

现在要研究的是该新镇压体系的确立

—随着资本主义生产的政治体系的发展和完善，新镇压体系最终取胜的方式；

—经过哪些阶段，新镇压体系在19世纪最终以法院、治安、监狱、刑法典的方式被制度化。这要经过三个阶段：

1/ 莫普（Maupeou）的调解[11]

107 2/ 全新的司法控制体系，或者更准确地说是大革命时期

多个司法实践体系的对立

3/ 最终在帝国的对抗（réaction impériale）时期取得胜利。[12]

然而，为了采取司法总督、治安、监禁这三种制度的革新的措施，倒退发生了。

这种新镇压体系滑到旧体系的缝隙中，那么全部新司法实践是怎样正在从新镇压体系中产生的？*

注释

1. 参见上文，上一课。

2. 关于这一主题，参见《惩罚的社会》。参见授课情况简介，第 290—291 页。必须在“镇压体系”中做出区分，福柯认为镇压体系具有政治职能，

---

* 后面有一页没有标号的手写稿：

显然

刑事体系—犯罪

一种特殊情况

骚乱

历史上的意外事件 → 镇压机制

事实上：

镇压体系—骚乱

历史条件

刑事体系—犯罪

作为意识形态上与现实错位的影响

朝向普遍和持久

作为更新的工具

（持久的、扩大的）

为了权力镇压并阻止人民斗争（反骚乱的职能）。倘若这一职能是从 18 世纪末和 19 世纪的起义开始的（我们将在 1972 年 2 月 9 日的课程中开始讲起），伴随着议会和检察官（procureur）的出现以及中央集权的军队的建立，那么从 17 世纪开始，“在中世纪主要具有税收职能的刑事体系专注于反骚乱的斗争”（《关于人民司法，与毛主义的辩论》(*Sur la justice populaire. Débat avec les maos*)，DE，第 2 卷，第 108 号，[见上文，第 53 页注 15]，第 351 页 / 第 1219 页)。镇压体系的政治方面解释说“在仇恨之下人民有司法、法官、法院
108 和监狱”，首先存在“一种认识：权力的运用由人民负担费用。反司法的斗争是一种反权力的斗争”(《知识分子与权力》(*Les intellectuels et le pouvoir*)，与德勒兹（Gilles Deleuze）的会谈，1972 年 3 月 4 日，L'Arc，第 49 号：德勒兹，1972 年第 2 季度，第 3—10 页，DE，II，第 106 号，1994 年版，第 311 页 /Quarto，第 1 卷，第 1179 页)。

刑事体系—犯罪具有遮掩政治方面的作用（通过将其上升为对整个社会秩序有益的“法律”的方式），并且通过“犯罪的平民”(plèbe délinquant) 和“无产阶级”(prolétariat) 之间的对立，通过使正直的“无产阶级”对抗“生活在社会边缘者”(marginaux)，通过划分民众，维持对民众的统治。“不应该说：存在无产阶级，然后存在生活在社会边缘者。而应该说：在全体平民中，存在无产阶级和非无产阶级平民的分隔 [……] 治安、司法、刑事体系等制度是用来使这种分隔不断加深的方法之一，这种分隔正是资本主义需要的”(《圆桌》(*Table ronde*) (Esprit，第 413 号：Normalisation et contrôle social（Pourquoi le travail social ?）1972 年 4—5 月，第 678—703 页)，DE，第 2 卷，第 107 号，§《工人阶级和危险阶级》(*Classes laborieuses et Classes dangereuses*)，1994 年版，第 334 页 /Quarto，第 1 卷，第 1202 页。）此外，福柯认为刑事体系—犯罪的另一个影响是对无产阶级的内在化的影响：“资产阶级的部分意识形态 [……] 关于暴力的使用、反抗、犯罪、无产阶级中受剥削最重的阶层（sous-prolétariat)、生活在社会边缘者”(《大监禁》，DE，第 2 卷，第 105 号 [见上文，第 99 页注 21]，第 303 页 / 第 1171 页)。因此表现出一切“犯罪”实际上都是政治性的这样的事实至关重要；并且抹除普通刑事罪和政治斗争之间的“分隔”(coupure) 也是极其重要的。见下文，1972 年 2 月 9 日的课程，第 130 页，1972 年 3 月 1 日的课程，第 190 页；课程情况简介，第 277 页。

3. 见上文，1971 年 12 月 1 日的课程。

4. 关于 1670 年的法令，见下文，1972 年 2 月 2 日的课程，第 121 页注 8。

5. 领主权（seigneurie）首先是一种土地所有权（propriété foncière），一般包括三个部分：地产、一个或多个领地（fief）和领主司法。前面两个要素要求付租金（redevances）（现金租税（cens）、各种租金……），而且他们属于复杂的税收体系（例如领主为了行使自己的权利，常常要交给国王一种税费，或者部分年收入）。领主司法依附于领主权（实现领主司法的是法官和领主的代理人，他们依靠领主），领主司法被纳入税收制度、税费和租金体系。

6.“官职”（offices）体系是出售国家（行政、司法、财政等）职位，职位被王国里的富裕家庭买回并保留，他们可以每年收取一笔费用并把职位传给自己的继承人。这里司法被明确地纳入抽取和租金体系。参见罗兰·蒙尼耶，《亨利四世和路易十三统治时期的官职买卖》，[见上文，第 99 页注 22]；参见盖纳，《中世纪末期在桑利斯地区的法院和司法人员》，[见上文，第 33 页注 4]，第 164—184 页。

7. 领主司法和官职是可交换、可继承的财产。

8. 关于这一点，参见波尔舍内，《法国 1623 年至 1648 年期间的人民起义》，第 419—421 页，特别是第 557—561 页。尽管有税收的压力，资产阶 109
级仍然积累了资本，比起把资本以生产资本的名义投入工业和商业中，他们更愿意以重利资本的名义把资本投入特权享有者的信贷中或官职和租金的买卖中。对于他们，这是一种躲避税收并在封建制度中获得特权地位的方式。

这一观点遭到蒙尼耶的反对，特别是关于 17 世纪，他坚持认为波尔舍内低估了商业和工业资本的重要性，他认为垄断和特权阻碍资本主义的发展。参见罗兰·蒙尼耶，《羽笔、锤子和镰刀》，第 362—363 页。关于该论战的细节，参见多伦，《福柯与历史学家们》，[见上文，第 13 页注 2]，见下文，第 292—298 页。

9. 参见上一课，第 99 页注 20—21。

10.“资本主义［……］制造犯罪活动”的观点在当时经常被用来描绘“马克思主义理论”（théorie marxiste）在犯罪学里的特点（参见萨博（D. Szabo），《犯罪学》（*Criminologie*），Montréal，Presses universitaires de Montréal，1965 年，第 197 页：“马克思主义理论意图表现犯罪活动是资本主义体系的产物”；参见默尔（R.Merle）& 维托（A. Vitu），《论刑法》

(*Traité de droit criminel*), Paris, Cajus, 1967 年, 第 52—53 页:"社会主义国家的法学家认为犯罪活动主要是资本主义体系的产物","在共产主义制度最终建立之后,正常来说犯罪活动会停止或大幅度地减少")。关于这一观点,特别要参见荷兰马克思主义犯罪学家庞格(W.A.Bonger)的经典作品《犯罪和经济条件》(*Criminality and Economic Conditions*)(Henry P.Horton 译, Little, Brown&Co.,《Modern Criminal Science Series》8, 1961 年),其中庞格介绍了他的理论:资本主义生产模式破坏社会观念并对利己主义、控制的意志、不道德的言行有利……,制造犯罪活动。相反在以共同的生产方式为特征的社会中,犯罪活动趋向于消失(参见第 667—672 页)。

11. 勒内·尼古拉·夏尔·奥古斯坦·德·莫普(René Nicolas Charles Augustin de Maupeou)(1714—1792),曾任巴黎议会的议长,于 1768 年就任王国里的大法官和司法部长(Garde des Sceaux)。1771 年,在议会(以巴黎议会为首)与君主制度斗争的背景下,莫普发起了深度司法改革,目标在于缩减议会权力。对于被判处犯了买卖官职罪的议员,他命人将其逮捕并放逐,他废除官职买卖、创立无偿的司法、并在巴黎议会的司法权限范围内设立最高委员会(Conseils Superieurs),其中的成员是由国王钦定的,他们不能被撤职并且由国家付报酬。他的改革引发了巨大的抗议,于 1774 年路易十六即位之前被废除。莫普因此失去了司法部长的职位,但仍然任大法官一职,直至 1790 年。关于莫普的改革,参见沙尔捷(J.-L. Chartier),《司法:缺失的改革(1771—1774)——大法官莫普》(*Justice: une réforme manquée, 1771—1774. Le Chancelier de Maupeou*), Paris, Fayard, 2009 年。

12. 福柯最终在课程中没有再提到这些不同的阶段。他在后面的课程中专注于大纲的一部分(研究 18 世纪末和 19 世纪初不同的刑事制度的对立;引入监狱的概念,监狱犹如享有特权的刑事形式……),参见《惩罚的社会》、《规训与惩罚》。

1972年2月2日 *111*

新镇压体系与旧镇压体系的对立：过程的对抗使司法作为一种机制产生，同时是指定的机制和国家的机制。I.18世纪司法机关的历史：政治斗争、机能冲突和决定性的矛盾使关于刑罚、犯罪和刑事司法的各种话语形成。——回到封建司法和日耳曼法的必要性。II.日耳曼刑法史。——被诉讼规则定义的司法秩序；司法活动不听命于真相，也不是由司法机构决定，而是在于规范的斗争。——通过赎罪（rachat）结束战争，而不是通过对过错的惩罚。——审判活动犹如冒着私人冲突的风险、危险，由此产生保障体系（誓言、赔偿金、担保）。

引言

我们已经看到新镇压体系的雏形。与旧镇压体系相比，它具备一些基本特征：

—对于私有财产，它的立场：它保护私有财产，

但它不是占有的对象；

—对于税收制度，它的立场：它必须保障税收制度，

但它本身不进行税收活动；

—对于政治权力，它的立场：

它是政治权力的要素之一；它来自政治权力，

但它不构成政治权力的决策机构；

—对于资本主义生产，它的立场：

旧体系限制资本主义生产，新体系有利于资本主义生产，

尽管它本来是用于保护封建租金的。[1]

关于镇压的全部职能，我们有两种[*]完全不同的体系；这两种体系明显地被引导着连接在一起：

112 —在它们的实践层面

—在掌握体系的人的层面

—在它们被指定的政治目标层面。

因此，以这两种体系为基础，唯一的国家机器被勾勒出来。

对于研究国家机器的“矛盾”，18 世纪司法机关的历史无疑是绝好的例子。

这是一个首选的例子，原因有以下几点：

---

* 被划掉的词：“机制”。

a/就是因为对抗的过程*，司法同时作为指定的（spécifié）**机制和国家的机制产生。

总体来说（从加洛林王朝开始）直到16世纪，我们见证一系列司法、司法实践和保障司法实践的人被试着赋予国家机器的身份和职责的行为。

—在加洛林王朝，伯爵法庭（cours comtales）[2]

—在12世纪末，代表国王负责行政、司法的执行官（baillis），还有宫廷总管大臣（sénéchaux）[3]

—在13世纪末，议会[4]

—在15世纪中期，初等法院（présidiaux）[5]

然而每次司法机关都是直接来自王室权力（和在形成中的国家决策机构），司法机关规定、放弃或者被剥夺政治和行政职能，以便只保留司法职能，司法机关陷入封建性质的占有或类似封建性质的占有中。[6]

只有在没有被特别指定的情况下司法机关才是国家的，一旦被指定，司法机关就不再是国家的。

为了让国家司法机关能够形成，必须是：

—封建关系为了（至少是以租金的形式）自保，需要高度中央集权的政治权力的发展；[7]

—政治权力的形式与封建结构的维持是不能并存的：更好

---

* 被划掉的词："的一系列矛盾"。

** 被划掉的词："国家的"。

的情况是该政治权力只能依靠（并有利于）资本主义生产。

113 使指定的司法机关产生的就是这种对立的过程。决定性的矛盾。

b/ 在古典时期，镇压机制的职能中同样存在着诸多冲突，其原因同样是镇压机制的脆弱性。

事实上它仍然是以下两者的并置：

—一方面是越发被指定的（越发被剥夺政治、行政、财政权力的）司法机关，然而它是以私人所有权的形式出现的；

—另一方面是国家的机制，然而其司法职能很少是被指定的（对于总督来说，司法职能是附带的）。

因此，一系列异议被表达出来

（a）在刑事立法中：例如 1670 年法令的草案[8]

（b）在司法实践中：权限的冲突（conflit d’attribution）[9]

（c）在财政利益中：罗事件（affaire Law）[10]

（d）在宗教意识形态中：议会的冉森教派教义的（janséniste）传统。[11]

c/ 最后，镇压机制曾是政治斗争、为了权力的斗争和反对权力的斗争的关键之所在。

—王室权力试图重新控制［莫普（Maupeou）议会[12]］

—资产阶级为了控制或占有［镇压机制］*的斗争

—反对司法的人民斗争［其形式

或是税收形式：布列塔尼（Bretagne）印花税票起义（révolte du timbre）[13]

或是宗教形式：卡米扎尔（Camisards）[14]

或是政治形式：大革命之前

或是社会形式：抢劫（banditisme）[15]。］

然而，各种话语就是通过这些（权力）斗争，这些（机能）冲突和决定性的矛盾形成的：

—刑罚理论，

—对司法实践的评判（围绕一些事件的大型论战），

—司法关系的文学表现， *114*

—关于犯罪、罪犯和盗匪的人民文学。

必须采取转变措施，在当时，转变措施是通过斗争、冲突和矛盾进行的。

为了采取转变措施，必须描绘出封建司法的特征。或者更恰当地说，从日耳曼法（droit germanique）开始，国家正在建立的从属的司法被强制增加一种新的镇压机制，这种司法

---

* 手写稿："它"。

曾确立过哪些程序。*

** 日耳曼法

我们不是要复原古老的日耳曼法，而是要指出该法律的某些特点，并从整个中世纪到16世纪的刑法中重新找出这些特点。[16]

—随着商业经济、银行业务和契约担保的发展，私法很早就足够罗马化了，对于私法来说，商业经济、银行业务和契约担保都是不可或缺的。

—随着国家的发展，公法和王室权力（pouvoir princier）的理论也同样罗马化了。[17]

—相反刑法很晚才在表面上罗马化。刑法显然并没有保留日耳曼的特征。然而，它跟随着一种特殊的演变进程。

---

* 这张手稿背面的一页被划掉：

"在确定的同位素学（isotopie）中，一切冲突都是新镇压机制的涌入和发展的影响。

但是在研究其中的几个冲突之前，需要采取不同的措施。

后面还会再讲到。试着研究

—从中世纪到17世纪初

—司法制度怎样变成附属或者被占有；

—司法制度怎样征税；

—司法制度与政治权力之间以何种形式相连。"

** 在手写稿中，该标题前面有字母"A"（被删除，因为没有字母"B"）

毫无疑义，还要在决定整个刑法的演变和功能的事物中寻找这些原因。

要知道：

—财富是怎样流通的？[18]

—商品的流通

—债和重利的活动 115

—租金和税的收取

金钱在谁的手里或经过谁的手？谁停留在流通之外？

—武器被谁掌握？谁被武装，谁被解除武装？对武器的占有是以何种形式实现的？武装力量的组织。

—在一个社会中，可能发生起义的据点在哪里？可能发动起义的是哪些社会力量？这些社会力量的起义有哪些依靠、联盟和形式（零散的、持久的、个人的、集体的）？

—对这些起义的镇压可以依靠哪些社会力量和国家机构？谁能遏制起义？

在中世纪，就是这些要素在起初和最后决定了刑法的改革，这就解释了刑法的些许罗马化（romanisation），这些要素考虑到17世纪初刑法普遍的步伐。

制定于中世纪的日耳曼法的特征是什么？

（用于描述体系，而不是为了解释体系的）基本原则是这样的：

构成司法活动的特征不是找法院或法官的起诉；不是法官的干预（即使他们仅仅是调停者或仲裁人）。在广义上构成司法活动、诉讼过程或程序的特征的是解决诉讼的进展。在进展中，法官的干预、他们的意见或判决只不过是一个片段。定义司法秩序的是人们抗争、斗争的方式。[19]

规则与斗争，规则在斗争中，这就是法律形式。

我们可以从中得到两个结果：

—司法的秩序既不是由司法机关决定的，也不服从于司法机关。获得公正、取得公道不一定要通过法院；为了司
116 法行为的存在或有效，并不需要特殊机关的认证。

司法行为和司法活动被司法机关征用是一种迟来的变革，这也是中世纪演变的特征之一。*

—司法活动不听命于和平与真理。相反，进行司法活动是根据规则继续一场战争。

—和平与正义（pax et justitia）** 的组合在中世纪很常见，它是演变的结果，在演变中被某人没收占有武器的权利是决定性的；***

—司法活动在于真相的陈述这种观点也是一种迟来的现象（这在国家的某些控制下与经过司法机构相结合；

* 手写稿在空白处写道：“占有 / 营利性”。

** 在手写稿中加着重线。

*** 手写稿在空白处写道：“武器的集中 / 战争的国家化（‘和平国家’[20]）”。

总之，司法犹如公共权力一样发挥作用)。*

从这一基本原则出发（司法活动 = 规范的斗争）衍生出的普遍特征是什么?

1. 对于个人或其家庭遭受的一切损失，个人必须通过使用某些规则进行反击:

（a）第一，准确地说他应该用特定的交流方式进行反击

（b）第二，对于每种损失都要以某种反击方式予以回应:

—断头台

—十字路口（被砍掉的脚或手)。[22]

（c）第三，举动的公开性

—行为的公开性（把他的受害者的头颅放在他的门前)

—公开性：通知大会自己的所作所为以及这样做的原因。[23]

2. 在这些规则中，有一条规则允许两者达成和解 117
(composition)，只要两者都同意。

这种和解完全不具备由于罪犯让他人遭受损失而欠下的罚金的作用。

---

* 手写稿在空白处写道:

“询问 / 调查的公共权力[21]

供认

酷刑

真相”。

和解主要是为将来的冲突赎罪。在敌对的双方中，由自认为处于不利地位的一方提出和解。[24]（在最古老的日耳曼法律中，双方都可以提出和解。后来，只有被触犯的人才可以提出和解。）

和解是

——一方面，一种替代：用一个举动代替将来的事情；

—另一方面，结束。

这是冲突的结束，而不是对过错的惩罚。

因此，引发一系列后果：

a/（法官、法庭、判决或宣判的）司法机构以非强制性的方式介入斗争的诉讼程序（的过程和结果）。其中司法机构过分地强调自己的作用：允许、利于、保障最终和解对惯常的、无尽的报复的替代并使替代生效。

在需要时，倘若和解的数额存在争议，法官会帮忙确定和解的数额；他们作为担保人证实事情按照规则进行；他们见证和平的重建。*

但是，这种职能既不是常设的也不是与特殊的权力相结合的：

—不是常设的：只有在敌对者的要求下，为了回应他们的要求才能行使这种职能；

---

* 手写稿在空白处写道："两种作用：帮助和解 / 控制司法特征"。

—不是与特殊的权力相结合的：百名自由的成年人组成法庭。[25]

但总是依据背景和双方的同意。

司法不是必要的。司法是由诉讼中的个人的意志构成。[26]

b/ 因此另一个重要的特征：没有什么能够让人想到公诉（action publique）。所以没有什么能让人想到这个区别： *118*

—私人诉讼，个人在法院提起诉讼以便诉讼能够依照法律得到解决，

—在这种诉讼中，社会与对个人的惩罚相关。

个人之间的权利冲突和某个人的违法行为并没有被区分开。向某人要求恢复权利、维护自己的权利是一种攻击。相反，只有在某人遭受损失并开始反击的时候才会存在报复的行为。

我们只有在以下情况中才会看到公共惩罚：

—军队里的背叛、潜逃、卑鄙行径

—性侵犯。[27]

关于性侵犯—国家犯罪的联系，存在一个问题：联系是稳定的、持久的；对此，我们有一些证据：

—在中世纪前期，对叛徒的惩罚和对强奸处女的人的惩罚是同样的：挖眼并去势（castration）；[28]

—在13世纪，鸡奸（sodomie）罪与亵渎君主罪（lèse-majesté）合并。[29]

除了（政治）背叛和（性）侵犯以外，就只有诉讼了。

c/ 从中得到司法的第 5 个特征，［要知道］审判不全是行使法定的权力，还有冒风险。在某种程度上进入诉讼中。[30]

事实上：当事人去法院要求判决是冒着一定的风险的。败诉的风险。没有获得预期中的胜诉的风险。*

然而作出审判的人也同样冒着风险：

119 —被卷入私人冲突，倘若当事人之一认为判决不公平；

—不被服从；看到自己的（政治和宗教）权力被动摇、被损害。

---

* 手写稿的背面，页码为“13”的一页被划掉：

“—倘若被指定的法官真的是合法掌握权力的人，那么原因有以下两点：

—因为他们拥有让败诉一方接受判决结果的力量，并且

—因为拥有权力就是拥有不可思议的约束和解除的权力

—政治领导者：印欧语系（indo-européen）

—宗教领导者：信奉基督的各派教（christianisme）。

我们可以说：

—权力不都是在有审判权的人的一方

—责任在接受审判的人的一方。

但是：

—接受审判的人有权力成为审判官，在他没有权力胜于对方当事人的范围内（或者在他放弃权力的范围内）；

—因此，有审判权的人有责任作出审判；这个责任是他的政治权力（同时是军事和宗教权力）的后果。

3/ 第三点要注意的事情：审判是一件棘手的事情

—当然，双方当事人冒着风险让第三方机构处理他们的诉讼；［他们］会败诉，然而［他们］本可以胜诉（［他们］把风险变为其他）。”

审判活动处于私人冲突的风险中。审判给自己带来风险。它应该被置于一种保障体系中：

—服从誓言（由当事人宣读）[31]

—判决的津贴，不是罚金［除了损害赔偿金（wergeld）以外的罚款（fredum）］[32]

—有时候，或者之后的，担保。*[33]

注释

120

1. 见上文，上一课。

2. 我们认为，根据甘少夫（Ganshof）和迪比（Duby）的作品，伯爵法庭（cours comtales）直接源自一种占有形式，由公爵占有，公爵以统治者代理人和公共权力的名义主持伯爵法庭。从10世纪末开始，伯爵法庭失去许多权力，它试图把范围缩减到公爵的熟人和亲属。按照迪比的表达方式，伯爵法庭变为“诉讼人为了解决纠纷而选择的仲裁法庭”。关于这种演变，福柯参考了许多资料，参见富尔坎（G.Fourquin），《中世纪的领主权和封建制度》（*Seigneurie et Féodalité au Moyen Âge*），Paris，PUF，1970年，第30—32页；甘少夫（F. L. Ganshof），《关于10世纪末13世纪初勃艮第的司法部门的研究》（*Étude sur l'administration de la justice dans la région bourguignonne de la fin du Xe et le XIIIe siècle*），Revue historique，第135（2）卷，1920年，第193—218页；特别是迪比（G.Duby）的作品，

---

* 手写稿中还有被划掉的一段：

“所有的这些特征都使采取变革措施成为可能，变革措施在中世纪实施：

1/ 建立常设的司法机关并且司法机关逐步特殊化；

2/ 不但赋予司法机关强制其判决结果的权力，而且赋予其介入的权力。

—因此：公诉

—执行权力；

3/ 区分私人诉讼和公诉介入的轻罪或重罪；

4/ 司法对接受审判的人收取金钱。司法不再是危险的，而是变为营利性的。”

《关于10世纪和11世纪在南勃艮第司法制度演变的研究》(*Recherches sur l'évolution des institutions judiciaires pendant le Xe et le XIe siècle dans le sud de la Bourgogne*)，Le Moyen Âge，第52卷，1946年，第151—163页。更近期的资料，参见莱米斯尔（B. Lemesle)，《中世纪的冲突和司法》(*Conflits et Justice au Moyen Âge*)，Paris，PUF，2008年。关于加洛林王朝更广义的研究，参见佩罗瓦（E.Perroy)，《加洛林王朝的世界》(*Le Monde carolingien*)，Paris，CEDES，1974年，第221—230页；里奇（Riché)，《加洛林王朝的人：建立欧洲的家族》(*Les Carolingiens. Une famille qui fit l'Europe*)，Paris，Hachette，1988年。

3. 关于12世纪至13世纪代表国王负责行政、司法的执行官（baillis）和宫廷总管大臣（sénéchaux)，福柯参考了邦让尔的《关于10世纪至13世纪世俗法庭的研究》，第2卷：王室制度［见上文，边码第32页注3]，第144—157页。“bailli”这个词起初没有什么特别的含义，指的是全体官吏；从12世纪下半叶开始，这个词指的是在特定区域内国王授权的法官和御前会议（Curia Regis)。他们是国王的代理人，具有行政管理人员、法官和官吏的职责。“宫廷总管大臣”的职权与代表国王负责行政、司法的执行官的职权相同，但是宫廷总管大臣的制度更为古老：在某些情况下他们被保留，在另一些情况中，他们要把位置让给代表国王负责行政、司法的执行官。

关于代表国王负责行政、司法的执行官和宫廷总管大臣的演变，福柯参考了泽勒的《16世纪的法国制度》，第167—175页。在15世纪，代表国王负责行政、司法的执行官把他们的司法权力交给了中尉：他们逐渐变成外省的地方长官，从1561年开始他们的职位被保留给贵族、“穿着短袍”的官吏（佩剑的人)，而中尉则是“穿着长袍”的官吏。参见蒂克西埃（O.Tixier)，《论代表国王负责行政、司法的执行官和宫廷总管大臣》(*Essai sur les baillis et sénéchaux royaux*)，Paris，Morand，1898年。关于更近期的资料，参见里高迪耶（A. Rigaudière)，《中世纪法国的权力和制度》(*Pouvoirs et Institutions dans la France médiévale*)，第2卷：从封建时代到国家时代，Paris，A. Colin（《Collection U》)，第3版，1998年，第267—282页。

4. 关于议会，见上文，1971年12月1日，边码第33页，注6。

5. 关于初等法院（présidiaux)，见上文，1971年12月1日，边码第34页，注10。

6. 关于这一宽泛的问题，参见福西耶（R.Fossier)，《欧洲的早期：经济和社会方面》(*Enfance de l'Europe.Aspects économiques et sociaux*)，第1卷：人和其空间，第2卷：结构和问题，Paris，PUF，1991年；巴泰勒米(D. Barthélémy)，《千年变化发生了吗？10世纪和11世纪法国的农奴制和骑士》(*La Mutation de l'an Mil a-t-elle eu lieu ? Servage et chevalerie dans la France des* X^e *et* XIe *siècles*)，Paris，Fayard，1994年。

7. 见上文，1972年1月19日的课程，第92页；参见波尔舍内，《法国1623年至1648年期间的人民起义》。 121

8. 关于1670年的刑事法令和它引发的辩论，福柯主要参考了埃斯曼的《大陆刑事诉讼法的历史——特别参照法国》[见上文，第34页注12]（福柯参考的是美国的版本)，第183—251页。关于该法令的辩论记录，参见皮索(H. Pussort)，《为审查1667年4月的民事法令和1670年8月的刑事法令的条款，奉国王之命做的会议记录》(*Procez verbal des conférences tenues par ordre du Roy pour l'examen des articles de l'ordonnance civile du mois d'avril 1667 et de l'ordonnance criminelle du mois d'août 1670*)，第2版，Paris，1709年。关于辩论更近期的资料，参见布朗热（M.Boulanger)，《司法与专制主义：1670年刑事法令》(*Justice et absolutisme: la Grande Ordonnance criminelle de 1670*)，Revue d'histoire moderne et contemporaine，第47期/1，2000年1—3月，第9—36页。

9. 在整个中世纪镇压体系的历史中以及在现代，权限冲突的例子不胜枚举。例如参见奥利维尔·马丁（F.Olivier-Martin)，《1329年文森斯大会及其后果：关于14世纪世俗法院和宗教法院之间的冲突的研究》(*L'Assemblée de Vincennes de 1329 et ses conséquences. Étude sur les conflits entre la juridiction laïque et la juridiction ecclésiastique au* XIVe *siècle*)，Paris，Picard，1909年。

10. 关于罗事件（affaire Law)，参见福雷（E. Faure)，《罗的失败：1720年7月17日》(*La Banqueroute de Law: 17 juillet 1720*)，Paris，Gallimard，1977年。关于更近期的资料，参见墨菲（A. E. Murphy)，《约翰·罗：经济理论家和政策制定者》(*John Law: Economic Theoriste and Policy-maker*)，Bruxelles，Peter Lang，2007年。罗事件的背景是王国处于极其严重的负债状态，并且王国对负责法国税收体系的两个团体［总税务员（receveur général）和包税人（fermier général)］，也就是"财务人员"(gens de finances）的依赖性增强。罗体系（système de Law）的

目标在于“消灭租金带来的长期负债资金体系［……］同时废除旧的官职体系并对包税人采取控制措施。罗体系指控征税官已经把国家大部分的税收纳入囊中，罗体系想要把法国从征税官和食利者（rentier）的手中解救出来”（参见同上书，第 347 页）。因此，所有通过租金的分配从官职体系和负债资金体系中获利的人都表示反对。

11. 吕西安 · 戈德曼（Lucien Goldmann）对 18 世纪冉森教派教徒（janséniste）和议员对君主专制制度抵抗之间的紧密关系，特别是对于巴黎议会作了研究，参见《隐藏的上帝》(*Le Dieu caché*)，Paris，Gallimard，1955 年；参见普雷克兰（E. Préclin)，《18 世纪冉森教派教徒和教士的世俗构成》[*Les Jansénistes au XVIIIe siècle et la Constitution civile du clergé.* Le développement du richérisme，sa propagation dans le bas clergé（1713—1791）]，Paris，Gambert，1929 年； 参见帕凯（J.Parquez)，《教皇谕旨和政治上的冉森教派教义》(*La Bulle Unigenitus et le jansénisme politique*)，Paris，Les Presses modernes，1936 年；参见雷日耶—德格朗热（H. Légier-Desgranges)，《从冉森教派教义到大革命》(*Du jansénisme à la Révolution*)，Paris，Hachette，1954 年；参见塔弗诺（R. Taveneaux)，《冉森教派教义 & 政治、选集》(*Jansénisme & Politique. Textes*)，Paris，Armand Colin，1965 年。关于更近期的资料，参见坎贝尔（P. Campbell)，《政治斗争形式的起源：律师、法官和主教——议会危机和冉森教派教徒（1727—1740）》(*Aux origines d'une forme de lutte politique：avocats，magistrats et évêques. Les crises parlementaires et les jansénistes（1727—1740）*)，收录在《冉森教派教义和大革命》(*Jansénisme et Révolution. Actes du colloque de Versailles*)，1989 年，卡特琳娜 · 梅尔（Catherine Maire）收录（《Chroniques de Port-Royal》39)，Paris，Bibliothèque Mazarine，1990 年，第 153—155 页。

12. 见上文，上一课，第 109 页注 11。

13. 被称为“印花公文纸”(du papier timbré）或“红帽”(bonnets-rouges）的起义于 1675 年发生在布列塔尼。它的起因更为深广（与封建领主的敌对、王室税收的加重、特别是 1672 年关于领主司法的法令向布列塔尼索要 260 万利弗尔，人民要承担其中的 2/3)，该起义的名字出自 1674 年
122 的法令，该法令要求对于一切司法文书和公证文书，印花公文纸是必不可少的。事实上该起义针对的是印花公文纸的管理机构。参见蒙尼耶，《农民的愤

怒——18世纪的农民起义》，第123—156页；参见加尔朗（Y.Garlan）& 尼埃（C.Nières），《1675年布列塔尼起义：印花公文纸和红帽》（*Les Révoltes bretonnes de 1675: papier timbré et bonnets rouges*），Paris，Éditions sociales，1975年。然而最好的参考资料是勒莫瓦纳（J.Lemoine）的《1675年布列塔尼被称为印花公文纸或红帽的起义》（*La Révolte dite du papier timbré ou des bonnets rouges en Bretagne en 1675*），Paris，Champion，1898年。

14. 从1702年开始卡米扎尔（Camisards）起义发生在塞文山脉（Cévennes）。起义由手工业者、农民和牧羊人组成，由讲道者（prédicateur）领导，为反对新教徒（protestant）的镇压而斗争。该起义以强烈的宗教色彩为特征。参见茹塔尔（P. Joutard），《卡米扎尔传奇》（*La Légende des Camisards*），Paris，Gallimard（《Bibliothèque des Histoires》），1977年。

15. 关于18世纪、大革命和帝国期间的掠夺（brigandage），福柯整理了一组重要的资料。他主要参考了阿居隆（M. Agulhon），《大革命后普罗旺斯的社会生活》（*La vie sociale en Provence intérieure au lendemain de la Révolution*），Paris，Société des études robespierristes，（《Bibliothèque d'histoire révolutionnaire》），1970年；布尔坎（M. H. Bourquin）& 海普（E. Hepp），《18世纪的偷运》（*Aspects de la contrebande au XVIIIe siècle*），Paris，PUF，（《Travaux et recherches de la Faculté de droit et des sciences économiques de Paris》14），1969年；朱利亚尔（M. Juillard），《18世纪上奥维涅地区的掠夺和偷运》（*Le Brigandage et la Contrebande en Haute-Auvergne au XVIIIe siècle*），Aurillac，Imprimerie moderne，1937年；马里昂（M. Marion），《大革命时期的掠夺》（*Le Brigandage pendant la Révolution*），Paris，Plon，1934年；马瑞尔（J. M. Maurel），《下阿尔卑斯的掠夺》（*Le Brigandage dans les Basses-Alpes*），Paris，Hachette，1899年。该主题会在《惩罚的社会》中再现。

16. 关于对日耳曼法的分析，福柯主要参考了布伦纳（H.Brunner），《法国旧诉讼程序中的话语和形式》（*La parole et la forme dans l'ancienne procédure française*）（Académie des sciences de Vienne，第57卷），收录在Revue critique de législation et de jurisprudence，第2季，

第 1 卷，1871 年；托尼桑（J. -J. Thonissen），《撒利克法典中的司法机构、刑法和刑事程序》（*L'Organisation judiciaire*，*le droit pénal et la procédure pénale de la loi salique*），第 2 卷，Paris，Maresq，1882 年［1881 年］；莫尼尔（R. Monier），《弗拉芒的司法制度——从起源到习惯法的编撰》（*Les Institutions judiciaires des villes de Flandre*，*des origines à la rédaction des Coutumes*），Lille，Bresle，1924 年；佐姆（R.Sohm），《关于日耳曼制度的研究：撒利克法典中的诉讼程序》（*Études sur les institutitions germaniques. La procédure de la Lex Salica*），Paris，Librairie A. Franck（《Bibliothèque de l'École des Hautes études.Sciences philologiques et historiques》13），1873 年。

关于该主题的更为近期的研究，参见金（P.D.King），《西哥特王国的法律与社会》（*Law and Society in the Visigothic Kingdom*），Cambridge，Cambridge University Press，1972 年；贝格曼（W.Bergmann），《关于墨洛温王朝的研究》（*Untersuchungen zu den Gerichtsurkunden der Merowingerzeit*），1981 年，第 1—186 页；吉尤（O.Guillot），《加洛林时期法兰克王国的司法》（*La justice dans le royaume franc à l'époque carolingienne*），收录在 La Giustizia nell'Alto Medioevo，1995 年，第 635—736 页，关于日耳曼和斯拉夫人民的法律的不同的比较研究，参见莫泽莱夫斯基（K. Modzelewski），《蛮族的欧洲：面对罗马继承人的日耳曼人和斯拉夫人》（*L'Europe des barbares. Germains et Slaves face aux héritiers de Rome*），Agata Kozak & Isabelle Macor-Filarska 将其译成波兰语，Paris，Aubier，2006 年。

17. 关于私法和公法的罗马化，参见顾龙（A. Gouron），《11、12 世纪的法国法学》（*La Science juridique française aux XI*[e] *et XII*[e] *siècles. Diffusion du droit de Justinien et influence canoniques jusqu'à Gratien*），Mediolani，Giuffrè（《Jus Romanum Medii Aevi》I，4），1987 年；乌利亚克（P. Ourliac），《关于中世纪法律史的研究》（*Études d'histoire du droit médiéval*），Paris，Picard，1979 年；科特斯（E. Cortese），《中世纪法史》（*Il Diritto nella storia medievale*），Rome，Il Cigno，第 1、2 卷，1995—1996 年。关于罗马法在王室权力中的作用，参见克里南（J. Krynen），《国王的帝国》（*L'Empire du roi*），Paris，Gallimard（《Bibliothèque des Histoires》），1993 年；里高迪耶

(A.Rigaudière),《中世纪对国家的设想和建设（13—15 世纪）》[*Penser et construire l'État au Moyen Âge*（*XIII*^{e}—*XV*^{e} *siècles*）]，Comité pour l'histoire économique et financière，Paris，2003 年。

18. 这句话与福柯在《惩罚的社会》中的内容相呼应，第 112 页：“为了 123
了解一个社会中的道德体系，必须要提出这样的问题：财富在哪里？道德史必须整体听命于财富的定位和流通的问题。”

19. 参见布里索（J. -B.Brissaud),《法国法律通史》(*Cours d'histoire générale du droit français*)，第 1 卷，Paris，Fontemoing，1904 年，第 567 页：“最初的诉讼程序起源自私人报仇；私人报仇在于通过约定俗成的形式自己取得公平［……］其中的诉讼程序是二者决定的而不是公共权力决定的；原告要依照特定的方式。”

20. 见下文，1972 年 2 月 16 日的课程，关于和平制度。

21. 见下文，1972 年 3 月 8 日的课程。

22. 参见佐姆,《关于日耳曼制度的研究》，第 115 页：“当事人执行死刑的方式是合法的杀人，受普通法规范；公开性赋予该行为司法的特征［……］对于法兰克人，尸体被陈列在一种断头台上，以便每个人都可以接近并观看。十字路口（quadrivium）也是［……］展览被依法杀死的人的地方，在那里敌人（inimici)［……］留下没有手脚的（sine manus et sine pedes）尸体。最后的程序的完成表明通过复仇的权利，杀人的活动完成并且是合法的［……］”

23. 参见托尼桑,《撒利克法典中的司法机构、刑法和刑事程序》，第 163—167 页，他主张公开性。“一切都发生在大日子，法官宣布杀人的合法性。合法杀人的行为人让别人知道他的报仇的动机和结果［……］他把死者的头颅割下并挂在木桩上展示，在路边让行人看到［……］他叫一些证人过来、讲述事实［……］他按照习惯法决定的方式向其邻居公布杀人的事情。对于北部的日耳曼人，他必须去审判大会报告并提供存在合法理由的证据”(第 165—166 页)。

24. 参见同上书，第 199—202 页。“这种和解不是现代的罚金［……］也不是因为违法行为对物质或精神造成损害的补偿［……］追根溯源，和解是赎回复仇的权利。”关于和解的内容，参见 198—237 页。关于和解的更近期的分析，参见巴隆（J. Balon),《撰写》(*Componere*)，Revue historique de droit français et étranger，1964 年，第 413—447 页；参见波利（J. - P. Poly),

《墨洛温王朝的权力和金钱》(*Le grain de Welches: pouvoir et monnaie dans les royaumes mérovingiens*)，Droit et Cultures，XII，1986 年，第 19—42 页。

25. 参见托尼桑，《撒利克法典中的司法机构、刑法和刑事程序》，第 77 页："拉欣布尔格（rachimbourg）既不是常设的法官团体，也不是负责司法管理的百人代表的同僚。百户法院（tribunal de la centaine）由当地活跃的居民组成，他们在领头人的主持下聚集起来［……］每个人都占有席位。"对于法兰克人来说，百户是一个人口单位，包括百名一家之长，在战争期间组成一个团体并由领头人指挥，而在和平时期，在同一个领地上保持密切关系。

124 26. 参见布伦纳，《法国旧诉讼程序的话语和形式》，第 28 页："在法国旧的诉讼程序中，双方不受法官的任何保护。诉讼是他们自己的事情。只有在他们要求的时候，法院才会采取措施或作出判决。"

27. 参见托尼桑，《撒利克法典中的司法机构、刑法和刑事程序》，第 244—245 页："对于法兰克人，他们和以前的日耳曼人一样，存在一些特别严重的犯罪，带着特殊的耻辱的污点，这些犯罪不接受和解［……］这些犯罪［……］会根据民族的习惯法被判处极度的酷刑，例如背叛潜逃、卑鄙行径、可耻的品行。"

28. 参见迪布瓦（A.Du Boys），《现代人的刑法史》(*Histoire du droit criminel des peuples modernes*)，第 3 卷，Paris，Durand，1860 年，第 228 页。

29. 参见佩罗（E. Perrot），《王室案例：13 世纪和 14 世纪理论的起源和发展》(*Les Cas royaux: origine & développement de la théorie aux XIII*^{e} *siècle et XIV*^{e} *siècle*)，Paris，A.Rousseau，1910 年，第 35 页。然而佩罗认为这种合并是从 14 世纪开始的。关于中世纪的鸡奸的问题，参见奥尔森（G. W. Olsen），《关于鸡奸者、女子气的男人、双性人和两性体：彼得·达米安时代的鸡奸》(*Of Sodomites, Effeminates, Hermaphrodites, and Androgynes: Sodomy in the Age of Peter Damian*)，Toronto，Pontifical Institute of Mediaeval Studies，2001 年；参见卡登（J. Cadden），《自然的没有什么是可耻的：欧洲中世纪晚期的鸡奸和科学》(*Nothing Natural is Shameful: Sodomy and Science in Late Medieval Europe*)，Philadelphia，University of Pennsylvania Press，2013 年。

30. 参见邦让尔，《关于 10 世纪至 13 世纪世俗法庭的研究》，第 38

页：“找到作出审判的法官不容易，因为他要参与到诉讼之中，因此要冒风险。”在写于 1971 年 11 月 8 日的第 11 号笔记的内容中，福柯用大篇幅研究风险的这个问题，我们将其重新抄录下来：“在加洛林王朝时期，参与审判大会（assemblée judiciaire）是一项义务（和服兵役一样）。为什么是义务：[1] 审判大会的作用是在法兰克人之间维持或重建和平。[2] 作出审判的人冒着风险（之后的复仇，他们和自己所支持的一方被卷入重新点燃的战火）。作出审判不是一项权利：这是一项义务，是风险。通过作出判决，人们被暴露于风险下，就像诉讼人被暴露于判决面前一样。军队义务和庭审的义务并没有什么不同，尽管其职能是相反的。然而只有在统治者强制要求的时候人们才会同意完成这个义务；这不是人们向统治者要求的、能够限制统治权的权利；这是人们冒着的风险，他们在统治者的保障下与统治者连带负责。统治者越弱，人们就越不会同意审判。风险太大 [无法辨认的字句]。只有在强势的权力临近时，审判的责任才会被接受”（在手写稿中加着重线）。

31. 关于承诺执行判决的宣誓（fidem facere），参见托尼桑，《撒利克法典中的司法机构、刑法和刑事程序》，第 465 页：“左手拿着作为郑重承诺的物质象征的束棒（festuca），右手举向天空，被定罪者由本人或由担保人（fidéjusseur）宣布他会遵循法院的规定。”

32. 罚款（fredum）是付给司法权力的和解部分。这是和平的代价，用于补偿公共和平的中断，而国王是公共和平的捍卫者；参见托尼桑，《撒利克法典中的司法机构、刑法和刑事程序》，第 205 页。这与付给被触犯的人的和
解部分不同，后者是对私人复仇的赎回。损害赔偿金（wergeld）（人的代价） *125*
是在谋杀或重罪之后为了赔偿并避免复仇而付出的金钱。金钱的数量根据个人的地位决定。关于损害赔偿金更近期的资料，参见坎比（C. Camby），《损害赔偿金：罗马的继续和日耳曼的革新之间的冒犯的金钱赎回》（*Wergeld ou uueregildus. Le rachat pécuniaire de l'offense entre continuités romaines et innovation germanique*），Genève，Droz，2013 年。

33. 关于为了尊重判决而做的抵押和担保（担保人、赠与等），参见迪比，《关于 10 世纪和 11 世纪勃艮第南部地区司法机构的演变的研究》（1946 年），第 156—157 页，（1947 年），第 30—33 页；邦让尔，《关于 10 世纪至 13 世纪世俗法庭的研究》，第 75—76 页。

127 # 1972年2月9日

I. 日耳曼刑法史（续）：它在中世纪刑法中的余晖。(A) 控诉式诉讼程序（procédure accusatoire）、传闻。(B) 证明体系：决定胜者的考验。在宣誓（serments）、神意裁判（ordalies）、司法决斗（duel judiciaire）中，真相不发挥作用。(C) 私人斗争作为中世纪法律的限制性规定。司法外的争端。II. 伴随公诉和确立犯罪真相的刑事司法体系变革的历史。(A) 不仅仅是因为罗马法和基督教的影响，更恰当地说它处于占有关系和力量关系的规则中。(B) 刑事司法实施重要的经济抽取，对财富的流通做出贡献。——流通的要素：担保、租金、罚金、充公、赎罪。——结果：财富的流通和政治权力的集中。——总体评注：中世纪的刑事体系在对财产的抽取层面具有重要的影响；现代刑事体系在对个人的抽取方面具有重要的影响；比较：税收 / 监禁、交换 / 社会排斥、赎罪 / 监狱。

引言

在日耳曼法的背景下，与日耳曼法形成对比的中世纪

—确立一种*司法机关*，它试着（尽管没有完全达到）成为*常设的和指定的*机关。*

司法机关的出现

—该司法机关不仅使强制执行其判决的权力得以巩固，而且它还得到了*介入的权利*（droit d'intervenir），发起司法活动的权利。

公共介入的出现

—因此，要区分私人诉讼和司法介入：个人在司法面前解决他们之间的问题的（带有或没有损害的）私人诉讼；
公共权力自己（即便没有原告或与之不相关联）发起的 128
关于轻罪或重罪的司法介入。

特定的刑法的出现

日耳曼法中的许多要素当然要保持不变，并且在很长的时期里强调中世纪的刑法。

举几个例子：

1. 控诉式诉讼程序（procédure accusatoire）[1]

这在日耳曼法中有两个方面：

—由被告摆脱对自己的指控。原告不需要出示进展中的证据（至少他不需要持续地出示证据）。[2]

—在司法上进攻的一方总是进攻的一方。由被攻击的一方

---

* 斜体字在手写稿中被加着重线。

进行抵御，排除威胁。

所以在法庭上继续的总是斗争的形式。

—需要存在一名控诉人（accusateur）。即便当公共权力介入并作为原告与它所参与的司法活动产生利害关系，公共权力将长期依靠于控诉人的准备，该控诉人：

—是个人或是集体［现行犯罪（flagrant délit）或求救的叫喊声（haro）的情况］[3]，

—是秘密的（检举者）或是匿名的［传闻（diffamatio）］。[4]

在刑法中我们长时间地保留了两个人之间的这种诉讼形式。公共权力的介入表现出对当事人其中一方的支持、对造成损害的一方的处罚的加重。公共权力完全处于战士的一方并放大另一方的失败；特别是它阻止和解。然而人们仍然处于斗争之中。

2. 证明体系

司法活动是一种使诉讼结束的方式。从诉讼的提起到诉讼的完成。用决定性的考验取代斗争和将来的一切发展结果。

129 因此涉及的不仅仅是要知晓谁有道理，更是时时刻刻把双方放在抉择面前：

—你们或者妥协，言归于好、重建和平，

—你们或者经受考验（épreuve），通过考验决定谁是胜者。

这是和平或胜利的问题：不是论证和真相的问题。

因此，存在着以下几种著名的中世纪证明：

a. 宣誓（serments）

被使用在日耳曼法中，扩展到加洛林王朝时期，直到12世纪才消失。在日耳曼法中，不能提供证人的被告要与（12名至15名）共同宣示者一起经历炼狱宣誓（serment purgatoire）。[5]

之后，这种方式扩展开来。在罗马尼亚（何诺三世（Honorius III）教皇谕旨之后），人们可以通过宣誓的方式避免一切诉讼，即便是在原告有证人的情况下。

在查理曼大帝（Charlemagne）统治时期，似乎所有人都宣誓：被告（为了摆脱），原告（为了肯定自己说的是真相），担保人。[6]

b. 神意裁判（ordalies）

—撒利克法典只提到了沸水考验。

—在加洛林王朝有热水、冰水、锅、烧红的铁、十字架等。[7]

c. 司法决斗（duel judiciaire）

—曾被某些日耳曼人使用，[8]而撒利克法兰克人不使用。

或许在涉及亵渎君主罪的时候会使用。[9]

—总之，从耿多巴德（Gombette）法之后，司法决斗扩展开来。这是为了结束对宣誓的滥用。[10]

从10世纪到13世纪，决斗涵盖了整个（民事或刑事）司法方面。人们可以在以下情况中使用司法决斗：

—反对对方的宣誓

—反对证人的宣誓

—甚至反对法官

130 （一旦被定罪的一方认为判决不合适，他可以反对判决，并向法官要求进行司法决斗。然而当平民被自己的领主审判时，他们无权提出这个要求）。[11]

这一切都表明进行中的司法活动（acte juridique）继续保持着战争的特征。问题在于知晓从认证“斗争”过程的指定的法官的角度来看（在宣誓、考验或决斗中）谁赢了。并不是由法官本身通过自己的方式证实真相在哪里。

在这出戏剧里，判决仍然是一场斗争、是战争的一个章节、是一场对抗。在此时期，意识形态证明和宗教证明把判决导向真相，而其作用完全是另一种类型。

3. [私人斗争] (guerres privées)

然而日耳曼法中最重要的一部分显然就是私人斗争，它延续在整个中世纪里面。

—有一部分人，他们是最声名显赫的人，他们让大封地领主（feudataire）对抗其统治者，抑或他们之间越发倾向于变为公共斗争（带有专业的军队、有组织的武装、政治联盟）。通过他们，统一的国家和“民族”开始组成；

—其他的人，他们是不那么权威的人，他们反对农民或资产阶级，他们越发倾向于个人的、世代相传的、不可避免的敌对，他们先是反对法律，很快又反对秩序。

存在一种强烈的倾向——把这些斗争或是列为政治冲突、或是列为个人犯罪。并要设立一种在我们看来非常“明显的”区分。（事实上这种情况很少：个人犯罪/政治犯罪的区分是刑罚国有化的影响之一；处于掌控国家机器的人的手中。倘若说这一个属于“普通法”范围，那一个属于“政治”范围，那么我们就要重新从确立刑罚的国家机器的观点来看。[12]）

总之，这种对私人斗争的抵抗是中世纪刑事体系中非常重 131
要的现象之一。私人斗争没有脱离法律；它是法律的一种“处于社会边缘的”（marginalisé）或“嵌入的”（enclavé）形式，而这是法律的一种形式。

我们发现国家组织越脆弱，私人斗争就越有抵抗力，越难以缩减。

我们以在弗兰德（Flandre）为例：

—私人斗争的法律没有被明确认可

—但在事实上私人斗争是法律，从这个观点出发

—倘若与私人斗争相关，某些犯罪（即使是谋杀）似乎是被容许的，[13]

—市政当局允许处于私人斗争状态中的人携带武器，[14]

—存在一些缓和的制度、惯例和正式契约：[15]

—除了主教以外的“缓和者”(paiseur) [16]

—大量的“协议”(concordia) 契约[17]

—为和平规定价格。[18]

因此，在司法范围**以内**[*]（即在法院的活动中，以法院保持的形式并在法院判决的基础上），贯穿几个世纪，诉讼（损害—抗辩—斗争体系）仍然是值得注意的。

然而在司法范围**以外**[**]以及在其周围，诉讼和斗争躲避并抵抗司法，它们继续规定某些领域内的“司法”；相对于这种司法范围，经过具有审判权的人只不过是一种可能性。

变革包括：

——切“司法”都被有审判权的人重新吸收

—相应地有审判权的人发起权威的干预，他们有权强制要求提起公诉；

—相应地还要区分普通法和“政治”(私人斗争只是个人

---

* 在手写稿中加着重线。

** 在手写稿中加着重线。

犯罪，而公共斗争有些是内部的，其他是外部的）；

—最终以及结果，确立刑事诉讼程序，该刑事诉讼程序完全听命于

—公诉，132

—干预和判决的权力

—建立关于犯罪的真相（而不再是诉讼双方的和平）。[19]

这种变革是怎样实现的？

[*]

这种变革的起因是什么？

1/ 与王室权力的增长相关的罗马法的影响。罗马法赋予君主技术上的方法、制度上的工具和理论上的证明，用于确立介入司法并以自己的名义诉究犯罪于法律的公共权威。

特别是后来的罗马法［查士丁尼法典（Code de Justinien）］提供了亵渎君主罪的理论模式。

2/ 基督教的影响。教堂的增加会使日耳曼的旧做法能够消失。教堂的增加牵引着私人和集体的诉讼—损害—抗辩的旧观念走向罪恶、个人过错、惩罚的观念。我们将会从赔偿走向惩罚。[20]

这些解释都太过宽泛并且太过特殊

—太过特殊，因为事实上王室权力的增长或基督教思想渗入刑事实践只是处于另一个层面的其他过程的影响；

—太过宽泛，因为没有考虑到刑事实践处于其他制度、社会关系、经济给付中的方式。

133 [*]刑事实践不是简单的国家司法概念的结果或关于过错的宗教观念。它不是（或**不仅仅**[**]是）上层建筑（superstructure）的组成部分。它直接处于占有关系和力量关系的规则中。[***]

在占有关系中。

日耳曼法律

——一方面，使私人斗争规范化

—另一方面，提供了赎罪的可能性。这可以分为两个部分：

—损害赔偿金（wergeld）：损害

—罚款（fredum）：罚金[21]

该部分曾是分量很少的一部分，在国家的初期试水时

---

* 被划掉的词：“总而言之，”。

** 在手写稿中加着重线。

*** 福柯把下面的内容分为两个主要部分——占有关系和力量关系。还有下一页手稿的标题：“A. 在占有关系中”。这一课的最后部分用于论述占有关系，我们删除了标题中的字母“A”。在下一课，福柯会讲到力量关系。

代变为主要的部分:

墨洛温王朝

加洛林王朝。[22]

在加洛林王朝崩溃、伯爵和王室官员被抹去、新的政治、军事、经济权力中心确立的时候，司法被占有。[23]

司法是基本权力的要素之一

—因为司法判决规定权利、所有权、债务、继承和从属关系;

—因为司法本身也*进行数目可观的经济抽取。

司法的分配是财产流通的组成部分。司法的分配通过以下两种方式成为财产流通的组成部分:

—（民事方面）通过在契约、婚姻、继承、义务和债务层面控制财产的流通;（刑事方面）通过在犯罪、盗窃、商业或非法占有层面控制财产的流通;

—司法对财产的流通做出贡献基于一定的事实：司法营利的事实，司法活动是有收益的事实，人们把抵押交给法官的事实，人们购买法官的诚意的事实；特别是司法强 134
制要求赎罪、罚金和赔偿的事实。

(特别是民事司法，它控制财富的流通。

特别是刑事司法，它对财富的流通做出贡献。[24])

---

* 被划掉的词句:“通过罚金”。

1. 这种贡献的组成部分是什么?

a/ 做法官是[*]一种责任：沉重地压在农民身上，每年必须参加三次审判大会。[25]

同样，“审判大会”(plaid général) 从权利转变为债务(交付给领主)。[26]

人们为了不当法官而付钱，人们为了被审判而付钱。同一个现象具有两个面；有审判权不是取得正义的唯一方式。

b/ 当涉及审判平民的时候，审判是容易的。当涉及审判富人或贵族的时候，审判是艰难的。审判是一种风险：[27]

—因为可能会不被服从

—因为可能会被卷入私人斗争

—因为被定罪的人可能去另一个法庭上诉并挑起前面的法官进行司法决斗。[28]

因此，当关系到法官的时候，人们会从给法官付钱开始。[29]

c/ 在整个诉讼程序中，人们付出抵押和费用。一旦人们中断诉讼，人们要给法官补偿 (dédommagement)。

参看司法决斗。一旦司法决斗完成，战败者会被掠夺，这种掠夺有利于领主。但是倘若人们中断司法决斗（每个阶段都

---

* 被划掉的词句：“危险的；还会带来一些不方便”。

有缓和的可能性)，就要付钱给领主。[30]

d/ 特别是在刑事案件的尾声，大量金钱会被收取。通过两种形式：

—罚金（相对于损害，罚金额不断地增长）[31]

—充公。我们认为充公：[32]

1/ 在某些情况下或在某些地区是基本刑罚（在普
瓦图、勃艮第、诺曼底、巴黎：自杀者的财产；在诺曼 135
底，对领主权利的欺诈；在都兰（Touraine）和安茹
（Anjou)，对贵族特殊的惩罚)；

2/ 是附加刑罚，在以下情况中：亵渎神明的话（blasphème)、异端（hérésie)、亵渎君主、背叛、渎职罪（forfaiture)、抢劫、私人斗争、谋杀、故意纵火、通奸、强奸、绑架、鸡奸、乱伦、盗窃、假钱、做假证。

而且在司法决斗中，倘若被告取胜，仍然是战败者遭受充公的惩罚（在这种情况下充公本应该处罚被告)。

一般来说，倘若罪犯逃跑或破坏自己的监狱，充公往往还伴随着死刑、切断肢体和流放等。

充公和罚金（也就是抽取财富）是一切刑罚的共同点。

e/ 然而，还要补充另一种刑法形式（以民事和刑事为限)。封建法律中的“采邑的丧失”（commise）之刑罚：倘若封臣违背义务，采邑会被交还给封建君主并任他自由处置。[33]

f/ 最后要注意：这些罚金、特别是充公常常是理论上的。它们没有被交付；或是在物质上无法实现；或是倘若法官要执行，这对于他太过危险；或是它们引起错综复杂的政治、司法问题。社会的谱系结构对此放置太多的障碍。

然而，它们产生一系列的冲突、威胁、妥协、和解。人们购买赎罪是通过［例如］金钱、租金、权利的让与或临时的债务——但常常是最终的债务。

因此，在司法活动之前、过程中和之后，大量财富和财产流通；还有一系列的交易、开支、收益、利益。

136 2. 这种状况的结果

a/ 司法变为政治和经济贪欲的目标。

不仅司法活动产生经济上的流通，而且审判的权利也成为流通的一部分。它是让与、转让、出售的客体。人们可以在转让封地的时候保留审判的权利；反之，人们也可以将其让与。

因此，封地的所有权和司法的所有权之间的关系极其错综复杂。[34]

b/ 审判不再是危险的；相反是有利可图的、令人期待的。因此，有审判权的人倾向于强行介入，而不是等着双方自愿来找他作出仲裁。

司法倾向于变成强制性的。然而，同时（总是这样，因为司法花费高昂）还有一个趋势。曾经是受审判的人追赶法院；现在是法院追赶受审判的人。并且，司法机构倾向于占据一切自主司法的领域。

然而为了能够使人接受，必须有一种力量。人们感受到政治和军事的支持更加必不可少。只有受益于这种支持的司法才是强大的司法。[35]

c/因此，产生双重运动：

—出售、转让带来的司法分割。

—然而，还有集中运动

　　—事实上那些拥有没收权利的具有审判权的人可以不断地占有新的封地和新的司法。

　　—而且司法变成强制性的，当司法被拥有政治和军事强制力的人所掌握时，司法会被使用得更加充分。

如此司法极致的扩张得以解释：

—最细微的司法（最容易运用的并带来少量收益的司法）分散在越来越多的人的手中；

—相反重要的司法（带来大量收益的但是难以运用的司法）来到集中政治和军事权力的人的身边。特别是国王。[36]

不同的特权享有者之间的一系列为了取得或保留司法的斗 137
争同样得以解释：教会的豁免权、城市的司法权限；司法权限之间调解的必要性巩固中央集权。

高级司法、中级司法、基层司法、教会司法、城市司法、领主司法、王室司法，它们勉强合成系统，而连续的运动推动了这个整体。[37]

然而这种分割、等级、分配能做的只是掩盖一种过程，在这个过程中涉及封建抽取、所有权转移、财富流通、政治权力集中。

d/ 最后不要忘记刑事体系——也与土地和租金的占有运动相关联——不可避免地与人口活动（增长和迁移）相结合。

—从10世纪开始到13世纪，人口增长；殖民迁移，与此同时开垦森林；建立新的农业区和新的城市群落。

  —因此，充公和流放可以被去往别处的可能性补偿。刑罚的严厉性得以缓和。

  —但是相反因为人们可以离开，所以充公的情况更频繁。领主准备好迎接新的移居民。

  因此，事实上充公和沉重的罚金并没有被实行。[38]

  —然而13世纪存在短板：土地稀缺；紧张程度上升[39]

    —大型骚乱开始，为了反抗骚乱，中央集权的军队变得不可或缺，

    —专业军队的开端，专业军队吸收了民众中的骚乱因素。

  因此地方司法越发寻求中央集权的司法和镇压力量的

支持。

议会和中央集权性质的军队同时产生。[40]

—大瘟疫。对土地的渴求松懈下来。但是已经无法回到过 138
去的状况。刑事体系没有再次分散。大瘟疫的后果着重影响了领主经济：很多土地不再产生租金；劳动力的短缺使得工资和价格上涨：因此租金相对降低。

—所以领主倾向于纠正这种封建租金降低的状况。

（司法的调整或增加。）[41]

—然而在农民中，存在一种更大的抵抗力量。

从而 14 世纪的大型起义结束。

起义只能被军队控制并且需要王室权力的介入（在纳瓦尔（Nanverre）国王［雅克］的情况中）。[42]

我们注意到从此以后刑事体系：

1/ 处于反对掠夺和购买的居间占有运动中。在非货币经济时期，财富首先是土地所有权或对土地产品的抽取；

2/ 处于政治权力的中央集权运动中：随着司法获得收益，税收或类似税收的压力增加，司法更需要集中的权力，以便为有审判权的人之间的冲突做出仲裁并支撑自身的执行权力。

在战争的掠夺和非货币经济中的商业之间。

在个人占有和非国家的社会中的机关化（fonctionnarisation）之间。

总体评注

—中世纪的刑事体系在财产的征收方面有着重要的影响。

我们的刑事体系在对个人的社会排斥（exclusion）层面有着重要的影响。[43]

139 我们懂得中世纪的体系是怎样在过错的道德和神学（théologie）方面、忏悔和赎罪方面连接的。犯罪必须以惩罚来弥补，惩罚可以被赎回，赎罪本身必须被购买。

我们懂得我们的刑事体系几乎是必然会与个人问题相关，或总之引起个人问题：必须排斥的是哪些个人？他们其实是谁，在现实中是谁，在隐秘中是谁？

中世纪的刑法体系是与税收相关的：我们这样说是因为它具有占有的经济用途，因为其主要形式是税收，而且在意识形态上与基督教相关。

现代的刑法体系是与监禁相关的：正因为它具有“反骚乱”的社会功能，所以它的主要形式才是与监禁相关的，而且在意识形态上与一切［心理主义］（psychologisme）相关。

对中世纪的刑事实践的描述必然会导向这个问题：谁赎回什么；为什么人们为这样或那样的行为赎罪；怎样赔偿？简而言之，**交换**（*échange*）*。

---

* 在手写稿中加着重线。

对现代刑事实践的描述必然导向这个问题：谁排斥谁；谁监禁谁；谁被置于流通之外？简而言之，**社会排斥**（*exclusion*）[*]。

于是，我们将会看到同样的实践在此处和彼处的运转方式完全不同：死刑（赎罪，拯救；或最终的社会排斥）；切断肢体（mutilation）、肉体标记（marque）（净化的补偿；社会标记）；供认（aveu）（忏悔、承认）；监禁（抵押、置于流通之外）[44]。[**]

---

* 在手写稿中加着重线。

** 这一课的手写稿最后还有一页，似乎并没有延续前面的论述，而是提出了另一个版本。其内容如下：

"事实上领主经济被动摇（租金下降，工资上涨）。因此领主的态度越发苛求、严厉。因此，14 世纪末的大型起义需要王室权力的介入。

[在空白处] 与此同时对充公的制止。

所以刑事体系在财富的流通和政治权力的集中方面起到不可忽视的作用。

所以刑事体系的运转使武装力量和武装力量的集中的问题不停地交错。

总体评注 140

倘若比较中世纪的体系和我们的体系：

— 中世纪的体系抽取财产（赎罪）

— 我们的体系抽取个人（监狱）。

赎罪是中世纪刑罚的共同点和秘密。

监禁，[如同] 把某人置于侵害的状态之外，是我们的刑罚的秘密。

第一种 [体系] 与基督教相结合，我们的体系与社会保护、心理学、精神病学相结合。

中世纪的体系是与税收相关的，我们的体系是与监禁相关的（监狱—医院系列，死刑—赎罪系列 [无法辨认的词句]）。

监狱的处境是不同的。"

（转下页）

注释

1. 关于控诉式诉讼程序（procédure accusatoire）与纠问式诉讼程序（procédure inquisitoire）的对比，福柯参考了米特迈尔（C. J. A. Mittermaier),《论刑事方面的证据》(*Traité de la preuve en matière criminelle*) 或《论刑事方面证据原则的对比》(*Exposition comparée des principes de la preuve en matière criminelle*) (C. A. Alexander 译, Paris, De Cosse et N. Delamotte, 1848 年)，其中深刻地描述两种“形式”，并把控诉式诉讼程序描述为“对立的双方当事人之间的真正的战争”；尤其是埃斯曼的《大陆刑事诉讼法的历史——特别参照法国》，这是福柯主要参考的文献。

2. 关于日耳曼人的控诉式诉讼程序，参见托尼桑,《撒利克法典中的司法机构、刑法和刑事程序》，第 419 页。原告要求对方通过正式的方式回应。被告必须回应，否则会被处以罚金：“不是法官，而是原告自己要求对方通过正式的方式回应指控”(第 427 页)。关于证据的出示，人们的立场是含糊的。有些学者（罗格（Rogge)、佐姆（Sohm)）坚持应该仅由被告出示证据：他或者妥协，或者证明指控是错误的。可以这样总结该立场：“被告或被控告的
141 人必须证明自己是无辜的或有正当理由的。通过控告的事实，他被损害或被触犯［……］他急于发起进攻。”参见塔迪夫（A. Tardif),《法国法律渊源史：罗马起源》(*Histoire des sources du droit français: origines romaines*),

---

（接上页）
这一页的手写稿背面
“— 流放的机构。充公的机构。监禁的机构
（净化—离开；净化—赎罪；净化—忏悔）。
肉体的处境也是不同的：对流放者的哀悼；对被充公者的标记；殴打
— 充公和禁止。
禁止（乱伦）和财产的流通。
惩罚和财产的流通。[45]
生产和刑罚。
—‘国家机器’
　　其存在的原因
　　其实际的职能。”

Paris, Picard, 1890年。托尼桑对于这一论题提出异议（参见《撒利克法典中的司法机构、刑法和刑事程序》，第438—455页），他提出一个存在细微差别的立场：原告出示指控的证据不是必须的，他提出一个主张；被告提出另一个，根据两者真实性的程度，人们来决定由哪一方出示证据。

3. 参见埃斯曼，《大陆刑事诉讼法的历史——特别参照法国》，第61—62页。在诺曼底的习惯法中，"求救的叫喊声"指的是在现行犯罪的情况下，呼唤群体中的所有成员抓坏人。参见格拉松（E. D. Glasson），《关于求救的叫喊声的历史研究》(*Étude historique sur la clameur de haro*)，Paris, Larose et Forcel, 1882年。在英国存在同样的程序，被称为"大喊大叫着追缉嫌犯的做法"(hue and cry)。埃斯曼认为，这是一种"正式、巧妙的方式，在犯罪发生后能够保持案件捕获现行犯罪的特征"。

4. 关于检举者（denunciatio）和传闻（diffamatio），参见富尼耶（P. Fournier），《中世纪的宗教裁判所：关于法国1180年至1328年教会法庭的组织、职能和诉讼程序的研究》(*Les Officialités au Moyen Âge. Étude sur l'organisation, la compétence et la procédure des tribunaux ecclésiastiques ordinaires en France de 1180 à 1328*)(Paris, E. Plon, 1880年，第254—262页)，该作品描述了在教会范围内的检举程序；特别参见埃斯曼，《大陆刑事诉讼法的历史——特别参照法国》，第78—87页、第99—104页。"检举者"(denunciatio) 和"传闻"(diffamatio) 的概念出自宗教诉讼程序。埃斯曼认为，纠问式诉讼程序主要来自教会法，当有一宗罪被犯下，公共舆论指控某人，法官对"被破坏名誉的人"(infamatus) 提起诉讼。这就是传闻（diffamatio）的意思。关于这些问题更近期的参考文献，米廖里诺（F. Migliorino），《声誉与恶名》(*Fama e Infamia*)，Catane, Giannotta, 1985年；泰里（J. Théry），《声誉：公共舆论作为司法证据》(*Fama. L'Opinion publique comme preuve judiciaire*)，收录在莱米斯尔（Lemesle），《从古代到当今的司法证据》(*La Preuve en justice de l'Antiquité à nos jours*)，Rennes, PUR, 2003年，第119—147页。

而检举者（denunciatio）起初来自强制的"检举"(dénonciation) 程序，发生在主教来到隐修院（monastère）时或教区的主教会议(synode) 召开时；该程序发生了变化，检举者可以告诉法官他对某个人发起调查，而这不是正式的指控。在后面的课程中（1972年3月1日）我们将会讲到，检察官一般首先会以"检举者"的名义介入。

5. 关于日耳曼法中的宣誓，参见托尼桑，《撒利克法典中的司法机构、刑法和刑事程序》，第516—524页。共同宣示者的数量是变动的，一般是12人，但是也可以多达72人。关于宣誓，参见维迪尔（R. Verdier），《宣誓：巴黎十大的研讨会论文集（1989）》[*Le Serment. Actes du colloque de Paris X Nanterre*（*1989*）]，Paris，CNRS，1991年，第2卷。

6. 参见列维（J. -P. Lévy），《中世纪的法律证据等级：从罗马法的复兴到14世纪末》（*La hiérarchie des preuves dans le droit savant du Moyen Âge，depuis la Renaissance du droit romain jusqu'à la fin du XIVe siècle*），Paris，Recueil Sirey，1939年，第132页："在罗马尼亚，通过著名的何诺三世教皇谕旨［……］人们可以通过宣誓避免一切诉讼，即使原告传唤已经
142 准备好有利于原告的证明的证人"（1218年的教皇谕旨X. 2.19.12.）。关于查理曼大帝统治时期的无处不在的宣誓，参见同上书，第134页。

福柯后面会大篇幅地阐述作为考验（épreuve）的宣誓和神意裁判的主题（对个人的社会重要性的考验，口头考验和肉体考验），参见《真理与司法形式》（DE，第2卷，第139号），第574—575页 / 第1442—1443页。

7. 参见莫尼尔，《弗拉芒的司法制度——从起源到习惯法的编撰》[见上文，第122页，注16]，第49—50页。关于该主题更近期的资料，参见巴特莱特（R. Bartlett），《中世纪神判》（*Trial by Fire and Water. The Medieval Judicial Ordeal*），New York，Clarendon Press/Oxford，Oxford University Press，1986年。特别要参见雅各（R. Jacob），《法官的特赦：西方司法制度和神圣的事物》（*La Grâce des juges. L'institution judiciaire et le sacré en Occident*），Pars，PUF，2014年。

8. 参见德梅特（C. De Smedt），《司法决斗的起源》（*Les Origines du duel judiciaire*），Paris，Victor Retaux et fils，1894年，第7页［撒利克法典（lex salica）中缺失决斗］。参见德克拉勒耶（J. Declareuil），《关于司法决斗的最近研究》（*À propos de quelques travaux récents sur le duel judiciaire*），刊登在Nouvelle Revue historique de droit français et étranger，第33年，1909年，第78页。关于司法决斗的更近期的历史，可以参见沙巴（M. Chabas），《法国13世纪至16世纪的司法决斗》（*Le Duel judiciaire en France XIIIe—XVIe siècles*），Jean-Favard，Saint-Sulpice-de-Favières出版，1978年；参见吉尤（O. Guillot），《司法决斗：在法国从法律（诚笃者路易时期）到实践（11世纪）》[*Le duel judiciaire*:

du champ légal (*sous Louis Pieux*) *au champ de la pratique en France* (*XIe s*)], Spolète, 1997年，第715—795页，还有文章的汇编《中世纪冲突的解决》(*Le Règlement des conflits au Moyen Âge*)，Actes de la SHMESP，第31届大会（Angers，2000年），Paris，Publications de la Sorbonne，2001年。

9. 这里指的是亚历山大·加尔（Alexander Gal）在 Der Zweikampf im fränkischen Prozess（1907年）发表的论文，德克拉勒耶对其展开讨论，参见《关于司法决斗的最近研究》，第76页。他认为起初司法决斗仅供王室司法使用，关于义勇卫队(truste）中的成员违犯对国王的忠诚责任。

10. 耿多巴德法（Gombette)（lex Gundobada）是指勃艮第人(Burgondes）的国王波特贡达（Gondebaud)（于516年逝世）颁布的法律汇编。福柯参考了502年的法令，该法令构成耿多巴德法的第45章，是为了反对宣誓和伪誓的滥用，并在对方拒绝宣誓证据时鼓励司法决斗使用。参见德梅特，《司法决斗的起源》，第7—8页；参见德克拉勒耶，《关于司法决斗的最近研究》，第81页。

11. 参见德克拉勒耶，《关于司法决斗的最近研究》，第84页。

12. 我们已经提及过这个问题（见上文，1971年11月24日的课程，第16页注16；见下文，1972年3月1日的课程，第191—192页)，关于政治犯罪和普通刑事罪的谱系学里的区分。当时福柯对这个问题特别感兴趣，该问题与他投入监狱情报团体（GIP）相关，其背景是1968年之后的“政治镇压”(见下文，授课情况简介，边码第250、253页，注15)。因此关于政治斗争/普通法斗争的论战是从两个层面展开的。一方面，1970年3月27日，以“马塞兰法”(lois Marcellin）的名义禁止无产阶级左派和极左组织，新闻界、权力和某些极左思想家（例如托派分子（trotskiste）丹尼尔·本萨义德（Daniel Bensaïd）在1970年6月出版的Rouge第66期）致力于把毛主义介绍成是“不适应社会生活的”(asociaux）或“虚无主义的”(nihilistes）并在普通法方面对其排斥。此外在文章中［《支持者的暴力斗 143
争》(De la lutte violente des partisans)，1970年3月，文章提到福柯课程中的多个主题]，我们还看到从1970年3月开始被当做“生活在社会边缘者”(marginaux）或“不适应社会生活的人”(asociaux）的忧虑，以及被混淆为普通刑事罪的忧虑。这就是被监禁的士兵的第一次绝食所表现出来的，他们的目标是取得“政治犯”的身份，更准确地说是他们的目标在于（阿尔及利亚）民族解放阵线（FLN）和法国在60年代通过武力反对阿尔及利亚独立的军事化地下组织（OAS）的罪犯先前得到的“特殊”制度。总而言之涉及的是以保护者的名义，为自己做出区分，事实上福柯在这里强调的区分是从国家机器的角度出发的。

相反福柯认为，正如当时的各种文章所述，关键在于通过恢复一切犯罪的政治特征从而抹去普通刑事罪和政治犯罪的“区别”。关于这一点，参见《大监禁》，（DE，第2卷，第105号），第302—303页/第1170—1171页；参见《圆桌》，（DE，第2卷，第107号），第334—336页/第1202—1204页；《关于人民司法，与毛思想的辩论》，（DE，第2卷，第108号）；参见《监狱和监狱里的抗争》（*Prisons et révoltes dans les prisons*）（与莫拉（B. Morawe）的访谈，1973年6月），DE，第2卷，第125号，1994年，第426—427页/Quarto，第1卷，第1294—1295页；参见《关于惩治监禁》，（DE，第2卷，第127号），第441—443页/第1309—1311页。福柯认为从20世纪60年代到20世纪70年代初，毛主义者、阿尔及利亚政治犯进监狱以及后来监狱情报团体的建立带来了双重运动：监狱内部斗争的政治化（politisation）和在外部的监狱问题的政治化导致以监狱和刑事机制为要素的区分被相对擦除。此外1972年4月，福柯把努力与普通法划清界限的士兵的第一反应定性为“政治错误”，并且他对这样的事实感到满意：“毛主义者很快明白归根到底通过监狱对普通法里的犯人的排除是政治排除体系中的一部分，其中他们自己是受害者。倘若我们［……］在政治法律和普通法律里［……］作出区分，我们辨认出道德和资产阶级法律［……］法律，就是政治：这很好，出于政治原因并且在政治权力的基础上，资产阶级把原则定义为我们所说的法律”，参见《关于阿提卡监狱》（*À propos de la prison d'Attica*），与西蒙（J. K. Simon）的访谈，F. Durand-Bogaert译，Telos，第19期，1974年春；DE，第2卷，第137号，1994年，第533页/Quarto，第1卷，第1401页。

关于对论战的分析，参见萨勒（G. Salle），《法治国家的阴影：自1968年以来法国和西德的监狱问题》（*La Part d'ombre de l'État de droit.La question carcérale en France et en République fédérale allemande depuis 1968*），Paris，l'EHESS（《En temps & lieux》），2009年，第42—47页。关于与福柯的概述略有不同的政治犯罪的谱系学，参见德雷福斯（S. Dreyfus），《政治犯罪的谱系学》（*Généalogie du délit politique*），Paris，

LGDJ，2010 年。

13. 参见埃斯皮纳（G. Espinas），《13、14 世纪杜埃镇的家庭战争：休战与和平》（*Les Guerres familiales dans la commune de Douai aux XIIIe et XIVe siècles: les trêves et les paix*），Librairie de la Société du recueil général des lois et des arrêts，1899 年， 第 16—17 页；参见珀蒂—迪塔伊（C. Petit-Dutaillis），《15 世纪荷兰关于民众道德和复仇权利的新资料》[*Documents nouveaux sur les mœurs populaires et le droit de vengeance dans les Pays-Bas au XVe siècle.Lettres de rémission de Philippe le Bon*（*vol.9*）]，H. Champion，1908 年，Slaktine 再版，1975 年，第 45 页。 *144*

14. 参见埃斯皮纳，《13、14 世纪杜埃镇的家庭战争：休战与和平》，第 15 页，援引杜埃镇的多次许可；参见珀蒂—迪塔伊，《15 世纪荷兰关于民众道德和复仇法律的新资料》，第 47 页。

15. “和平制度”是引用埃斯皮纳和珀蒂—迪塔伊的作品的主要目的。福柯在下一课会讲述更多的相关细节（见下文，第 154—161 页）。

16. 参见埃斯皮纳，《13、14 世纪杜埃镇的家庭战争：休战与和平》，第 8 页。在弗兰德和布拉班特（Brabant），从 13 世纪初开始区分负责“休战”（trêves）（暂停私人斗争）的主教和负责缔结“和平”（解决矛盾）的“缓和者”。关于更多细节，见下一课，第 163 页，注 11。

17. 参见邦让尔，《关于 10 世纪至 13 世纪世俗法庭的研究》，第 52—53 页：“契据集（cartulaire）[……] 放弃和睦（concordiae），终止集体暴力活动”。

18. 参见埃斯皮纳，《13、14 世纪杜埃镇的家庭战争：休战与和平》，第 26—27 页。为和平定价可能是金钱方面的：这是抵罪的钱，相当于日耳曼的损害赔偿金。但也能是精神方面的，抵罪的朝圣（pèlerinage）。参见珀蒂—迪塔伊，《15 世纪荷兰关于民众道德和复仇权利的新资料》，第 77 页。

19. 见下一课，1972 年 3 月 1 日的课程，关于公诉；1972 年 3 月 8 日的课程，关于真相的问题。

20. 关于这两个论题，可以参见布洛赫（M. Bloch），《封建社会》（*La Société féodale*），第 1 卷，Paris，Albin Michel，1939 年，第 187—188 页。

21. 见上一课，第 119 页、第 124—125 页注 32。正如我们所看到的，损害赔偿金（wergeld）确切来说是“血的价格”，意思是为赎回私人复仇权利的补偿；罚款（fredum）是付给公共权力的部分。

22. 参见克拉玛乐朗（J. -J. Clamageran），《法国税收史》（*Histoire de l'impôt en France*），第1卷，Paris，Guillaumin，1867年，第2篇，第3章，第171页："罚金对王国构成非常重要的收入。教令经常以此嘱托国王的官员，并由钦差（missi dominici）负责对罚金的特殊监管。在特权和豁免权被让与之后，罚金逐渐［……］跌入主教和领主的私有领域，更恰当地说它们是对其有利的地方统治权的组成部分。"关于这些罚金在中世纪上半叶变为司法权利的方式，参见同上书，第214—215页。

23. 关于占有的过程，福柯主要参考富尔坎的《中世纪的领主权和封建制度》，第23—31页；参见迪比，《关于10世纪和11世纪在南勃艮第司法制度演变的研究》（1946年和1947年）；参见甘少夫，《关于10世纪末13世纪初勃艮第的司法部门的研究》。

24. 在商品和货币的流通性较差的背景下，关于司法在财富流通中的地位，参见邦让尔，《关于10世纪至13世纪世俗法庭的研究》，第101—103页、第114页。同一时期福柯常常在各种访谈中提及此事。例如《大监禁》，（DE，第2卷，第105号），第300—301页/第1168—1169页，他写下"中世纪的刑事体系对银行做出的贡献比对财产流通做出的贡献大"，并强调充
145 公在君主专制制度的建立中起到的作用；《关于人民司法》，（DE，第2卷，第108号），第342—343页/第1210—1211页，他指出司法不是简单的用于占有的工具或强制力的方式，"而是一种方法，除了封建税收以外，司法产生收入［……］司法是人们用于交换、流通、出售或继承的财产［……］的所有权的［……］收入"（第143/1211页）。

25. 参见邦让尔，《关于10世纪至13世纪世俗法庭的研究》，第86页；杜勒（H. Dubled），《11世纪至13世纪阿尔萨斯领主土地权中的司法》（*La justice au sein de la seigneurie foncière en Alsace du XIe au XIIIe siècle*），Le Moyen Âge，第3期，1960年，第239—240页。"审判大会"（plaid général）起初是指加洛林王朝的统治者召集自己的封臣、伯爵和主要神职人员讨论王国里的事物；后来是指在伯爵或领主的指示下，每年聚集三次的地方法庭。参加审判大会是义务，否则会被处以罚金。

26. 特别是在勃艮第、布里（Brie）和亚眠教区。参见邦让尔，《关于10世纪至13世纪世俗法庭的研究》，第88—90页：审判大会失去司法大会的特色，变为"司法承认的税收债务，如同领主权承认的现金租税［……］求

助于审判大会花费高昂［……］正如我们所说的［……］他们试图逃避这个义务”。“罚金的价格”逐渐变得“对所有人统一并具备税收的一切特征”。

27. 见下文，参见邦让尔，《关于10世纪至13世纪世俗法庭的研究》，第38页。

28. 这就是误判（faussement de jugement）的诉讼程序；参见富尼耶（P. Fournier），《论上诉权利的历史和对上诉改革的研究》（*Essai sur l'histoire du droit d'appel, suivi d'une étude sur la réforme de l'appel*），Paris，A. Durand et Pedone-Lauriel，1881年，第143页；见下文，下一课，第156页、第164页注34。

29. 参见邦让尔，《关于10世纪至13世纪世俗法庭的研究》，第56—61页。参见哈尔芬（L. Halphen），《11世纪的法国司法制度：安茹地区》（*Les institutions judiciaires en France au XIe siècle. Région angevine*），Revue historique，第77（2）卷，1901年，第197—307页。

30. 参见哈尔芬，《11世纪的法国司法制度：安茹地区》，第304—305页。

31. 参见同上书，第305—306页。

32. 关于充公或没收（confiscation），福柯完全依据坦巴尔（P. Timbal）的作品，《13、14世纪法国法律中的充公》（*La confiscation dans le droit français des XIIIe et XIVe siècle*），Revue d'histoire du droit français et étranger，第4季，第22卷，1943年，其中的第50—54页关于充公是基本刑罚，第54—59页关于充公是附加刑罚。福柯强调“充公”的作用是解读中世纪刑事体系的核心，参见《大监禁》，（DE，第2卷，第105号），第300页／第1168页：“为了强调［……］我致力于研究中世纪的刑事体系，这些天来——或许是我太过天真没有早些发现——我找到了关键：财产的充公。”

33. 关于“采邑的丧失”（commise），参见坦巴尔，《13、14世纪法国法律中的充公》，第67—73页；参见富尔坎，《中世纪的领主权和封建制度》，第125页。最著名的采邑的丧失是菲利普·奥古斯特（Philippe Auguste）于1202年对封臣约翰·拉克兰（Jean Sans Terre）（和英国国王）宣布的，因为约翰·拉克兰与吕西尼昂（Lusignan）家族发生了冲突。法国国王赐予他的一切封地（例如诺曼底、吉耶纳）都被扣押，菲利普·奥古斯特还夺取了诺曼底。参见洛特和法蒂埃，《中世纪法国制度史》，第2卷，第38—39页。

146 34. 参见邦让尔，《关于10世纪至13世纪世俗法庭的研究》，第123—124页；参见迪比，《关于10世纪和11世纪在南勃艮第司法制度演变的研究》（关于10—13世纪）；参见盖纳，《中世纪末期在桑利斯地区的法院和司法人员》，第135—184页（关于14—16世纪）。

35. 同样的阐述，参见《关于人民司法》（DE，第2卷，第108号，第342—343页 / 第1210—1211页）。福柯将其恢复到“法院”形式的谱系学的内部，为了表现该形式继承了武器、财富的占有和集中的历史，使得稳定的司法机制建立起来，在冲突中起到中立的第三方的作用并肯定武装力量。他对当时“法院”是人民司法形式的思想表示反对，并这样总结自己的谱系学：“我们懂得为什么在法国［……］和西欧，人民司法活动极度反对司法甚至反对法院的形式”（关于更多细节，见下文，授课情况简介，第245—250页、第274页、第278页。）

36. 参见《大监禁》，（DE，第2卷，第105号），第300—301页 / 第1168—1169页。

37. 参见迪比，《关于10世纪和11世纪在南勃艮第司法制度演变的研究》（1947年）；参见盖纳，《中世纪末期在桑利斯地区的法院和司法人员》，第77—99页。

38. 参见迪比（Duby），《中世纪西方的农业经济和农村生活》（*L'Économie rurale et la vie des campagnes dans l'Occident médiéval*），Paris，Champs Flammarion再版，1977年（第1版，Aubier-Montaigne，1962年），第1卷，第144—175页，第209—222页。殖民地的开垦和运动是反对领主劫掠的斗争方式，关于其作用，参见富尔坎，《中世纪的领主权和封建制度》，第181—184页。

39. 参见迪比，《中世纪西方的农业经济和农村生活》，第2卷，第95—168页。

40. 关于14世纪的大骚乱，见下文。关于专业军队的建立，福柯主要参考了洛特和法蒂埃的《中世纪法国制度史》，第2卷，第509—536页；布塔里克（E. Boutaric），《常备军之前的法国军事制度》（*Institutions militaires de la France avant les armées permanentes*），Paris，Plon，1863年。关于更近期的资料，参见孔塔米纳（P. Contamine），《中世纪末期的战争、国家和社会：关于法国国王军队的研究（1337—1494）》［*Guerre, État et société à la fin du Moyen Âge. Étude sur les armées*

des rois de France (1337—1494)], Paris/La Haye, Mouton, 1972 年；参见卡厄佩（R. W. Kaeuper），《战争、司法和公共秩序》(*Guerre, Justice et Ordre public*), N. & J. -P. Genet 译, Paris, Aubier, 1994 年 /《战争、司法和公共秩序：中世纪末期的英国和法国》(*War, Justice and Public order: England and France in the Later Middle Ages*), Oxford, Clarendon Press, 1988 年。在查理五世的统治下，通过 1373 年 12 月 16 日的法令和 1374 年 1 月 13 日的法令，第一次尝试组织“团体”（compagnie）才得以承认，该“团体”由士兵在将军的命令下组成，他们以特定的价格和时间为统治者提供服务。法令试图将他们纳入统治者规定的等级中，并强制规定特定的纪律。然而直到 1445 年才出现真正有效的改革。议会通过 1345 年和 1360 年的法令决定了其最终形式（至少是大方向）。

41. 参见迪比，《中世纪西方的农业经济和农村生活》，第 2 卷，第 171—231 页；参见莫拉（M. Mollat）& 沃尔夫（P. Wolff），《蓝指甲，雅克和梳毛工起义：14、15 世纪的欧洲人民革命》(*Ongles bleus, Jacques et Ciompi. Les révolutions populaires en Europe aux XIV*^{e} *et XV*^{e} *siècles*), Paris, Calmann-Lévy, 1970 年，第 108 页。显然提到的是黑死病（Peste noire），1347 年末在欧洲开始造成影响。

42. 1358 年的雅克起义（révolte de Jacques） 或“扎克雷起义” *147*
（jacquerie） 波及法兰西岛的乡村、博韦，然后蔓延到诺曼底、香槟（Champagne）和奥克苏瓦（Auxois）等地，于 1358 年 6 月 10 日被南泰尔国王查尔斯·勒莫韦（Charles le Mauvais）镇压。参见莫拉和沃尔夫，《蓝指甲，雅克和梳毛工起义；14、15 世纪的欧洲人民革命》，第 123—131 页。

43. 参见《大监禁》，（DE，第 2 卷，第 105 号），第 301 页 / 第 1169 页。福柯正在思考资本主义社会是“监禁的社会”这一事实；资本主义社会不是“如仪式般规定的谋杀的社会”，也不是“流放的社会”或“赔偿的社会”，而是“监禁的社会”(《圆桌》，（DE，第 2 卷，第 107 号），第 319 页 / 第 1187 页）。资本主义社会的刑事体系的特征不再是保证财产的占有、集中或流通，而是抽取个人和摆脱个人。然而这与“社会排斥”的概念有一定的距离，相当于下一年课程中的“监禁”(enfermement)（参见，《惩罚的社会》，1973 年 1 月 3 日的课程，贯穿全文，特别是第 18—19 页注 6）。监禁的（后来被福柯重新定性为“强制的”，后来改为“纪律的”）装置（dispositif）构成权力术语，其中相关的事物和目标是个人，后来福柯以另外一种方式重新阐述该观点，参见《精神病学的权力》(*Le Pouvoir psychiatrique*)，法兰西学院 1973—1974 年课程，J. Lagrange 主编，Paris，Gallimard-Seuil，(《Hautes Études》)，2003 年，第 41—60 页。

44. 这一段参考的是列维・斯特劳斯（Lévi-Strauss）的观点，福柯认为中世纪的刑事体系与原始社会的禁止乱伦起到相类似的作用，列维・斯特劳斯认为用于保障流通和交换。在《大监禁》(DE，第 2 卷，第 105 号）中，该观点得以详细阐述，福柯指出："中世纪刑事体系几乎与原始社会中的禁止乱伦起着同样重要的作用。"这"也是为了使财产流通"(第 301 页 / 第 1169 页)。

通过交换 / 社会排斥这对组合的理论，福柯使一种反对意见僵化，他会在下一年的课程《惩罚的社会》(见上文，注 43）中批判该反对意见。然而在《惩罚的社会》的课程中，我们将会看到被福柯称为"精细的惩罚策略"的分析，不同的实践（死刑、标记、供认、监禁）被提及。因此福柯在"四种重要的刑罚策略"中作出区分：排斥（流放、驱逐)、组织赎罪或强制赔偿（债 / 过错的规则，补偿 / 义务的规则)、标记和监禁（参见同上书，第 8—9 页)，而且福柯根据这些策略使得实践（特别是死刑）的意义多样化。

福柯把建立在赎罪基础上的中世纪法律体系与"过错、忏悔、赎罪的神学"作出比较，特别是这种比较通过"日耳曼刑罚"的模型在定价的忏悔的产生中重新出现，参见《不正常的人》(*Les Anormaux*)，法兰西学院 1974—1975 年的课程，马尔谢蒂（V. Marchetti）和萨洛蒙（A. Salomoni）主编，Paris，Gallimard-Seuil，(《Hautes Études》)，1999 年，第 159—160 页；参见 1975 年 10 月至 11 月期间福柯在圣保罗（São Paulo）关于性和供认的研讨会（archives IMEC，C. 152（1—5))。

45. 参见《大监禁》，第 301 页 / 第 1169 页；参见上一条注释。

1972年2月16日 149

区分中世纪准国家机构和后来将其完善的国家机构。处于民事诉讼和暴力掠夺之间的中世纪刑事实践是关于政治—经济关联；刑事实践重新分配所有权、财富和财产：这是“财富的竞争”(joute des fortunes)。——司法的税收化。和平制度以及和平协议在封建刑罚中的重要性。——和平制度的作用（使私人斗争行为、协议、契约中止；仪式化的进程)。和平与正义，关于和平的主教会议的原则。社会斗争涉及刑罚。——与武装问题（武器的持有、集中和分配）相结合的刑罚体系。——13世纪到14世纪的危机：封建制度的动摇；求助于外部雇佣兵；领主依靠王室司法。对议会和税收机关使用具有反骚乱作用的体系。王室司法发展成为国家司法机关制度化的权力的首要形式。

前言

刑事实践处于一切财富转让、财产流通和所有权变动的核心。刑罚使财富流通、转移。

a. 刑事实践获得这种结果是:

—通过刑罚的本质，而刑罚的本质是刑事实践所强制要求的:

—罚金

—充公

—通过赎罪体系，而赎罪体系是刑事实践提议的:

—赎罪、和解（对于过重的罚金、对于与社会的谱系结构相悖的充公）

—赦免（rémission），可以向封建君主，特别是向国王购买[1]

—通过司法费用体系:

150 —留在具有审判权的人的手中的抵押

—花钱融通

—很快（当书面程序（procédure écrite）成为主流时）还有司法费用本身。[2]

这是围绕着刑事诉讼形成的金钱的漩涡，更准确地说是财产（动产和不动产）的漩涡。

例如:（塔农（Tanon）。14 世纪初在圣马尔坦德尚普（Saint-Martin-des-Champs）的刑事案件）[3]

诉讼的费用。

一切犹如发生在货币短缺的时代，财富通过司法诉讼流动和转移。

在交换的那些作用中，诉讼发挥着其中的一种作用（除婚姻外、与婚姻竞争、作为婚姻的结果）。[4]

b. 由此我们看到刑罚处于民事诉讼中，常常通过习惯法或成文法以及暴力掠夺（spoliation）得以解决。

1/ 刑罚与民事诉讼相近，民事诉讼主要也是关于所有权转移的问题

—民事诉讼控制、阻止或认可所有权的转移；

—刑事诉讼禁止并取消某些所有权的转移（通过处以暴力掠夺的惩罚），却通过强制的方式指定其他情况下的所有权的转移。*

因此在许多案件中，民事和刑事相互混杂，或者更准确地说没有区分。一系列的诉讼、赔偿、和解、契约、罚金组成“财富的竞争”(joute des fortunes)。

2/ 然而刑事诉讼也与暴力的、非规律性的掠夺相类似。它是那些关于占有的斗争的组成部分：

—刑事诉讼或是用来惩罚，至少是惩罚一部分暴力的占有、单纯的掠夺。这常常是发生在中世纪前期的情况：人们强占某个财产，然后支付罚金或者和

---

* 手写稿在空白处写道：“直到 18 世纪末，掠夺”。

解，不管怎样总会留有收益；

—刑事诉讼或是单纯的掠夺的借口。这常常发生在13世纪末到14世纪初的犹太人和伦巴第人身上。

151 例如：路易九世曾驱逐犹太人。1288年召回犹太人，1306年驱逐犹太人；再召回，然后在1311—1312年间再次驱逐犹太人。伦巴第人在1291年被驱逐，在1295年被召回；在1311—1312年间再次被驱逐。

圣殿骑士团骑士（Templiers）。[5]

我们经常说：中世纪使用高利贷（usure）然而却处罚高利贷。因为中世纪使用高利贷，所以才处罚高利贷——用这样的说法来纠正是不够的。应该这样说：处罚是高利贷的经济—政治实践的组成部分。在借贷、债务、高利贷带来的一系列风险和限制中，对高利贷者（usurier）在刑事方面的没收和流放都有登记，如同对债务人的查封和控制。说实话，不是“**如同**”[*]，而是另一种模式：政治权力的介入。

总而言之，法国南部犹太人的债权代表了大部分的农村债务。把他们的财产充公有利于国王和特权享有者。通过对债权人财产的没收，债务被计入税收之中。[6]

---

* 在手写稿中加着重线。

[与其用道德规范的措辞，还不如先用刑事实践的措辞。][*]

我们还可以举例：在13世纪法国南部省份隐蔽在宗教下的政治—刑事掠夺。这一次涉及的是政治掠夺，在其内部以损害所有者为代价的刑事充公起到几乎是“殖民者”（colonisateur）的作用。[7]

我们可以概括性地说

a/ 在禁止、违法、刑罚的活动下面：

—发生着所有权、财富、财产的转移，它们处于并运转在：

(a) 协议、联盟、契约的（温和的）活动中

(b) 以及暴力、占有、掠夺的活动中。

在尚不发达的货币化经济中，[这种活动][**]为交易做出补充；或者至少它在货币交易还相对薄弱的范围内占据了一个如此重要的位置。

b/ 然而，说它是“交易的代替者”是完全不够的。事实上这是财产的流通，财产的流通必然追随权力集中倾向的路线（因为[它]是通过强制和权力进行的，对掌握权力者有利）。 152

[这种活动][***]是财富移动和权力移动的连接点。它能让两者连接上。它的作用使得：

---

* 在手写稿中，这一句被放在括号里。

** 手写稿：“它”。

*** 手写稿：“它”。

—土地财富的一切增长通过对人们的现实的、即刻的权力（审判人们的权利）被表示出来，并且

—在财产体系中，权力的一切增长通过财富的增长被表现出来（充公和抽取的权力）。

刑事体系尚且完全不是国家机器；然而它行使着国家机器的职能：使两者连接起来——一方面是作为阶级统治的权力的行使，另一方面是受生产关系限制的财富积累体系。

方法论总结

—在国家机关存在之前，就存在着一些“准国家”（pré-étatique）职能；意思是政治—经济关联的职能：

—这些职能尚未在国家机关中成型，

—它们却被权力的有规则的、制度化的形式所保障。

—然而在应该保障该职能的国家机器形成的时候，一些转移可能会发生。

同样：

a/ 后来有规则的、制度化的惩罚权力会在国家机器中成型——就是司法、治安和监禁机关。然而这种国家机器并不会具有把政治权力和财富的积累连接起来的职责；它会肩负着另一种职能：反骚乱的职能。[8]

b/ 而把财富的积累和权力的集中连接起来的职能是以另一种方式被保障的: 153

—通过税收机构（17 世纪的征税官）;

—然后，幸好存在新的分解——税收机构和议会机构。

（因此在国家机器的分配和其职能中，丑闻就是：对于职能是连接经济—政治的议会机构和税收机构使用具有反骚乱职能的刑事体系。）[9]

不管怎样，从方法论的角度来看，无疑要区分:

—权力行使的制度化的、合法的形式，

—那些国家机关，

—它们所承担的国家职能或准国家职能。

中世纪的刑事体系

—不包括机关

—然而这是行使权力的一种体系化的方式

—它具有准国家的职能（财富 / 集中 / 权力），这种职能并没有立刻显现在实践制度化的合法性中。

刑罚与武器的分配

该刑罚体系（和其制度化的合法性以及准国家的职能）与武器的持有、分配、集中体系相关联。

—如同一切镇压体系和强制体系一样，刑罚体系与武器的持有、分配、集中体系相关联。扣押罪犯、执行判决、保护法院和其工作人员，这一切显然都需要武装力量。

特别是当判决主要涉及对财产的扣押的时候。

—然而，还存在着一种更重要的联系。

—我们已经看到刑罚的影响是占有财产，这种占有对法官的行动有利，或者说无论如何是通过法官的行动完成的。

某人犯下的重罪或者轻罪是把部分财产纳入某种政治

154 走向的情况——当涉及的不是全部财产的时候。

因此［刑罚］* 大致上与掠夺或战争中的强夺具有同样的影响。

—但是，刑罚恰恰又对抗暴力掠夺。在中世纪最经常受到惩治的犯罪中，除了偷盗，还有暴力占有、绑架（赎金）、携带武器、造假、假币等。

一切都如同刑事体系的职能是按照特定的方向、指向，有规律地用另一种占有形式代替暴力的、混乱的掠夺形式。

到现在我们已经解释了刑事司法是怎样在占有中发挥影响的，权力产生了占有，而占有又是怎样巩固权力的。

但是我们并没有解释中世纪的社会怎样、又是为什么实施间接的、规范的占有（而不是通过军事力量直接占有）。**

---

* 手写稿："它"。

** 手写稿在空白处写道："可能性的条件"。

这是通过和平制度（institutions de paix）完成的。和平制度与财富的转移是一起的，是封建惩罚中最重要的一个方面。

1. 和平制度包括什么。[10]

和平制度非常多样化，类型各异。

a/ 第一点，个人或家庭之间签订的和平协议、契约。这样的协议和契约使先前存在的私人斗争结束。

它们是仪式化的，往往还要求助于作为“缓和者”的仲裁人、权力机关、法院，这也是非常必要的。在弗兰德：

—休战，[11] 四十天后可更新，这是一种简单的举动，一种宣誓，通常在权力机关登记。[12]

例如：“某个叫让·马丁（Jean Martin）的人，居住在奥尔希（Orchies），为了提防自己的兄长让·马杜勒（Jean Madoul）而请求休战；后者并没有对他做坏事的 155
意图，他在法律面前发誓并承诺维持上述休战，这被登记在当地的登记簿上。”[13]

—和平，包括三个要素：[14]

—来自攻击一方的敬意，承诺抵罪（expiation）：

—物质上的

—精神上的 [15]

—和平之吻，重建平等 [16]

—双方宣誓重建“交谈、饮酒、吃饭和交易”的关系。[17]

b/ 第二点与第一点紧密相关并且相类似，就是权力机关的介入，促使双方建立和平或休战，并对他们造成压力；权力机关对其进行保障，并对打破和平或休战的一方进行惩罚。

—1296 年在里尔，建立和平只能在市政长官面前完成。[18]

在荷兰，除了可以在市政长官面前和解，还可以在特殊的法院——缓和者（paiseur）面前和解。[19]

—这种介入可以单独完成，也可以是一条普遍的措施。

在根特（Gent），1297 年的大宪章（Grande Charte）强制规定当争吵发生时，两个家族之间要休战 14 天。[20]

在里尔，圣诞节和圣让节（Saint-Jean）时休战的更新是自动完成的；两个主教和一个神职人员带着休战信走遍全城。[21]

—约束常常是通过人质体系（système des otages）完成。[22]

在蒙维尔（Monville），1451 年的习惯法规定不愿意在一起饮酒的人会被投入监狱，只有他们和解并交付担保之后才能出狱。[23]

仲裁人也可能被投入监狱（由他们出钱，或者是由阻碍和解的一方出钱）。[24]

然而，这种和平体系无疑与另一种更古老的体系相悖（或者说不管怎样注定对其抗拒），后者更加专制化，与城市文明的结合没有那么紧密。

c/ 这就是和平协议，有证据表明它是从 11 世纪初开始的。通过和平协议，领主应教会或封建君主的邀请，承诺中止部分私人斗争的行为。[25]

—这是有选择性的和平： 156

例如：夺走家畜［沙鲁（Charroux）］

或者：对神职人员的人身［伤害］[26]

或者：在特定的时期。在列日（Liège），上帝的和平禁止在降临节（Avent）和斋月（Carême）携带武器。[27]

—这些和平大多数采用协议、协约（foedus）的司法形式，然而它们具有专制的作用。协约的保证人对其强制要求，并强制规定惩罚。[28]

—在普瓦捷的主教会议（1011—1014）上，似乎所有宣誓的公爵都留下了人质。

—破坏协议的人必须被其他人“消灭”（普瓦捷）。[29]

—当议会是协议的发起者的时候，不遵守协议的人会被逐出教会（excommunication）。

—这些是一切私人斗争的预先约束，要求在法院提起诉讼。

普瓦捷的主教会议决定：在出席的公爵的领地上的一切

争吵（altercation）和一切关于侵占（res invasae）*的诉讼都要提交给公爵的法庭或提交给法官。[30]

d/ 最后，第四点，由国王（或者像弗兰德的伯爵、勃艮第或诺曼底的公爵一样大封建主）保障、确保的和平：

—个人保障：某个人被只关乎他自身的和平所保护；[31]

—市场、集市、道路和平；[32]

—法令宣布的和平：腓力四世（Philippe le Bel）禁止国王征战期间的一切私人斗争；[33]

—最后，在“缺少司法”或误判的情况下，或许还要再加上向国王求助。作为至高无上的仲裁人，国王能够使一切私人斗争停止。[34]

157 而这些制度的共同特点就是它们的目标：

—把一切“私人斗争”推到司法范围之外。显然它们承认［私人斗争］**，因为它们限制私人斗争，也控制私人斗争；它们对其范围进行限制：它们为私人斗争制定一些规则并强制规定一些挡板。

—因此这些制度试图代替私人司法活动正常进展中的司法机关。司法机关不是控制私人斗争并使其结束的机构，而是必须将其代替。

---

* 在手写稿中加着重线。

** 手写稿：“它们承认它们”。

—这些制度试图区分两个领域：一个领域是战争的、非司法的、禁止的、不公平的领域，另一个是和平的、司法的、合法的、公平的领域。

和平制度不属于司法范畴。通过和平制度，战争中断的情况、地区、时机被规定范围，在政治权力的保障下，个人之间的司法、损失的补偿、重罪的赔偿将会在法院的调解中得到完整的、彻底的保障。

从此将会存在：

—一方面，战争与压迫（bellum et injuria）

—另一方面，和平与正义（pax et justitia）。

这种用语（继沙鲁主教会议之后）[35]经常出现在一切关于和平的主教会议中，毫无疑问它是古老的，然而：

—在拉丁语的文章中，和平与正义指的是罗马法的生效，其中就有罗马和平（pax romana）；[36]

—在中世纪的文章中，和平与正义指的是这些和平机构的活动；只有在和平（pax）中才会存在正义（justitia）。

我们看到在日耳曼法中：压迫（injuria）之后的战争，它曾经是正义。

—压迫—（战争 = 正义）—和平

—压迫—战争

——

和平—正义。

158 与短杠同一水平：政治权力。禁止杀掉其敌人的就是政治权力。混淆和平与正义的就是政治权力。它把一切司法活动范畴置于司法机构的控制下。它对诉讼的合法进展强制要求法院的形式［“和平的”（pacifique）形式］。

我们看到*和平与正义*[*]的这条原则是刑法的组成部分。事实上已经存在现代意义上的刑法

> 当对损害的报复是由政治权力保障的时候，并且通过非私人斗争的途径。

我们还看到该原则[**]是掌握公共权力的人所拥有的主要的政治工具。事实上在公共权力的势力范围内，把其他公共权力当作敌人的人就跌入非正义的战争中、战争与压迫（belllum et injuria）中。

一切认为司法是非正义的战争都会被定义为是非正义的。社会战争从属于刑罚。

就是在这个基础之上，关于普遍刑罚的政治刑罚史将会得以展开。

2. 和平制度的作用。

• 和平制度的第一个作用就是专制地为司法机构（法院、法

---

* 在手写稿中加着重线。

** 被划掉的词句：“是组成”。

官、判决、执行）建立一个活动空间；意思是在这个空间中，司法机构能够发挥税收的作用。

—通过把私人斗争行为翻转为犯罪，领主或封建君主可以对其进行判决、处以罚金。这为他们创造了一种利益来源，其中接受审判的人自己解决他们之间的争端。

领主或封建君主作为同样遭受损害的第三方出现，因为存在攻击的事实或者对攻击的反驳的事实。无论反驳出现在何时，他都可以作为受损害的第三方出现，并要求自己的份额。[37]

—然而另一方面，因为“和平”对于可能被攻击的人和在私人斗争（教会、商人）中处于不利地位的人具有保护作用，建立和平的封建君主会快速把和平卖掉。 159

因而（通过和平）创造一个有利可图的刑罚领域，这本身就是利益的目标。

在中世纪存在一种创立刑罚的“要求”。一种牟利的提议回应了这种要求。

我们看到和平是怎样在司法的税收制度中同样发挥作用的。

• 但是“和平”所代表的远不止于此。这涉及对武器的控制、武器的集中和对军事活动的限制。

a/ 我们懂得围绕着和平制度存在政治斗争：谁建立和平制度，政治斗争对谁有利，谁有权利在此时期或彼时期禁止某种武器或某种攻击形式。

从一开始，教会和大封建主之间就存在着矛盾。

民众阶层有时候会被呼吁着夺回（被抢走的财物）。[38]

这些“和平”中的斗争就恰恰处于封建制度的机构中。

b/ 然而有一种趋势，它渐渐地使封建制度发生动摇。

—事实上，为了确保让领主的和平占支配地位，领主必须掌握武器的附庸，用以保障对罪犯的惩罚。

—但是民众越是被武装，和平越是面临着不能占支配地位的风险。

—因此他们倾向于求助外部雇佣兵（mercenaire）来维系和平的刑罚地带；

—此外，雇佣兵再次点燃私人斗争和自卫，因为他们在被征服的地区进行自我管理。

—直到新的一支雇佣兵或新的武装力量出现，封建君主把前者推向犯罪、声称他们是罪犯、把他们置于法律之外等等。

这就是关于12世纪的“中世纪结队抢劫的士兵”（Routiers）的历史、14世纪的“大公司”（Grandes Compagnies）的历史、14世纪末到15世纪初“（法国百年战争期间的）盗匪”（Écorcheur）和“迟来者”（Tard-Venus）的历史。[39]

在这一过程中，我们看到武器的集中不可避免地发生。仅

仅是富人才可以为自己提供雇佣兵，而最有钱的人还可以让自己的雇佣兵去驱逐他人。 160

c/ 此外，还要再加上两个过程，它们起到决定性的作用：

—13 世纪的经济挡板和 14 世纪的崩塌（瘟疫、放任自流的文化、更高的薪金、低廉的土地租金、残暴的税收、民众的愤怒和起义）；[40]

—军队中步兵的重要性使得民众在军事上更加令人生畏。[41]

因此需要依靠王室司法，甚至是领主司法。信赖王室司法的就是他们，因为私人斗争太过昂贵，因为他们既无力支付雇佣军，也无力武装民众。

同样需要区分领主司法和王室司法的权限、责任和利益。

在民众起义面前，军队趋向于变成对已经虚弱的封建制度有利的国家工具，在军队背后，王室司法将作为国家司法机构的首要形式而得以发展。

司法作为国家机构，在军队的影子中发展。为了反对民众骚乱、保护自己的特权，封建制度不得不求助于军队和中央集中的司法（雇佣兵军队和官员的司法），它们是王室权力的两［大代理人］。我们可以看到它们在 17 世纪仍然发挥着作用。

概要

—在中世纪逐渐被征税的司法行使着准国家职能（经济—政治关联）

—与和平制度相关的司法显示出它是一个机构的反面，其中的另一面是军队，并且

—税收制度的集中和军队的集中使一种国家机器产生，该国家机器分解成两种制度

—司法—税收（juridico-fiscales）制度

—军事制度。*

---

* 另外还有一页没有编号的手稿，包括以下内容，其中的开头部分与下一课中第 6 页的手写稿内容相似：

161 “[……] —或者最终依靠（路易六世和路易九世的）王室权力。

b/ 城市同样需要和平：所以他们需要自我武装。与领主斗争，以及寻求中央王权的帮助——城市是这样的，教会领主或世俗领主也是如此。[42]

而大封地领主（或者国王）时而依靠地方力量，时而依靠封建力量，但总是为了他们自己的和平，意思是说受益的总是他们自己的封建制度。

因此解除此阶层或彼阶层人民的武装、此社会团体或彼社会团体的武装，这与建立司法是并驾齐驱的。

我们已经看到：司法与税收制度的关联导致司法体系的变革：

（1）越来越强制的特征

（2）越来越集中的形式

司法与所有权和使用武器的关联以同样的方式去往完全一样的方向：

（1）司法的强制特征，因为司法常常是战争或对抗的结果。

（2）越来越集中的形式，因为司法使最强的一方更加牢固。”

注释

1. 在这里福柯指的是开始于14世纪的赦免信笺：用一笔钱财获得统治者的赦免。参见盖纳，《中世纪末期在桑利斯地区的法院和司法人员》，第301—302页；参见洛特和法蒂埃，《中世纪法国制度史》，第2卷，第83—84页。相关的阐述，参见戈瓦尔（C. Gauvard），《中世纪末期法国的国家与社会》（*État et Société en France à la fin du Moyen Âge*），Paris，Publications de la Sorbonne，1991年。

2. 参见盖纳，《中世纪末期在桑利斯地区的法院和司法人员》，第251—276页。

3. 参见塔农（L. Tanon），《14世纪巴黎圣马尔坦德尚普司法机构的刑事记录》（*Registre criminel de la justice de St Martin des Champs à Paris au XIVe siècle*）（Paris，Willem，1877年），为了能够被释放并重获自由，人们在被监禁之后要交一笔钱：例如在1332年，某个叫吉莱（Gillet）的人和他的儿子被监禁，因为他们被怀疑殴打了某个叫玛丽·德·伯恩维尔（Marie de Bournville）的人。他们交付了价值相当于60苏（sol）巴黎币（parisis）的铁砧才被释放（第34页）；同样，在1339年，西莫内·诺曼（Simonnet le Normand）被监禁，因为他在证人面前“讲了关于主的恶劣的言语”，他交给圣朱利安（Saint-Julien）医院60苏才被释放（第153—154页）。

4. 见上文，上一课，第133—134页、第144—145页注24、第138—139页、第147页注44。

5. 参见克拉玛乐朗，《法国税收史》，第2卷，第298—300页。在1310年的诉讼之后，圣殿骑士团骑士的财产被宣布充公：国王保留其金钱和一切的动产，并且在把不动产交付给医院工作人员之前扣留了其中的很大一部 162
分。克拉玛乐朗还详细叙述了腓力四世（Philippe Le Bel）为了能够每次更加彻底地剥削犹太人和伦巴第人，在特权和掠夺之间的动摇方式。他认为仅仅是从1306年到1311年在图卢兹（Toulouse）司法总管的辖区，犹太人财产的充公就达到75264利弗尔。参见洛特和法蒂埃，《中世纪法国制度史》，第2卷，第203页；参见坦巴尔，《13、14世纪法国法律中的充公》，第57页。

6. 参见莫拉和沃尔夫，《蓝指甲，雅克和梳毛工起义：14、15世纪的欧洲人民革命》，第32—33页，它在该主题上总结了理查德·W. 埃默里（Richard W. Emery）的作品。关于1261—1286年间佩皮尼昂（Perpignan）公证记录上犹太人的债权，其中的三分之二都是与农民相关，他们为改善设备而负债。正如坦巴尔所述，充公是在多数高利贷的情况下适用的主要刑罚，特别是对高利贷者判处死刑，这对国王有利，或者是在诺曼底地区，对公爵有利。

7. 在这里福柯特别提到的是讨伐阿尔比派（Albigeois）的十字军行动（croisade），他们遵照教廷（papauté）的指示，发起没收异教徒（hérétique）财产的广泛运动。参见坦巴尔，《13、14世纪法国法律中的充公》。

8. 见上文。这是关于赤脚汉部分的课程目标。参见《关于人民司法》，（DE，第2卷，第108号），第350—352页/第1218—1220页："从某个时期开始，在中世纪主要具有税收职能的刑事体系致力于反骚乱的斗争"（第351页/1219页）。这通过"三重作用"：（1）"无产阶级化（prolétarisation）因素"（对游手好闲者的监禁、强制劳动……），强迫"人们接受其无产阶级地位"；（2）对最"流动的"、最"危险的因素"的聚焦，以及对暴力行动的准备；（3）通过立法、监狱和各种道德、意识形态的类别，区分"非无产阶级化的平民"和"无产阶级"（第351—352页/第1219—1220页）。

9. 此处福柯无疑指的是这样的事实：在对赤脚汉的镇压中，反骚乱机制转向反对诺曼底议员和当地负责税收的工作人员，例如审理间接税案件的最高法院。见上文，1971年12月15日的课程。

10. 关于和平制度，福柯主要参考了以下资料：关于弗兰德（Flandre）和法国北部：埃斯皮纳，《13、14世纪杜埃镇的家庭战争：休战与和平》；珀蒂—迪塔伊，《15世纪荷兰关于民众道德和复仇权利的新资料》。关于10世纪末和11世纪从沙鲁（Charroux）主教会议（concile）开始展开的和平运动，福柯主要参考了三份资料，被收录在《让·博丹协会的机构比较史汇编》（Recueils de la Société Jean Bodin pour l'histoire comparative des institutions），第14卷：和平，Bruxelles, Librairie encyclopédique，1961年，第415—545页；博诺—德拉马尔，（R. Bonnaud-Delamare），《11世纪阿基坦的和平制度》（*Les institutions de paix en Aquitaine au XIe siècle*）；施特鲁布（E. Strubbe），《法国北部上帝的和平》（*La paix de Dieu dans le nord de la France*）；里斯（A. Joris），《论11世纪末上帝的休战声明》（*Observations sur la proclamation*

de la trêve de Dieu à Liège à la fin du XIe *siècle*），还有迪比，《关于 10 世纪和 11 世纪在南勃艮第司法制度演变的研究》，见上文（1946 年）。

关于该主题更近期的资料，参见热尔让（T. Gergen），《从沙鲁主教会议开始的上帝的和平与休战的司法实践（989—1250）》[*Pratique juridique de la paix et trêve de Dieu à partir du concile du Charroux*（*989—1250*）]，Berlin-Bruxelles-New York，Peter Lang，2003 年；奥芬斯塔特（N. Offenstadt），《中世纪的和平》(Faire la paix au Moyen Âge)，Paris，Odile Jacob，2007 年；佩特科夫（K. Petkov），《和平之吻：中世纪中期和晚期西方的宗教仪式、自我与社会》(The Kiss of Peace: 163
Ritual, Self, and Society in the High and Late Medieval West)，Leyde，Brill，2003 年。

11. 关于"休战"(trêve）与"和平"(paix）的区别，参见埃斯皮纳，《13、14 世纪杜埃镇的家庭战争：休战与和平》：休战是敌手之间暂时的分离，一种"战争的斋戒"(abstinence de guerre)，冲突的原因并没有被抹除；"和平"在于把触犯抹除，通过"和"代替不和。

12. 参见珀蒂—迪塔伊，《15 世纪荷兰关于民众道德和复仇权利的新资料》，第 60 页；参见埃斯皮纳，《13、14 世纪杜埃镇的家庭战争：休战与和平》，第 25 页。

13. 参见珀蒂—迪塔伊，《15 世纪荷兰关于民众道德和复仇权利的新资料》，第 58 页："某个叫让·马丁（Jean Martin）的人，居住在奥尔希(Orchies)，为了提防自己的兄长让·马杜勒（Jean Madoul）请求休战，他声称怀疑自己的兄长；而后者并没有对他做坏事的意图，他在法律面前发誓并承诺维持上述休战，这被登记在当地的登记簿上。"

14. 参见埃斯皮纳，《13、14 世纪杜埃镇的家庭战争：休战与和平》，第 26 页。

15. 参见同上书，第 26—28 页："活着的一方对被杀掉的一方表示真诚的致敬，用宣誓的方式承认自己的懊悔"，还要加上金钱上和精神上的抵罪，例如，抵罪的朝圣。参见上一课，第 144 页，注 18。

16. 参见埃斯皮纳，《13、14 世纪杜埃镇的家庭战争：休战与和平》，第 28 页。参见珀蒂—迪塔伊，《15 世纪荷兰关于民众道德和复仇权利的新资料》，第 82 页。

17. 参见埃斯皮纳，《13、14 世纪杜埃镇的家庭战争：休战与和平》，第

28 页。涉及双方道歉、和平的宣誓，并承诺“彼此之间交谈、饮酒、吃饭和交易”。

18. 参见 1296 年的“关于和平的新法令”（nouvelle ordonnance sur la paix），收录在罗辛（J. Roisin）的《里尔城的豁免、法律和习惯法》（*Franchises*, *Lois et Coutume de la ville de Lille*），Lille，Vanackere，1842 年，第 123 页：“主教、议会和城里多数的居民确保永远遵守这样的事实［……］倘若有人对他人做了坏事，如打人、攻击、伤害或杀人，他们不能相互之间达成和解，也不能在领主或其他人面前和解，只能以合法的形式在主教面前和解。”

19. 参见珀蒂—迪塔伊，《15 世纪荷兰关于民众道德和复仇权利的新资料》，第 57 页；参见埃斯皮纳，《13、14 世纪杜埃镇的家庭战争：休战与和平》。

20. 参见珀蒂—迪塔伊，《15 世纪荷兰关于民众道德和复仇权利的新资料》，第 59 页。1297 年根特的大宪章规定当争吵发生时，相关的两个家族中的“无辜者”要立刻合法休战 14 天，而关于争吵的当事人，只要法律没有介入让其休战，他们就不休战。

21. 参见同上书，第 60 页。

22. 参见同上书，第 63—64 页。

23. 参见同上书，第 70 页。

24. 参见同上书，第 70 页。在布鲁日（Bruges）。

25. 在边境军区委员会（Comité de la Marche）内部阿基坦（Aquitaine）公爵和加斯科尼（Gascogne）公爵之间的紧张和斗争的背景下，波尔多大主教和加斯科尼公爵的兄长于 990 年 6 月 1 日在沙鲁（边境军区）召开主教、修道士和神职人员大会，第一次发起了“上帝的和平”（paix
164 de Dieu）的运动和各种和平协议，这在整个 11 世纪铺展开来。

26. 沙鲁（Charroux）主教会议（concile）以上帝的名义召开，规定了三条禁止，违反者会被革出教门：（1）禁止破坏教堂或者占有教堂的财产；（2）禁止以赃物的名义用农民或穷人的牛或家畜（羊、牛、猪等）作为抵押；（3）抵抗一切袭击神职人员的人，神职人员不能被攻击、袭击、殴打。参见博诺—德拉马尔，《11 世纪阿基坦的和平制度》，第 422—423 页。

27. 1082 年在列日，“上帝的和平”是在城里的主教亨利·德凡尔登（Henri de Verdun）的推动下为了反对私人斗争而宣布的。“上帝的和平”

运动禁止携带武器：从降临节到三王朝圣节（Epiphanie），以及从封斋前第三主日（Septuagésime）的星期日到圣灵降临节（Pentecôte）的八日庆期的最后一日（octave）。“上帝的和平”还禁止袭击、掠夺和纵火等行为。参见里斯，《论 11 世纪末上帝的休战声明》，第 508—509 页。

28. 参见博诺—德拉马尔，《11 世纪阿基坦的和平制度》，第 432—433 页。

29. 1011 年至 1014 年之间的某一年的 1 月 13 日，普瓦捷的主教会议在普瓦捷（和阿基坦）公爵纪尧姆（Guillaume le Grand）的支持下召开。这标志着世俗权力的优势（公爵）和诸多的世俗“原则”（无疑是教区的伯爵）第一次出现。这一次涉及建立世俗社会中的和平，它由宗教惩罚保障，然而这是为了建立民事诉讼程序的规则。每一个出现在普瓦捷的公爵都提供了人质，当他们没有遵守规定时，人质就会受到惩罚。此外还规定当出现不遵守规定的情况时，公爵要一致消灭罪魁祸首。参见博诺—德拉马尔，《11 世纪阿基坦的和平制度》，第 443 页。

30. 参见同上书，第 440—441 页：“今后，在出席大会的公爵的区域（pagi）内的一切争吵（altercation），以及一切关于侵占（res invasae）的诉讼［……］都要服从于公爵的法庭或法官（judex）”。

31. 关于保障，参见洛特和法蒂埃，《中世纪法国制度史》，第 2 卷，第 426—427 页；更近期的文献，参见拉米热（B. Lamiges）的博士论文，《法国从控制暴力到维护公共和平的“保障”（12 世纪末到 15 世纪末）》（*L'“Asseurement” du contrôle de la violence au maintien de la paix publique dans le royaume de France (fin XIIe siècle-fin XVe siècle)*），Université de Limoges，2013 年。

32. 参见佩罗，《王室案例：13 世纪和 14 世纪理论的起源和发展》，第 114 页。从法兰克时期开始就存在一些关于市场和集市的“地方和平”，经常出入市场和集市的人一般是由领主保护，从 13 世纪开始，他们处于国王的保护之下。

33. 参见洛特和法蒂埃，《中世纪法国制度史》，第 2 卷，第 429 页：1304 年 1 月 9 日，腓力四世禁止“我们战争期间”图卢兹地区的一切私人斗争；在 1314 年弗兰德的战争期间，他再次采用这一原则。

34. 关于对误判和法律缺失的申诉，参见富尼耶，《论上诉权利的历史和对上诉改革的研究》，第 143—168 页。对误判的申诉与权利相关，其中被审

判的一方有权质询判决，他可以去高级法院或封建君主面前声称判决是错误
165 的、不正确的，并且让他的法官投入司法决斗（或其他考验）。对法律缺失的申诉在现实中与不公正的对待（déni de justice）相符合：当领主拒绝做出判决、回避或冷待自己的附庸时，后者可以传讯自己的领主并要求他作出判决，最终他还可以去封建君主面前申诉。

35. 参见博诺—德拉马尔，《11世纪阿基坦的和平制度》，第303—395页。

36. 关于罗马和平（pax romana）和正义（justitia），参见《和平》（La Paix），第1卷，第303—395页。

37. 参见下文。

38. 关于主教和世俗公爵之间的矛盾，参见博诺—德拉马尔，《11世纪阿基坦的和平制度》。关于在这些矛盾中对民众阶层的依靠，参照布尔日（Bourges）大主教艾蒙·德波旁（Aimon de Bourbon）在1038年对所有（15岁以上的）信徒的号召——要他们宣誓加入斗争，反对破坏和平的领主。参见下一课，第176页注5。

39. 关于这些被提及的雇佣兵团体，福柯主要参考了布塔里克（E. Boutaric）的《常备军之前的法国军事制度》(Institutions militaires de la France avant les armées permanentes)，该作品详细地描述了在每次战争结束的时候把他们向犯罪的方向驱逐（关于“中世纪结队抢劫的士兵”(Routiers)，见第162—174页，特别是第240—245页；关于“大公司”(Grandes Compagnies)，见第256—263页；关于“盗匪”(Écorcheur)，见第263—265页）；参见洛特和法蒂埃，《中世纪法国制度史》，第2卷，第522—525页。

“中世纪结队抢劫的士兵”(Routiers）是雇佣兵，通常是布拉班特人（brabançons）或弗拉芒人（flamands），在12世纪整个下半叶他们被英国王室军队或法国王室军队以常备军的方式雇佣，也会被不同的领主雇佣。“大公司”(Grandes Compagnies）是雇佣兵团体，先是在布列塔尼建立，后来扩展到法国，他们被不同的领主征募，其中包括纳瓦拉（Navarre）国王查尔斯·勒莫韦（Charles le Mauvais），然后他们被解雇，击败封建军队，取得重大的胜利［例如1362年在布里涅（Brignais）的“迟来者”］。我们知道查理五世和后来的查理七世通过法令致力于组织正规军（见上一课，注40）。“盗匪”(Écorcheur）是查理七世统治期间所有被解雇的雇佣兵团体，

他们在 15 世纪 30 年代破坏勃艮第的公爵领地。

40. 参见莫拉和沃尔夫，《蓝指甲，雅克和梳毛工起义：14、15 世纪的欧洲人民革命》。

41. 关于步兵（fantassin）在军队中的起义，参见洛特和法蒂埃，《中世纪法国制度史》，第 2 卷。在 14 世纪之前，与主要由贵族组成的骑兵（cavalerie）和步兵团（infanterie）相比，步兵的地位大大地降低，这种情况在法国尤为明显。1302 年在科特赖克（Courtrai），弗拉芒武装民众反对法国骑兵取得胜利，特别是在克雷西（Crécy，1347 年）和阿金库尔（Azincourt）（1415 年），由少量骑兵和多数弓箭手步兵组成的英国军队取得胜利，这表现出骑士军队的强烈的局限性。

42. 1356 年 3 月和 1358 年 5 月的王室法令宣布城市在被解雇的士兵侵犯的情况下进行抵抗和互救的权利和义务。参见卢斯（S. Luce），《根据未发表的资料的扎克雷起义史》（*Histoire de la Jacquerie d'après des documents inédit*），Paris，Champion，1895 年，第 161—163 页。

167

1972年2月23日

I. 内生的过程（Processus endogènes）。中世纪的和平制度的作用：1/有保障的司法空间的组成，具有审判权的人作为公共权力提供保障；2/得到更好保障的税收制度的区域的组成，该区域叠加在诉讼程序上；3/武器的分配、强制力的介入、专业军队的组成和发展。II. 外生的过程（Processus exogènes）。14世纪和15世纪的危机以及大型社会斗争使司法发生变革。重要的现象：1/议会作为一切司法实践中心的职能；2/国王是主持正义的人和统治者；3/议会变为国家机器的要素。

A. 继和平制度之后

1. 第一个作用。和平制度的作用*是建立

——一个空间、一种时间、一个地点、一种时刻，在这里面私人斗争是被禁止的，

—在这里面私人斗争被单一或集体的权力机关所禁止；

* 在这里，福柯把“影响”划掉，替换成“作用”。

—该权力机关强制要求以下内容被移送到司法机构：

　　—导致或可能导致私人斗争的诉讼，

　　—以及在和平的地点或时期发生的私人斗争本身。

从此以后

—*司法*（justitia）不再是与*伤害*（injuria）相对应的受规定的一切反驳，反驳可以是斗争，而后是仲裁，然后是判决，之后是和平；

—但是*司法*，这是权力机关控制下的在法院里的一切诉讼 168
程序，而权力机关已经提前让和平占支配地位了。

当*伤害和司法*分离的时候，报复、报仇、反驳跌入*伤害*的一方，而和平由公共权力机构确立、维护、保障。

司法被有审判权的人占有，被公共权力机构指定的有审判权的人占有。

这就是和平制度的影响。

但是和平制度的作用是什么？

2. 第二个作用。创立一些区域，在这些区域中，税收制度组织得更好、更加牢固、更加有利可图。在一些行政区里，司法税收得到更好、更稳定的保障。

这些是怎样通过和平制度达到的？

a/ 私人斗争显然总是给权力机关的掌握者留有某些利

益。和解除了包括*损害赔偿金*（wergeld）以外还包括*罚款*（fredum）。[1]

但是很明显，倘若一切赔偿步骤、一切赔偿阶段都要经过司法机构，那么抽取就可以在很多个点上发生。一种持续的税收制度就叠加在诉讼程序上。

b/ 和平制度是违法行为的缔造者。从此以后，不仅*伤害*是一种可以被处以罚金的违法行为；而且非司法性质的反驳（私人斗争）也是一种违法行为，会受到罚金、充公等惩罚。

c/ 最后，和平制度具有在某些特定的情况或特定的地点保护、确保某些个人不受到军队攻击的作用。例如商人、市集里的人、整个城市。[2]

因此，和平制度代表的更多的是当事人可以购买的利益。人们出售利益。通过金钱，某个掌握威慑权力或强制权力的人可以保障和平。

由此存在关于和平的真正的哄抬价格：人们试图找最有权
169 势的人竞相许诺价格。而最有权势的人倾向于卖出更高的价格。在矛盾发生的情况下，敌对出现在和平出售者之间，而他们或多或少都是权贵。

> 举个例子：君主政体和（大封地领主）或小领主之间的矛盾。保护城市和商品有很大的营利性（由于商业的发展、由于他们设立的共同体并且前提是他们没有武装）。
>
> 在 13 世纪，国王的资产阶级的数量如此之多，以至于贵族提出抗议。在 1272 年，腓力三世（Philippe le

Hardi）把 10 年间代表国王负责行政、司法的执行官设立的诉讼代理人职位（avoueries）全部废除，并且保证不再设立。[3]

总而言之，我们看到和平制度的建立过程是怎样巩固司法的税收制度的。不但司法的诉讼程序是要付费的，而且司法制度也是要付费的。人们付费

——一旦受到司法处罚

（罚金）

—为了得到公正

（诉讼程序的代价）

—为了成为可接受审判的人

（为了得到司法的保护）。*

3. 第三个作用。武装的分配。

因此和平制度把军队的介入转变成为有利可图的司法诉讼程序（对于掌握权力和法院的人来说）。**

这种转变只能通过强制力的介入。为了使权力能够把武装

---

* 在手写稿中，接下来有一段被划掉：

"由此存在着一切围绕着这些利益来源的经济斗争（国王和大贵族、小贵族、教会、城市共同体）。"

手写稿的空白处写着这样的评注（没有被划掉）："司法，税收制度的催生之路。"

** 手写稿的空白处写着：

"司法与武器相连：

—因为司法是有利可图的

—因为司法必须保护一部分人，攻击另一部分人。"

170 斗争转变成为利可图的司法，必须让斗争（或者准备斗争）的人被剥夺武器，或者让他们在某种压力下放弃自己的武器。*

通过战争的方式，和平制度才可以建立起来。人们为了让自己的“和平与正义”占支配地位而相互斗争。

a/ 在中世纪早期，教会作为土地所有者需要和平（为了其收益的来源得到保护）。而且教会作为封建宗主、作为豁免权拥有者、作为能够独立审判者，也与和平有着利益关系。说到底，教会与和平有着利益关系是因为教会没有直接掌握武装力量以便进行惩罚。**

因此从加洛林王朝刚刚倾覆之后，教会就开始寻求和平：

—或者依靠某个领主来反对另一个领主（在沙鲁（Charroux）、利摩日（Limoges）、普瓦捷（Poitiers）主教会议时期），[4]

—或者依靠人民（艾蒙·德·波旁（Aimon de Bourbon）时期），[5]

—或者最后依靠王室权力（路易六世和苏格（Suger）→路易九世）。[6]

b/ 同样，城市也需要和平。尽管在军事方面存在某些劣

---

* 手写稿的空白处写着：“正义：战争的继续。建立在力量关系的基础上。”

** 手写稿的空白处写着：

“对和平做出贡献的三个机构：

—教会

—城市

—沉重的封建制度。”

势，但是城市仍然具有防御和战斗的能力。

—城市带着司法独立[7]的重要诉求，为了反对其（教会或世俗）领主，做了什么？

—在这场战争中，上层权力（大领主、国王）依据自身的利益参与其中：也就是说为了构建自身的和平，换句话说：—他们的税收制度

—他们的军队。

c/ 我们由此看到基本的进程在司法的建立中是怎样开始的。就是外部雇佣兵军队的出现。[8]

事实上：

—陈旧的封建军队引起封臣、附庸甚至是某些自由农民之
间的斗争，这样一方面就要求所有人都要武装起来；另 *171*
一方面要求封建宗主去依靠封臣的善意。

怎样让和平占统治地位？怎样通过战争来强制禁止战争？倘若统治者发现自己依赖于自己的封臣，而这些封臣是武装力量的掌控者，怎么办？

对此，大领主承认，一旦自己希望依靠城市反对自己的附庸就会带来许多麻烦，反之亦然。

使用外国雇用兵的军队能够通过战争建立起和平，而对于那些我们想要把和平强制带给的人，不能武装他们，也就是说，他们是我们所希望的服从于税收制度的人。

因此，专制的并且课税严重的司法制度一方面与和平的建立相关联，另一方面与职业军队的出现和发展密切相关。

我们考虑到一切因素都倾向于军队的结集和中央集权，并且以司法的国有化为限。

—其中，司法与税收制度的联系构成收入来源，最富有的人试图把这些收入来源集聚在自己的掌控中。

—其中，司法与和平制度（以及远离私人斗争）的联系是力量关系（rapport de force）的结果，必然对更强势的一方有利。

—最后，司法对职业军队的依赖使其被集中在最富有和最强大的人的掌控中。

在这里要插一段方法论方面的题外话。

—司法形式（法律基本原则同时还有诉讼程序规则）或许真的说明、表达一定的经济关系；

—司法判决的主要作用或许真的是延续生产关系；

—然而存在另一个层面，司法机关的作用在这个层面显露出来。在该层面司法机关既不是经济关系的表达，也不是经济
172 关系的延续。它作为权力关系处于经济关系中，并且改变经济关系：它把经济关系写入权力关系之中并且将其改变。

像司法机关这样的机关不仅仅是表达或再生产的工具。[9]

这样的机关是体系的一种，通过这些体系：

—政治得以通过经济进行投资，

—政治得以嵌入经济。

它同时确保

—政治在经济中普遍存在，

—政治和经济的距离。

倘若我们仅以封建制度为例，我们可以通过司法机关（但也可以通过军事机关或宗教机关）看到，

超权力（sur-pouvoir）、剩余权力（plus de pouvoir）是怎样从准许封建地租存在的过度生产中被提取的

—在这基础上地租本身显然被需要，

—然而在这基础上生产形式和生产关系发生转移。

但在对国家的一个机关的研究中无疑要区分：

—该国家机关的结构：本质上是镇压的；

—该国家机关的战略（判决的战略），它被引导着指向再生产，

—该国家机关的作用，作为机关它表现出权力关系和生产关系之间的规则。*

* 接下来的一段被划掉：

“权力关系没有与经济关系相重叠。它们共同组成一种独特的结构。权力关系与生产关系一样深远。它们不会相互削减。它们互相延续。”[10]

B. 然而直到现在我们只研究了内生的过程

—封建地租、武装斗争、专制司法之间的规则

173 —以及在这些规则中导致司法集中和武装权力加强的过程。

这里描述的是一种倾向的过程，它从自身中发展起来。

然而一种运动横贯了该过程，这种运动使该过程加速并使国家能够建立起来，或者至少使国家的某些基本形式能够建立起来。

这种运动就是 14 世纪的大危机。[11]

—该危机开始于 13 世纪，当内部的殖民化运动达到了上限并且（持续多个世纪的）人口扩张遇到了挡板的时候：

—人口相对过剩曾导致人民运动（在城市里尤为敏感，在城市里手工业者反对贵族），[12]

—然而这使职业军队、外部雇佣兵军队得以发展，由此有了镇压的可能性。

—但是反常的是，该危机开始的时候正是 14 世纪黑死病导致人口锐减的时候，劳动力突然变得稀缺。[13] 这可以通过以下方面表现出来：

—最贫瘠的土地被搁置，

—工资和物价上涨，

—封建地租的价值下降（关于价格的相对价值；关于

工资的绝对价值），

—领主的强制权力下降。

随之而来的是领主试图重建封建制度，特别值得一提的是他们对战争的反应：掠夺、强取、赎金：“战争的好处”在于接替规律的封建抽取。

但是与此同时，人民斗争的可能性得以加强：

—劳动力稀缺。工人可以要求涨工资。饱受领主代理人纠缠的佃农离开自己耕种的土地去寻找新的土地。

—在军事方面，民众阶层变为一种力量；他们在战争中被需要、被召集或者被征募成为雇佣兵；他们学习战斗；他们拥有武器。[14]

而 14 世纪至 15 世纪的大型社会斗争就处于这些过程 174
之中：

—一些社会斗争，主要是城市斗争，是与城市资产阶级一起的或者是反对城市资产阶级的：

铅锤党（Maillotins）

卡博什暴动（Cabochiens）[15]

—还有一些社会斗争，主要是农民斗争，常常把城市人口卷入其中（［1381 年］英国；［1363 年］法国）[16]

—最后，其他的斗争是雇佣兵军队，他们被遣散或成为无业游民，他们为了自己的利益而斗争。例如：迟来者（Tard-Venus），（法国百年战争期间的）盗匪

(Écorcheur)。[17]

从规模和其调动的民众力量的重要性方面来讲，这些斗争是前所未有的。特别是从疲惫不堪的封建主无力回应的角度来看，这些斗争是新事物。没有中央集权下的武力和财源，封建主就没有办法回应斗争。而摆脱了上面每一次起义的王室权力更加得以巩固。对于封建主来说，中央集权的军队，也就是中央集权的财政，这些都是必不可少的。

不应该出现这样的错觉：大封地领主或亲王大家族（奥尔良人（Orléans）和勃艮第人（Bourguignons），兰开斯特王朝（Lancastre）和都铎王朝（Tudors））之间的敌对也许暂时性地遮掩了国王本人：这些敌对明确地表明了这样的事实——君主制度正在变为封建权力的战略点、关键之所在。

精神失常的国王规定了专制制度（absolutisme）。[18]

然而对于司法变革来讲，这个充斥着大型社会斗争、外部雇佣兵军队和中央集权下的财政的时代是一个具有决定性的时代。中央集权的缓慢的过程加速了。*

存在四种重要的现象：

* 在这一页背面，我们看到一句被划掉的内容："不要忘记定义专制主义的人就是查理六世。"[19]

1.* 议会[20]

a/ 起初，议会与领主法院没有什么差别，

—议会曾是由国王的亲信和顾问组成；

—他们在国王的要求下或根据发生的事件不定期地聚集起来，

—议会不具有司法特色，[21] 175

—当涉及王室范围时、当涉及国王的领主权利或当涉及封建问题时（国王作为封建君主要解决臣属的问题），议会才会作为法院发挥作用。[22]

b/ 然而从13世纪末开始并贯穿于整个14世纪，议会的职能扩大并根据一定数量的法令组织起来。[23]

—议会的职能[24]扩大，议会有权受理关于国王的案件；议会强调国王—封建君主的税收权利；

—大封臣声称自己是国王的重臣，要求由国王直接审判，而议会理所当然地成为大封臣的法庭；

—某些人通过委*托*（*Committimus*）信获得特权，而议会成为这些人的直接的法庭；[25]

—当涉及不同法院之间的权限问题时，议会作为争议法庭（tribunal des conflits）发挥作用；

—议会也是一个上诉法庭。

---

* 在这一课福柯只提及了议会（标号为“1”）。

议会作为一切司法机构的司法发挥作用。当涉及以下情况时都会是议会（和国王，其中议会是国王的顾问）出面：

——一切与其他司法机构无关的事情，

—司法机构之间的一切争议，

—对已经判决过的法院的一切上诉。

议会覆盖到一切司法实践活动。归根结底，一切都会通到议会。议会是对一切司法实践的总体的司法控制。

从此以后形成这样一条理论，而且该理论是14世纪特有的，这条理论是这样的：[26]

(α) 司法完全来自国王：国王是“司法之源”(fons justitiae)。国王只掌握来自上帝的司法。

(β) 大贵族只有在国王授权他们行使司法的范围内才是具有审判权的人。博马努瓦尔（Beaumanoir）断言国王在封地上拥有一切世俗法院。[27]

(γ) 当国王提审一个案件，或者当一个案件（通过上诉或缺少权利的方式）被提交给国王的时候，国王只能把自己的职权授予一个法院。

176 因此国王不是作为封建君主来行使司法权，国王也不是作为封建领主或以类似于封建领主的身份而成为具有审判权的人。

—作为统治者的国王是具有审判权的人，这是理所当

然的，

—通过权利的让与，领主作为封地上的封建君主是具有审判权的人，而封地是国王让与他的。

议会，起初是封建法庭，变为了最高权力的组成部分，变成了国家机器的要素。

注释

1. 参见上文，1972 年 2 月 2 日的课程，第 119 页和第 124—125 页，注 32；1972 年 2 月 9 日的课程，第 133 页和第 144 页注 21。

2. 参见佩罗（E. Perrot），《王室案例：13 世纪和 14 世纪理论的起源和发展》(*Les Cas royaux: origine & développement de la théorie aux XIIIe siècle et XIVe siècle*)，第 114 页。从 13 世纪开始，王室权力保留了对新市场设立的垄断并增加了废弃领主旧集市的理由；在 14 世纪，只有国王才有权保护集市和市场，并且只有国王本人才可以为商人去集市时所使用的安全通行证（sauf-conduit）提供保障。

3. “国王的资产阶级”(bourgeois du roi) 是一些自由人，尽管他们的住所在封地里，但是他们可以摆脱领主的法庭而只从属于国王的法庭，他们只要以实物或者金钱的形式给国王缴纳一定的使用费就可以了。我们谈到存在于封建法律中的诉讼代理人职位（avoueries)，在一定的条件下，这允许一个人供认另一个领主手下的其他人。由此国王的资产阶级享有国王的保护。在 13 世纪，国王的资产阶级数量增加，由此引发了领主的抱怨。于是在 1272 年通过法令的形式，腓力三世（Philippe le Hardi）把 10—12 年间代表国王负责行政、司法的执行官设立的诉讼代理人职位全部废除。参见吕歇尔（A. Luchaire)，《法国制度手册：直系卡佩王朝时期》(*Manuel des institutions françaises: période des Capétiens directs*)，日内瓦，Megariotis Reprints，1979 年［第 1 版，巴黎，Hachette，1892 年］，第 392 页；参见佩罗，《王室案例：13 世纪和 14 世纪理论的起源和发展》，第 118—

120页。

4. 参见博诺—德拉马尔（R. Bonnaud-Delamare），《11世纪阿基坦的和平制度》（*Les institutions de paix en Aquitaine au XI*^{e} *siècle*），第419—472页。在沙鲁（Charroux）主教会议上，宫波（Gombaud）依靠加斯科涅（Gascogne）公爵和马尔什（Marche）伯爵反对阿基坦公爵的权威；而对于普瓦捷（Poitiers）的伯爵，阿基坦公爵反而起到了不可小觑的作用。对于里摩日（Limoges）主教会议，很难了解福柯说的是不是991年至998年间召开的那一场主教会议（其中博诺—德拉马尔对其真实性提出异议），或许更可能是1031年由里摩日的若尔当（Jordan）召开的主教会议，他命令把和平置于主教的权威下，其中阿基坦公爵纪尧姆（Guillaume）起到了服从的作用。

5. 参见博诺—德拉马尔，《11世纪阿基坦的和平制度》，第474—487页；参见上一课，第165页注38。布尔日（Bourges）的大主教，艾
177 蒙·德·波旁（Aimon de Bourbon）让教区内所有15岁以上的信徒宣誓为了保卫和平而抵抗敌人。这个宣誓主要是反对领主。

6. 苏格（Suger）神甫（约1080—1151年）是圣德尼（Saint-Denis）的神甫，是路易六世和路易七世的顾问，在王室意识形态的形成中起到了根本的作用。特别是他在《胖子路易六世的生活》（*Sa Vie de Louis Vl le Gros*）（1040年）中坚持君主制是除了教会以外建立和平的根本之所在。参见克里南（J. Krynen），《国王的帝国》（*L'Empire du roi*），第36—42页。在福柯所在的时代中，关于苏格的重要引文出处仍然是欧文·潘诺夫斯基（Erwin Panofsky）的著作《哥特式建筑与神学院修士思想》（*Architecture gothique et Pensée scolastique*），之后还有《圣德尼的苏格神甫》（*L'abbé Suger de Saint-Denis*），皮埃尔·布迪厄（Pierre Bourdieu）译并写下后记，巴黎，Minuit（"Le sens commun"丛书），1967年。

7. 关于"城市的和平"的建立，以及因为世俗或宗教领主拒绝承认城市的和平可能导致的反对世俗或宗教领主的起义，福柯主要参考了莫尼尔（R. Monier）的《弗拉芒的司法制度——从起源到习惯法的编撰》（*Les Institutions judiciaires des villes de Flandre, des origines à la rédaction des Coutumes*）[见上文，第122页，注16]，第68—76页。莫尼尔举了个例子：康布雷（Cambrai）居民为了建立"被称为和平"（quam pacem nominant）的公社而反对他们的领主—主教的起义。参见皮雷纳

(Pirenne),《城市和城市制度》(*Les villes et les Institutions urbaines*),第1卷,巴黎,Alcan,1939年。

8. 关于这种变化,福柯参考了布塔里克(E. Boutaric)的《常备军之前的法国军事制度》(*Institutions militaires de la France avant les armées permanentes*),见上文;参见洛特(F. Lot)和法蒂埃(R. Fawtier)《中世纪法国制度史》(*Histoire des institutions françaises au Moyen Âge*),第2卷:王室制度,见上文,第511页。关于更近期的文献,参见孔塔米纳(P. Contamine),《中世纪末期的战争、国家和社会:关于法国国王军队的研究(1337—1494)》[*Guerre, État et société à la fin du Moyen Âge. Étude sur les armées des rois de France (1337—1494)*];参见卡厄佩(R. W. Kaeuper),《战争、司法和公共秩序》(*Guerre, Justice et Ordre public*)。

9. 这里涉及对马克思主义的历史唯物论的双重批判:(1)它把司法机关和其形式缩减为表达经济关系的上层建筑,归根结底该经济关系对其作出限制。颁布一部新的法律(例如中世纪的经商法)只会是对生产关系转变的表达和迟来的惩罚,这是逐步完成的,不会被法律先知晓。至少我们要注意到,就如阿尔都塞(Althusser)所说的,在关于一个问题的马克思主义的思考中,法律的地位经常会受到热烈讨论,这个问题在于了解在法律允许生产关系发挥作用的范围内,"法律是否属于上层建筑,或者更恰当地说,法律是否不会属于'生产关系方面'"[阿尔都塞(L. Althusser),《再生产》(*Sur la reproduction*)(1969—1970年未出版的手写稿)(manuscrit inédit de 1969—1970),雅克·比岱(Jacques Bidet)作序,巴黎,PUF,1995年,第197页]。我们在普兰查斯(Poulantzas)那里可以找到关于司法—政治结构和更复杂的经济结构之间的关系的观点。(参见普兰查斯(N. Poulantzas),《关于法律上的马克思主义》(*À propos de la théorie marxiste du droit*),载于《法哲学汇编》(Archives de philosophie du droit),1967年,第145—147页,和《政治权力与社会阶层》(*Pouvoir politique et Classe sociale*),巴黎,Maspero,1968年)他认为司法—政治层面是相对自主的,它以非常深入的方式介入经济关系之中,尽管归根结底是经济关系起到决定性的作用。在这里,福柯的论点表现得更为根本:特别是在中世纪,司法机制被当作客体(*objet*)纳入流通中,同时司法机制也被当作流通、没收、集中的基本工具(instrument)纳入财富积累之中。正如福柯同时期在《关于人民司法》(*Sur la justice populaire*)((DE,II,第108

号），第 354 页 / 第 1224 页）中所说："我反对刑事体系是一个模糊的上层建筑这样的观点。刑事体系在当今社会的划分中起到组成的作用。"而该机制在根本上是与力量关系相连接的。

178 这样的立场导致福柯反对：（2）把权力机构缩减为生产关系的再生产工具，这是在对阿尔都塞关于国家机器的分析中的主要论点（见下面的注释）。对于福柯来说，权力关系完全与生产关系一样根深蒂固，并且两者相互作用——后面他会在《惩罚的社会》和《真理与司法形式》中更加清楚地解释这一问题：关于强制—惩罚制度，和年轻的马克思一样，福柯不可能承认"劳动"（travail）是"人类具体的本质"（l'essence concrète de l'homme），并且在人和劳动之间存在着分析性的联系。他在《惩罚的社会》（特别是第 236 页、第 245 页注 8）中再次提起这一点，人类"具体的本质"或者"人类具体形式的存在"还有节日、性和快乐。"劳动力"本身不是分析方法的背景："为了让人们有效率地［……］与劳动联结起来，需要有［……］一系列复杂的操作，这样人们有效地——通过综合的方式而不是分析的方式——与生产机器连接起来"（《真理与司法形式》（DE，II，第 139 号），第 621—622 页 / 第 1489—1490 页）。换句话说，权力关系是组成部分并深深地扎根于生产关系中：它们起到的作用不局限于这些关系的再生产。

10. 国家机器、特别是国家意识形态机器保障的"再生产"（reproduction）主题具有很大的现实意义。阿尔都塞的著名的文章《意识形态与国家意识形态机器》（*Idéologie et appareils Idéologiques d'État*）就是于 1970 年 6 月刊登在《思想》［La Pensée，第 151 期，第 3—38 页，这篇文章出自名为《生产关系的再生产》（*Sur la production des appareils de production*）上的手写稿，出版时的名称为《再生产》（*Sur la reproduction*），见上文］。阿尔都塞的中心论点是只能是从生产条件的"再生产的角度"、特别是从生产关系的再生产角度来分析国家、法律和意识形态的作用（参见《再生产》，第 83—84 页、第 275—276 页），国家、法律和意识形态也是《刑事理论与刑事制度》研究的三个主题（关于意识形态的问题我们将会在 1972 年 3 月 1 日和 8 日的课程中讲到，福柯换成了关于知识的问题）。

同样是在 1970 年，布迪厄（Bourdieu）和帕斯隆（Passeron）发表了《再生产—— 教育系统理论的要素》（*La Reproduction. Éléments pour une théorie du système d'enseignement*，巴黎，Minuit），这篇文章的目的是"通过再现后天培养的资产阶级课堂里不平等分配的办法，分析正确的教学法机制，学校以此再生产课堂关系结构”，这篇文章特别是引入了“象征性的暴力”（violence symbolique）的概念，在这里阿尔都塞喜欢区分镇压性国家机器和意识形态机器，前者的运转方式是战胜暴力，而后者的运转方式是战胜意识形态（福柯反对这种区分）。我们可以在后面的课程中再次见到福柯的目的，特别是在《惩罚的社会》中，他的目的是强调权力关系在生产关系中“*组成的*”（*constituant*）作用：权力关系是生产模式真正的建立和转变条件，无论是关于人们对“劳动力”的组成，还是关于财富流通的积累过程（参见前面的注释和第 11 号笔记中 1971 年 10 月 28 日的内容的节选，见 1972 年 1 月 179
19 日的课程注 11。）

11. 关于大型危机和其导致的社会后果，参见莫拉（M. Mollat）和沃尔夫（P. Wolff），《蓝指甲，雅克和梳毛工起义：14、15 世纪的欧洲人民革命》（*Ongles bleus, Jacques et Ciompi. Les révolutions populaires en Europe aux XIV*^{e} *et XV*^{e} *siècles*）。

12. 莫拉和沃尔夫在《蓝指甲，雅克和梳毛工起义：14、15 世纪的欧洲人民革命》（第 13—90 页）中分析了这些使“*领导者*”（*magnati*）和“*平民*”（*popolani*）、“*蓝指甲*”（*ongles bleus*）和“*白手*”（*mains blanches*）之间对立的运动。他们特别地谈到了 13 世纪下半叶和 14 世纪上半叶的弗朗德勒（Flandres）、意大利北方和帝国的城市。

13. 参见上文，第 91—270 页；珀蒂—杜太利（C. Petit-Dutailly）的《历史前言》（*Introduction historique*），收录在安德鲁·雷维尔（André Réville）的《1387 年英国工人起义》（*Le Soulèvement des travailleurs d'Angleterre en 1387*），巴黎，Picard，1898 年，第 29—53 页；参见迪比（Duby），《中世纪西方的农业经济和农村生活》（*L'Économie rurale et la vie des campagnes dans l'Occident médiéval*），第 2 卷，第 171—265 页。

14. 见上一课，第 159—160 页。

15. 铅锤党（Maillotins）运动于 1382 年 3 月在巴黎爆发，一名收税官想要扣押一名推车贩卖果蔬的流动女摊贩的商品，后者大喊“降低税收！”这掀起了反对收税官的暴力浪潮。暴动者夺取了保存在夏特莱（Chatelet）的铅锤并集结了一部分巴黎的“莽汉”，而国王和领主躲藏在万森纳（Vincennes）。起义快速结束并遭到严酷的镇压。参见莫拉和沃尔夫，《蓝指甲，雅克和梳毛工起义：14、15 世纪的欧洲人民革命》（第 172—173 页）；参见米罗（L. Mirot）的《查理六世在位初期的城市起义》（*Les Insurrections*

urbaines au début du règne de Charles VI)[见上文，第 80 页，注 8]，第 109—143 页。

卡博什暴动（les Cabochiens）以其领导者之一命名，（屠宰场里）剥皮工人刀剪匠西蒙（Simon Le Coutelier），人称卡博什（Caboche）。该运动于 1413 年在巴黎暴发，在阿马尼亚克人（Armagnacs）和勃艮第人（Bourguignons）内战的动荡的背景下发生。卡博什暴动联合人民运动，由巴黎肉店老板发起，他们是发了财的社会阶层但是却不享有其他资产阶级阶层的威望；改良主义的渴望在一些地区被表达出来，1413 年 1 月无畏的约翰（Jean Sans Peur）把这些地区集结起来然后有了被称作是“卡博什”（cabochienne）的法令，该法令的目的是与王室代理人作斗争和行政改革；面对勃艮第的政治困境，无畏的约翰依靠肉店老板和改革者反抗政治敌人——阿马尼亚克人（Armagnacs）和王储。在 1413 年 4 月到 8 月期间，起义包括全部的示威活动、入侵王储的住所、然后是入侵国王的住所、处死勃艮第的各种敌人等。参见莫拉和沃尔夫，《蓝指甲，雅克和梳毛工起义：14、15 世纪的欧洲人民革命》(第 229—240 页)。

16. 于 1381 年发生在英国的起义被称为劳动者的起义（soulèvement des Travailleurs），对于该起义福柯已经积累了详尽的资料，他似乎在该起义中看到对后来的赤脚汉起义的镇压的写照。他写下“镇压主要是军事性的”，伴随着“与军队行动平行的法院活动”(关于安德鲁·雷维尔的《1387 年英国工人起义》的笔记)。1381 年的起义开始于埃塞克斯郡（Essex）和肯特郡（Kent）的乡村，起义的直接原因是反对税收措施的斗争，而该税收措施是为了资助对法国的战争。起义主要是由沃特·泰勒（Wat Tyler）和传教士约翰·鲍尔（John Ball）发起，后者是检举贵族和富翁的讲道者负责人（“当年亚当夏娃，男耕女织，可有尊卑乎?”(When Adam dalf and Eve spun /where was then the gentleman ?)(译者注：应写为 When Adam delved and Eve span, Who was then the gentleman ?))，运动达到了相当广泛的规模，占领了包括坎特伯雷（Canterbury）在内的数座城市并
180 向伦敦进军。在那里，运动得到了部分伦敦人的支持，运动进入城市并且迫使国王理查二世（Richard II）接受种种要求（废除农奴身份、废除关于劳动者的法规等)。其他运动在萨里（Surrey）或诺福克（Norfolk）爆发。泰勒去世之后，伦敦的运动最终遭到镇压并且诉求被废除，而郊区的运动也被粉碎。参见安德鲁·雷维尔，《1387 年英国工人起义》；参见莫拉和沃尔夫，《蓝指

甲，雅克和梳毛工起义：14、15世纪的欧洲人民革命》，第186—210页。

而对于1363年的起义，福柯想到卢钦斯（Luchins），这是一群背井离乡的农民和手工业者团伙，他们于1363年（在圣炉（Saint-Four））至1384年之间造反，他们首先在上奥弗涅（Haute-Auvergne）以及朗格多克（Languedoc）的乡村活动，然后占领了各个城市例如尼姆（Nîmes）、蒙彼利埃（Montpellier）、贝济耶（Béziers）、卡尔卡松（Carcassonne）等。参见莫拉和沃尔夫，《蓝指甲，雅克和梳毛工起义：14、15世纪的欧洲人民革命》，第180—185页。

17. 参见上文，上一课，第165页注39。

18. 勃艮第派和奥尔良派在查理六世的国王参事院（Conseil du Roi）中为了争夺影响力而相互对立，而国王从1392年开始患上了精神病。矛盾存在于腓力三世（Philippe le Hardi）和路易·德·奥尔良（Louis d'Orléans）之间，前者是勃艮第公爵和国王的叔叔，后者是国王的兄弟。矛盾是关于越来越强大的勃艮第的公爵领地的发展和王室权力的巩固。其中王室权力使国王参事院成为一个对占有资源、权力和放置客户群具有决定权的地方。此外他们的矛盾还在于反对英国人的持久战争中。当无畏的约翰继承了腓力三世的公爵地位之后，敌对找到了出口：1407年，他派人谋杀路易·德·奥尔良，而后发动勃艮第人和奥尔良人（而后是阿马尼亚克人）之间的内战，其中他联合英国人并控制法国国王个人都是关键之所在。1419年无畏的约翰被谋杀，新的国王查理七世在对抗英国人的战争中取得一系列重要的胜利。这一切在1435年随着阿拉斯条约（traité d'Arras）的签订而正式结束。

提到兰开斯特（Lancastre）和都铎王朝（Tudors），这无疑是在暗示14世纪末和15世纪兰开斯特王朝（Maison de Lancastre）对英国王室命运的重大的影响力，从冈特的约翰（Jean de Gand）（被指爱德华三世去世时想要掌权）开始，然后是亨利四世罢免理查二世（Richard II）（后者是兰开斯特家族中冈特的约翰的儿子），直到玫瑰战争（Guerre des Deux-Roses）（1455—1485），其中约克家族（Maison d'York）和兰开斯特家族的对抗以兰开斯特家族的亨利·都铎（Henri Tudor）也就是亨利七世取胜而告终。

19. 似乎福柯参照这样的事实是想要表明尽管国王精神失常，国家仍继续运转。

20. 关于议会，福柯主要参考迪库德雷（G. Ducoudray），《巴黎议会起源和13、14世纪的司法》（*Les Origines du Parlement de Paris et la*

justice aux XIIIe et XIVe siècles)，巴黎，Hachette，1902 年（Fonds Bnf）；参见洛特和法蒂埃，《中世纪法国制度史》，第 2 卷，第 332—511 页。

关于议会的参考书目非常多。最早关于巴黎议会的还有：奥贝尔（F. Aubert），《源于弗朗索瓦一世的巴黎议会史（1250—1575 年）》（*Histoire du Parlement de Paris des origines à François Ier/*（1250—1575）），第 1 卷：组织；第 2 卷：能力和职权，巴黎，1894 年；奥特朗（F. Autrand），《国家高级官员的诞生：巴黎议会里的人（1345—1454 年）》[*Naissance d'un grand corps de l'État: les gens du Parlement de Paris*（1345—1454）]，巴黎，1981 年。

21. 参见迪库德雷，《巴黎议会起源和 13、14 世纪的司法》，第 26 页。

181 22. 参见同上书，第 25 页。

23. 迪库德雷在《巴黎议会起源和 13、14 世纪的司法》中描述了这些法令，第 57—75 页。这些法令从 1274 年腓力三世（Philippe le Hardi）的统治下开始生效，直到 1417 年查理六世在位期间失效。这些法令逐渐勾勒出议会的结构、议会下面不同的机构（调查庭（chambre des enquête）、诉状审理庭（chambre des requête）、大法庭（Grande Chambre）等），还有议会的组成、诉讼程序等。参见洛特和法蒂埃，《中世纪法国制度史》，第 2 卷，第 332—354 页。

24. 为了描述议会的各种职能，福柯紧跟着迪库德雷在《巴黎议会起源和 13、14 世纪的司法》（第 304—315 页）中的思路。书中相继把议会介绍成为"领主国王"和"封建君主国王"的辩护人；"贵族法院"；"特权享有者的法院"；"一切司法的仲裁人"和"争议法庭"；"上诉法庭"；等等。

25. *委托*（*Committimus*）信允许一部分人得益于国王和国王周围亲近的人而享有特权，特别是享有与国王同席者或官员的特权，他们可以看着关于自己的案件由诉状审理庭而不是大法庭审理，甚至可以享有法国贵族的特权：初审和终审直接由国王的法庭审判。参见迪库德雷，《巴黎议会起源和 13、14 世纪的司法》（第 313 页）。特别要参见洛特和法蒂埃，《中世纪法国制度史》，第 2 卷，第 420—421 页。

26. 关于这一段内容，福柯主要参考了塔迪夫（A. Tardif），《13 世纪和 14 世纪的民事和刑事诉讼程序》（*La procédure civile et criminelle aux XIIIe et XIVe siècles*）或《承上启下的诉讼程序》（*Procédure de transition*），巴黎，Adolphe Picard/L. Larose & Forcel，1885 年，第

9—12 页。

27. 参见塔迪夫，《13 世纪和 14 世纪的民事和刑事诉讼程序》，第 10 页。“我们非常迅速地得出公法方面的一条基本原则：一切司法都来源于国王。从 13 世纪末开始，博马努瓦尔（Beaumanoir）和《亚多亚习惯法汇编》（Coutumier d’Artois）的匿名作者断言国王在封地上拥有一切世俗法院。大贵族从国王那里得到司法权利的法定占有或掌握，然而国王个人不占有或掌握司法权利。”

183

1972 年 3 月 1 日

概要：13、14 世纪的社会危机和社会斗争导致王室权力集中，并使王室司法确立，这在议会制度中表现出来。国家司法的三个特征：普遍性（universelle）、强制性（obligatoire）和委派性（déléguée）。——另外两种措施：1/ 与国王相关的案件的发展；国王的法院的扩展，随之而来的影响是对王室—国家（royaume-État）的新定义，还有关于危害公共秩序的犯罪的刑罚新范畴。刑罚的新领域，用于惩罚使权力颁布的规则中断的行为。2/ 王室检察官的设立：把他们的职能扩展到控告，伴随而来的是理论—实践的后果：一切犯罪都对权力造成损害，国王变为法官和当事人。——对于刑事体系的进展的双重影响：(1) 刑事和民事的分离；(2) 用服从和惩罚代替战争和赔偿。刑罚服从于政治机构。犯罪变为对权力的攻击。政治犯罪和普通刑事罪的对立成为 19 世纪刑罚的核心片段，掩饰了刑事体系的政治职能。

引言

封建制度的危机致使中央集权性质的王室权力组织起来，这是面对 13 世纪至 14 世纪的人民运动的唯一办法。

这种中央集权包括：

—职业军队的组建；

—国家税收制度的组织；[1]

—王室司法的确立，该王室司法同时：

—既有对该税收制度的控制权，

—又是该税收制度的要素。

这种中央集权性质的司法首先在议会制度中表现出来。

—议会只是国王的顾问，或者更恰当地说，国王处于自己的议会中。

—议会表明国王不仅仅是作为封建主具有审判权，而且是作为统治者具有审判权。

—议会表明国王的司法不仅高于其他一切司法，而且它是 184
其他一切司法的准则和起源。

国王作为统治者（而不仅仅是作为领主）是具有审判权的人；不再是由臣属或垄断势力的誓言来奠定具有审判权的人/被审判的人的关系；是国王的加冕礼使一个人变为具有绝对审判权的人，并且准许他：

—为寻求公道的人作出判决，

—即便是对于没有这个需求的人也可强制审判，

—把行使司法的权力让与给他指定的人*。[2]

普遍性的、强制性的、暂时性地让与。这是国家司法的三大特征。

[*]

必须加上另外两种措施，或者更确切地说是另外两项改革，这两项改革引发一系列措施，这些措施被分布在接下来的一个多世纪里。

1. 王室案件的规定[3]（直到16世纪至17世纪，人们更倾向于称之为“享有特权的案件”、“属于国王的案件”）。

—起初这些案件是关于王室方面的：涉及一切触及国王的土地的所有权、继承、课税、损害等方面的案件，而国王是这些土地的领主；

—一切对国王的人身、国王的官员、国王允诺予以保护的那些人所构成危害的犯罪也曾是“专有案件”。这也是封建性质的案件，而人们实施惩罚时带有特殊的严厉性，因为国王已经指出这些案件带有统治权的特征。

—此外对国王的货币、官印、标志构成的犯罪也被看做是“王室案件”。损害到王室享有的特权。[4]

---

* 在手写稿中“让与”一词重叠在“委派”一词上面。

—然而在14世纪，我们看到一些构成王室案件的新的犯罪出现：

—武器携带（portatio armorum）：在明显的非战争状态集体（至少十个人）携带武器，除非是士兵；[5]

—在大路上对商人、车队的攻击；[6]

—对国王在整个王国范围内颁布的法令所做出的违法 185
行为。违背国王的命令，就是违抗国王的司法。命令的权力和审判的权力具有相同的外延。[7]

王室案件的规定表现出来的是：

a/ 对王国—国家的某种新的定义。

王国不再局限于领域加上通过臣属关系连结的土地；［而是］*

—武装力量在控制下的流通之地，

—商品和财富的传递之网，

—命令、禁律和判决的有效之空间。

王国，这是控制下的商品、武器和规定的流通场所。因此王国不再只是：

—与同一封建君主权相关的一切的集合，

* 似乎有必要把手写稿中被划掉的“是”重新加进来。福柯曾想要改变王室领地变革的介绍顺序。

—和平、保护和王室保障被专制性地使用的一切场所。

王国是关乎经济、军事、立法秩序之地，

—因此国王的新形象被勾勒出来：

—他不再只是封建君主或统治者，

—他是秩序的捍卫者，是公共秩序捍卫者，这种公共秩序的特征是对武器中央集权式的控制、商品交换的安全性、对统治者的规定的服从。

b/ 然而与这种君主—秩序的捍卫者相应出现一种新的刑罚领域，涉及的

—不再是对个人的损害，

—也不是对统治者封建权利的侵犯，

—而是对公共秩序构成的违法行为。

确切地来说：

—涉及的违法行为是已经存在的。尽管存在王室案件，它却并没有创造出新的违法行为，

—但是刑罚却有了新的范畴。

186 (α) 在此之前，为了定义违法行为（启动司法程序），必须存在受到损害的一方、损害和受害者。

(β) 封建君主可以在受害者背后对其提供保护、为其谋求和平或调停。

(γ) 然而在“王室案件”中，受害者或者甚至是损害都不是必须存在的。“武器携带”没有伤害到任何人；对

法令犯下的违法行为可以没有造成损害。在王室案件的情况中，为了定义犯罪，必须存在违背国王命令的情况；必须存在扰乱合法秩序的情况。[8]

刑罚的历史中基本的事件。

—不再是仅存在损害就能导致司法方面的辩驳。

—同时，有时仅仅是秩序的中断（甚至没有造成任何损害）就足矣。

—在大路上攻击某人，这不仅仅是对某人造成损害；这也是打破秩序，因此也就是攻击保障权力机关的人。

—武器携带，没有伤害到任何人，但这是对秩序的威胁，并损害到维护秩序的人。

—触犯法令，这不是对公有利益或国王的领主造成损害，而是攻击颁布法令的权力机关。

在对损害进行惩罚的刑罚背后和其旁边，出现一种有时独立于此的刑罚，这种刑罚对破坏秩序以及单纯地破坏权力颁布的规则的行为进行惩罚。

注意

1/“王室案件”的历史是一部具有广阔的外延的历史：

在1670年的法令中，国王的手下（皮索尔（Pussort））拒绝对王室案件作出详细的规定。[9]

—在18世纪，理论学家把犯罪定义为损害

—或是对于个人利益

—或是对于公共利益

（穆雅尔·德·沃格朗（Muyart de Vouglans））[10]。

187 —但是我们可以说 1810 年的刑法典已经完全普及王室案件的理论。启动刑事诉讼的不是对他人构成的损害，而是触犯法律的犯罪；犯罪受到法律的惩罚。

“法律以……处罚的违法行为是违警罪”(contravention)、“轻罪”(délit)、“重罪”(crime)。[11]

从这一点来看，* 应受惩罚的行为是通过它与权力的关系来定义的，例如拒绝服从权力下达的命令或扰乱权力建立的秩序。

应受惩罚的行为在本质上不再是损害而是犯罪；犯罪侵犯到权力，即便它没有侵害到人身。犯罪的首要受害者、最普遍的受害者、最恒定的受害者不再是身体、财产、名誉、他人的权利，而是秩序。

2/ 我们仍然与“王室案件”的时代相距甚远。直到 14 世纪才有了刑罚的特殊领域，然而这是一个全新的领域，却已经成为封建法律不可或缺的一部分。

—在 13 世纪，当对国王保护的个人犯下罪，国王就会提审罪犯。在［即将］进行的刑事诉讼中，导致国王介入

---

* 被划掉的词：“刑罚”。

的是被保护的人遭受的损害。[12]

—相反在“王室案件”中，更不必说涉及刑法典中规定的犯罪，当给他人造成的损害构成对秩序的扰乱和对权力的侵犯时，刑事诉讼就可以展开了。

直到此时，被我们称为刑法的是诉讼的仪式化和两个人之间的斗争的仪式化。

刑法从这一核心出发，仍然与“享有特权的案件”相隔绝，刑法主要是个人与权力之间的关系的定义。

这显然不是说权力在古老的刑法中缺席。权力以仲裁者、税收制度和军队进行干预。然而权力也介入两个人之间的斗争；权力参与斗争，以便控制斗争并从中获利。

从此以后，逐步变为罪犯的重要同伴的就是权力。首先受
犯罪侵害的就是权力；罪犯的主要控诉人就是权力，当然还有 188
权力的唯一的法官。

在这里我们遇到了另一个制度，它既不受限于议会的存在，也不受限于王室案件的出现，而是把它们连结起来。

2. 王室检察官的设立。[13]

王室检察官是出于议会的作用和王室案件的存在而被召集起来的。

然而一般来说，基于国王既是税收的受益人又是秩序的捍卫者的事实，在整个王国内，国王与对犯罪的惩罚“息息相关”。

a/ 已经存在着代表国王进行审判的王室检察官：

—为了维护国王的公有利益和财产利益

—为了收取罚金。[14]

b/ 然而在13至14世纪，他们逐渐地开始行使控诉人的责任（这绝对与旧的刑事体系相反）。

—在旧体系中，只有在控诉人存在的情况下才会有刑事诉讼；并且该控诉人与诉讼存在着利害关系。[15]

一切都在两者的这种斗争形式中进行：

—控告是一种攻击

—对此必须通过“证据”来回应，

—并且控告（或者至少是刑罚）可以落在控诉人身上。

—检察官开始起到控诉人的作用

—当受害者是孤儿或没有家人的人，

—或者存在众所周知的情况时。[16]

—然后在控告人是个人的情况中，我们看到检察官起到共同的控告人的作用。[17]

c/ 然而，这就要求理论—实践方面的两个后果：

（a）国王受到一切犯罪的侵害；而且他占据着受侵害的个人的位置。

即便受到损害的不是他的权力（如在王室案件的情况
189 中），但仅仅是存在对个人的损害，国王就是共同的
受害者；因此，他可以成为共同的控诉人。

一切受害人反而都是双重受害人：

—作为个人

—作为国王的臣民。

一切犯罪都是对权力的侵害。（体系中的缓慢的逻辑使得必须等待刑法典，以便：

—王室案件溶解在通常的犯罪中

——一切可以接受惩罚的案件变为犯罪。）

（b）国王在他的司法中被代表两次：

—国王被他的法官们代表

—国王被他的检察官代表，后者是在所有的诉讼中共同起诉的控诉人。

这种似是而非的话使现代人感到非常的震惊。很多人惊讶于国王既是法官又是当事人。然而这种震惊是荒谬的，因为在封建法律中，领主完全可以在自己的法院里提起诉讼。

然而与之前不同的是，国王提起诉讼

—除却封建君主权的封建形式

—为了一些诉讼案件，其中国王只有在统治者的范围内才是“受害者”。

国王作为统治者而审判，并且作为统治者而控告。

因此，这就是两种方式的“司法之源（fons justitiae）”：

—作为共同的有审判权的人（justicier）

—作为普遍的控诉人。

总而言之，王室案件的出现和检察官的新职能具有双重作用，这对于我们理解刑事体系发挥作用的方式至关重要。

a/ 刑事和民事的分离

—当需要通过损失、通过对个人利益的损害来定义违法行为的时候，民事和刑事之间显然不能存在明显的分隔：[18]

争夺所有权

非法占有

通过武器收回

而后是进行私人复仇

把问题提交法院

通过司法决斗解决问题

190 这一切制造出无间歇的系列活动：总是涉及私人利益、对私人利益的攻击和保护、对私人利益造成的损害，以及随之而来的多多少少合法的斗争。

—但是从权力介入的时候开始，为了凸显出某些案件的特征，当公共权力机关受到的侵害加上个人利益受到的损害的时候，在一些案件中当权力自认为受到侵害的时候，违法行为就脱离了损害的范畴：

—犯罪不再是比其他情况更为严重、更为残忍或更为昂贵的损害，

—在相应的诉讼层面，这是一种由国家控制的损害，甚至在其定义层面上来看，这也是一种由国家控制的损害。

b/ 这项改革的另一个显著的特点就是我们在刑法核心找到的不再是复仇、反驳、战争和赔偿。而是权力、服从和惩罚。

刑法，彻彻底底地，是政治性的。

(a) 倘若刑法与道德相似（把犯罪与过错相比较，用惩罚代替复仇；用罚金代替赔偿），那么这是在刑事体系听命于政治机构的范围内。

(b) 必须严肃看待刑法的历史方面，要知道权力在过去和现在都自认为受到犯罪的侵害。它甚至仅仅把犯罪定义成对权力的法律造成中断的行为。

因此，必须从中提取出这种完全合理的后果：倘若权力认为自己被犯罪侵害，犯罪总是至少在某一方面攻击权力、与权力进行斗争、暂时性地中断权力下的法律。[19]

说到底，这就是罗马人所说的叛逆罪（crimen majestatis），或者是王室案件的普及。

在 19 世纪的刑罚中，间断和移置产生了：

(1) 在对犯罪的镇压中，权力（以检察官的形式）发挥作用； 191

(2) 然而人们认为犯罪攻击的不是权力，而是实体、道德、自然法，是公共利益（intérêt

général)。[20]

从 19 世纪开始关于刑事体系的话语、“检察官的话语”是:

“对于攻击我所称的道德或实体或公共利益的人，我代表国家对其进行起诉。”

权力没有把自己同时当作被告和原告。作为被告，它是实体和法律的一般概念（l'universel)，而作为原告，它是意愿的概论。

我们懂得权力为何注重政治和普通法的区别。

在政治犯罪中，权力把自己当作被告，通过对比可以使得普通刑事罪出现，权力因受到实体或公共利益或道德方面的攻击，在普通法里进行辩护。

政治 / 普通法之间的对立是 19 世纪刑罚中重要的政治片段。这种对立使得权力在五个世纪中能够隐瞒:

—犯罪的定义是就权力而言的,

—刑罚的范畴是由权力勾勒并规定的,

—在刑事体系的整体运转中，权力变为决定性因素。[21]

最后，我们看到:

—司法征税、

—和平制度和武器分配的规则、

—14 世纪的社会危机

是怎样导致司法的中央集权化的，特别是怎样导致刑罚体系围绕着政治权力的行使而整体重新分配的。*

注释

1. 关于国家税收制度的发展，参见洛特（F. Lot）和法蒂埃（R. Fawtier）《中世纪法国制度史》(*Histoire des institutions françaises au Moyen Âge*)，第2卷，第183—285页，从中我们可以找到更多重要信息。要知道在1355年至1370年之间，一系列税收措施［拖船费（fouage）、包括盐税（gabelle）的各种间接税］被确立起来，这些措施被看作是“超乎寻常的”而且是暂时性的，然而它们最终被延续使用。参见克拉玛乐朗（J. -J. Clamageran），《法国税收史》(*Histoire de l'impôt en France*)。关于更近期的历史，参见孔塔米纳（P. Contamine），克雷尔夫（J. Kerherve）和里高迪耶（A. Rigaudière），《中世纪的税收——公共税收和领主税收（12世纪末至15世纪末）》［*L'impôt au Moyen Âge. L'impôt public et le*

---

* 在这一页的背面，有一段文字被划掉，内容如下：

“b/ 权力和刑罚

因此显示刑事领域特点的是违法行为与法律的某种关系，它侵害到权力机关，无论是否对个人造成损害。

—长久以来我们在各种法典和刑事理论中都可以找到该定义。而现在该定义仍然有价值。

—‘法律禁止的行为，这种行为对个人或公共造成损失’（穆雅尔·德·沃格朗） 192

—刑法典第一条

—然而这种规定的核心不再是复仇，而是权力。刑法从政治权力的某种布局上组织起来。把自己当作是政治权力的布局的就是政治权力。把自己当作是凌驾于封建君主制度之上的最高权力，并在保障秩序中表现出统治权的就是政治权力。定义刑法的就是政治权力。

从历史的角度来看，刑法，就是政治，无论如何政治重新承担起任务以便对刑法强制要求一种惩罚，这种惩罚与损害赔偿，或对损害的补偿，或损害的后果远远不是一回事。”

prélèvement seigneurial (*fin XII*^{e}*-fin XV*^{e} *siècle*)]，第 1 卷：征税的法律，第 2 卷：征税的区域，第 3 卷：方法，巴黎，CHEFF，2002 年。

2. 参见塔蒂夫（A. Tardif)，《18、19 世纪的民事诉讼程序和刑事诉讼程序》(*La Procédure civile et criminelle aux XIII*^{e} *et XIV*^{e} *siècles*)，第 9—12 页。

3. 参见佩罗（E. Perrot)，《王室案例：13 世纪和 14 世纪理论的起源和发展》(*Les Cas royaux*: *origine & développement de la théorie aux XIII*^{e} *siècle et XIV*^{e}*siècle*)，第 22—23 页。一般来说，关于“王室案例”的内容主要参考了这一部分。

4. 参见同上书，第 37—46 页，关于财产方面的理由；第 27—36 页和第 76—113 页，关于王室人员、王室官员和保护；第 47—62 页，关于假币；第 63—75 页，关于官印和其他特权。

5. 参见同上书，第 149—170 页。直到从 1270 开始在法国南部，以及在腓力四世统治末期的法国北部，“武器携带”之罪才变为王室案件。

6. 参见同上书，第 114—118 页，关于商人；第 204—217 页，关于道路。

7. 参见同上书，第 171—187 页。

8. 关于“公共利益”的王室案件，事实上它们没有明确地调动国王的人员、领域和保护，尤其是它们止步于“武器携带”，参见佩罗，《王室案例：13 世纪和 14 世纪理论的起源和发展》，第 262—264 页。

9. 参见皮索（H. Pussort)，《为审查 1670 年 8 月的刑事法令的条款，奉国王之命做的理事会成员和巴黎议会成员之间的会议记录》(*Procez verbal des conférences tenues par ordre du Roy entre M. Les Commissaires du Conseil et M. Les députés du Parlement de Paris pour l'examen des*
193 *articles de l'ordonnance criminelle du mois d'août 1670*) [见上文，第 121 页，注释 8]，第 20—26 页。涉及关于第 11 条“王室案件和几名法官可以对此进行了解”的讨论。福柯提及议长的观点：“永远无法快速了解什么是王室案件”(参见同上书，第 23 页)。皮索持有不同的观点：“规定王室案件并没有什么危险：清点王室案件在任何情况下都不会损害王室的权威”(第 25 页)。无论如何，后一种观点占据了上风。

10. 参见穆雅尔·德·沃格朗（Muyart de Vouglans)，《刑法研究院》又名《基本原则》(*Institutes au droit criminel*, *ou Principes généraux en*

ces matières）（见上文，第 37 页，注 34）。犯罪是"法律禁止的行为，通过欺骗或过错的方式对第三方造成损失"（第 2 页）；"第三方是公众或个人，或者同时既是公众又是个人"（第 5 页）。关于"犯罪"的定义和 18 世纪至 19 世纪初的刑罚理论，福柯已经收集到数目可观的资料，用于撰写接下来的《惩罚的社会》。

11. 这是1810年《刑法典》总则的第一条："法律以违警刑（peines de police）处罚的犯罪是违警罪。法律以矫正刑（peines correctionnelles）处罚的犯罪是轻罪。法律以身受刑（peine afflictive）或加辱刑（peine infamante）处罚的犯罪是重罪。"（《刑法典》（Code pénal），巴黎，Imprimerie Impériale，1810 年，第 1 页）。重罪的这一"严守法规的"概念有着源远流长的历史。例如我们可以在同时期的著作中找到明确的表达，参见贝克森（S. Bexon），《通过古往今来数种立法的比较，得出的刑法理论的发展》（*Développement de la théorie des lois criminelles, par la comparaison de plusieurs législations anciennes et modernes*），巴黎，Garnery，1802 年，第一卷："法律发出命令的目的是维护社会秩序、公共安定、尊重人和财产，如果做出法律所禁止的事情、不做法律所要求的事情，这就是重罪、轻罪或违警罪"（第 33 页，文中加了着重线）。

12. 参见佩罗，《王室案例：13 世纪和 14 世纪理论的起源和发展》，第 76 页，关于破坏王室保护。

13. 关于王室检察官的设立，福柯主要参考的文献有：洛特和法蒂埃，《中世纪法国制度史》，第 2 卷，第 364—371 页；埃斯曼（A. Esmein），《大陆刑事诉讼法的历史——特别参照法国》（*A History of Continental Criminal Procedure, with special reference to France*），第 114—121 页；迪库德雷（G. Ducoudray），《巴黎议会起源和 13、14 世纪的司法》（*Les Origines du Parlement de Paris et la justice aux XIIIe et XIVe siècles*），第 189—196 页，第 676—682 页。

14. 参见埃斯曼，《大陆刑事诉讼法的历史——特别参照法国》，第 115 页；迪库德雷，《巴黎议会起源和 13、14 世纪的司法》，第 677 页。

15. 见下文以及埃斯曼，《大陆刑事诉讼法的历史——特别参照法国》，第 116—117 页。

16. 一种特殊的诉讼程序在 12 世纪出现。当有一件严重的事件发生并被公众检举时，该诉讼程序允许法官把嫌疑人依法扣押入狱，并试着鼓励产生数名控诉人对该嫌疑人进行指控。因此在这种情况下，即便指控还没有表示出来，法官也可以介入。但是法官不可以在没有控诉人的情况下对嫌疑人作出审判。相反他可以建议嫌疑人“自愿地”接受询问（即便是使用一定的压力），这样就允许法官作出审判。埃斯曼认为（参见上文，第94—100页），官方的询问和公开检举就是出自这种诉讼程序。

17. 参见埃斯曼，《大陆刑事诉讼法的历史——特别参照法国》，第117页。检察官以“检举者”（denunciator）的名义介入并对私人发起的诉讼提供支持。埃斯曼引用了塔农（L. Tanon）描写的数个案件，《14世纪巴黎圣马尔坦德尚普司法机构的刑事记录》（*Registre criminel de la justice de St*
194 *Martin des Champs à Paris au XIVe siècle*）[见上文，第161页注3]，检察官与另外一个人一起介入案件。

18. 见上文，1972年2月2日的课程，第118页。

19. 见上文，1972年1月26日的课程，第102页、第107—108页，注2，以及见上文，1972年2月9日的课程，第142页注12。在普通法里一切形式的犯罪以及犯人的斗争中强调政治方面的关系是1971年至1973年期间福柯时常忧虑的问题。参见福柯，《言与文》（Dits et Écrits），第105、106、107、108、125号；以及与西尔维·马里昂（Sylvie Marion）的访谈：在关于“大型商店里的盗窃”的访谈中，福柯声称那些人“以一种有意识的方式［……］来大型商店里盗窃，因此，我认为，这也是一种极具政治性的方式，对资本主义体系造成损害。他们完全知道这是他们工作的结果，他们正在将其收回”；而“布鲁亚安纳特瓦事件”（L'affaire de Bruay-en-Artois），是“关于普通法的一个案件，明显不包含政治方面”，然而该事件完完全全地被当成政治性的事件，因为它标志着“惩罚体系的占有和颠覆”，一般来说这会“界定所谓的‘下层’阶级”。“在法国，长久以来，一件纯粹的普通法里的案件第一次被披上政治色彩［……］现在对于人们来说，刑事体系，更笼统地说是惩罚体系正在变为斗争的一个标的［……］现在，政治斗争与整个刑事体系相关。”

在以下关于福柯的档案的网站可以看到访谈：<http://michel-foucault-archives.org/ ?-Archives-numeriques->。

20. 关于提及的不同种类，可以参见肖沃（A. Chauveau）和埃利（F. Hélie），《刑法典理论》（*Théorie du code pénal*），第1卷，Gobelet，巴黎，1836年，第4—16页。关于公共利益，可以参考贝卡利亚和边沁的理论；关于道德和自然法，可以参考佩勒格里诺·罗西（Pellegrino Rossi）的理论（特别是《论刑法》（*Traité de droit pénal*），巴黎，Sautelet，1829 年）。

21. 我们可以与下面的分析作比较，这是福柯的第 11 号笔记中 1971 年 11 月 13 日的内容：

“司法的三个作用：［1］在一个阶层内部的仲裁作用 // 与私人斗争相关；［2］经济抽取的作用 // 与税收制度相关；［3］镇压作用 // 与反抗运动相关。我们看到在这三种作用中，司法覆盖到国家的主要职能。国家，这是阻止私人斗争的权力体系；权力体系从经济流通中抽取一定份额的财富，用于积累并重新分配；最后为权力保留一定的社会［阶层］的也是该体系。司法的历史与国家的历史紧密相关，国家的历史也就是说谁行使权力和怎样行使权力（以何种形式和使用何种工具）的历史。然而，司法的思想体系总是坚持让人们相信：1）司法于国家和权力之前就存在了；存在着一些公正的权力还有其他不公正的权力；2）司法机关是并且必须是独立于国家的。总而言之：存在一个公正的领域凌驾于权力之上；而在国家内部，司法机关独立于国家机器。就在同一时间（与之脱节），一方面税收由中央集权的权力来保证；并且其中关于劳动成果的主要税收部分是以雇佣劳动的资本主义形式完成的；另一方面镇压是由为此专门设立的治安机关完成的。因此司法被当作是个人之间，或个人和国家之间，或个人和社会之间的仲裁权力；仲裁权力仅仅……被国家权力赋予执行其 *195*
判决的能力。// 司法权力的独立化。为了司法的斗争，关于私法的斗争。事实上斗争是：［1］反对收税；［2］反对阶级压迫；［3］反对一个阶层没收国家权力。”

197

1972 年 3 月 8 日

I. 在分析完中世纪的刑事司法的作用和权力关系之后，我们要研究知识的影响：不是在意识形态活动层面，而是在真相（vérité）的产生层面。——在日耳曼法（droit germanique）中，考验（épreuve）建立起一方优越于另一方的关系。——在带有王室检察官（procureurs royaux）的新的刑事制度中，讯问（enquête）确立起的真相使得控告（accusation）能够向审判过渡。讯问如同是恢复秩序的操作器。——证人和笔录建立起来的真相代替了考验。II. 补充的评注。在新的刑事制度中，讯问和供认（aveu）是发现真相的首要源头。——酷刑（torture）的切入点。——合法的证据（preuve）的体系。讯问和尺度（mesure）的对比。尺度，它是分配权力（pouvoir de distribution）的工具和形式；讯问，它是信息权力（pouvoir d’information）的工具和形式。中世纪的讯问—行政机构的权力体系。——对超权力（sur-pouvoir）的提取（extraction）类型的分析。与 1970—1971 年《知识意志》课程的联系。最后一点要注意的是关于 18 世纪至 19 世纪的检查形式（la forme d’examen）

的出现。人类科学（sciences de l’homme）的诞生。

在对中世纪刑事司法的分析中，在刑事司法作为国家机器的史前学研究中，存在三个层面：

1. 行使条件层面：刑事机制的地位和作用

—与财富的流通相关，更准确地说，与权力持有者的专制性的提取相关。

刑罚与税收制度；

—与武器分配的关系（武器分配本身与税收的职能相连结）。

2. 权力关系层面，权力关系穿过刑事司法并在刑事司法上制度化。

议会、检察官和起诉的权力的出现显示出这些权力关系的特点。

—或者更恰当地说，它们表现出司法的行使是怎样很早就依靠国家机器的形式（毫无疑义是基本形式），而司法的行使也是一种权力关系。

3. 现在必须研究这种刑事司法导致的知识的影响的层面。 198

知识的影响［有异于］意识形态活动*。[1]

—通过意识形态活动**，［我们要理解］刑事实践与刑

---

* 被划掉的词：“内部的”。而后手写稿中还有“≠”。下一个词，“影响”被划掉，并被换成“活动”。

** 被划掉的词：“的影响”。

事制度得以论证、解释、重振、载入合理化体系内部的全部过程*：

—国王，秩序的捍卫者和“正义之源”的理论。

—和平与正义的概念。

在分析刑事制度的全部的这些层面，我们找到意识形态方面的以下内容。

—通过知识的影响，必须理解其他事情：是对允许了解刑事实践的事物的切割、分配和组织；是有资格进行了解的主体的地位和职能，是其中发挥作用的认识、指示、显示、表示的形式。

分析刑事实践的知识的影响，就是把刑事实践作为所谓的真相的舞台进行研究。

A. 在对犯罪的司法清算（或赔偿）的旧体系中，这个舞台是关于哪些方面？都有哪些必须注意的形式、必须说的台词、必须做的动作、要注意的期限和接续、出现的人物和这些人物的角色**？

要注意的形式，这不是一种关于对方权利的保障、法官的公正或尊重真相的方式。

倘若我们对诉讼人强制要求一些复杂的形式，那么这是一

---

* 被划掉的词：“的合理化”。

** 然后被划掉的一行：“这主要是一系列考验。”

种使他们服从于考验（épreuve）的方式，一种看他们是否会失败或是否会成功的方式。[2]

因此：一系列考验

[……] *

199

[*]

[……] 或失败。结果是有利的或者不利的。而考验的结果导致诉讼的结果。考验的结果包含诉讼的结果。因此：

a/ 法官旁观者（juge spectateur）。考验不是一种服从于法官独立意见的因素。只要形式得到尊重，考验就是一种自动产生诉讼结果的机制。

b/ 考验的这种结果：

—是正义的操作器；保证正义最终的凯旋（在诉讼、提出的损害、私人斗争和复仇之外）；

—其次，是真相的指针。倘若一个人的正义获胜，那么是因为他说出了真相。然而这只是次要的。而且特别值得一提——并不是因为他说出了真相，所以他的正义在他所说的真相的范围内获胜。

考验是一种标志（marque）（而不仅仅是符号）；与考验相关的不是符号学，而是朝代（dynastique）：

* 第13课的手写稿缺失了几页（此处缺失两页）。或许可以通过参考福柯1973年在里约热内卢的同一主题的研讨会《真理与司法形式》（La vérité et les formes juridiques）来填补，（DE，II，文章编号119）。这里主要是关于第三次研讨会，第574—576页 / 第1442—1444页。

—这是一方优于另一方的关系的设立、建立；

—这是该力量关系的如仪式般的制度化；

—这是侧面的索引、宗教*的索引，从中可以找到正义和更广阔的力量，两者相互关联。[3]

倘若最终我们可以谈到真相，不是因为指示真相的考验允许推断出正义在哪里、权力向哪一方倾斜是正确的。

而是因为在司法诉讼程序中力量的关系，它将真正地适应于正义的优势性。**

司法的舞台，这是力量的不平等和正义的优势性相一致的舞台。一切都被调整，就是为了能够让它们同时真正地表现出来。

在那里法官是证人，保证让其能够充分地展现，为了让其能够表现出真相。***

---

* 被划掉的词：“真相”。

** 手写稿在空白处写道：“形式的理由”。

*** 接下来的文章与被划掉的一段内容相一致：

“（对于之后的安排，我们在最远的地方：

在悬而未决的力量中的法官，

看见真相

并决定正义在哪里）

在中世纪的法庭，在司法决斗这种‘封闭的范围’内，司法决斗是最显而易见的形式、最具象征性的形式（尽管它不是唯一的），法官、原告、真相、力量、正义、平等和不平等、判决等安排，简而言之刑罚的一切安排都符合严格意义上的法律。

—它们与现代司法的组织中的主宰因素完全不同。

—我们习惯于谈到‘野蛮的’证据体系。事实上涉及的完全不是证据。然而最正当的理由和最伟大的力量的相互归属在考验中显露。”[4]

证据建立一些“事实（fait）”，法律听命于这些事实，然后法律也必须让一切力量屈服，而考验建立一些“事件（événement）”，不平等性（权利和力量连带的不平等性）在这之间表现出来。 200

以考验[*]、斗争、胜利和失败的形式进行的一系列“事件”的仪式化。

B. 国王检察官和强制起诉的介入颠覆了该体系。双方当事人面对面，司法诉讼程序在他们之间强制安排一场无法提前进行的考验，这种控诉式诉讼程序不会再有可能发生了。

最终“剩余权力”（plus de pouvoir）被永久性地单方固定下来：控诉的那一方。[5]

—如果存在私人控诉人，他背后就站着权力的补充部分，那就是[**]检察官。

—如果只存在检察官，他与被告也并没有处于斗争的状态，因为他是权力本身的代理人，他代表秩序的[***]统治者—捍卫者。

带来的后果：

1/ 控告不会再像以斗争的形式进行的事件—考验的仪式化（带有获胜和失败的可能，刑罚的可倒转性）一样出

---

* 在手写稿中这些词被加了着重线。

** 被划掉的词：“权力本身”。

*** 被划掉的词：“有审判权力的”。

现。国王不会受到惩罚，否则捍卫者会被打败。[6]国王就是秩序的捍卫者；

2/ 法院不再是确认比赛结果的机构，其中每种正义都有自己的力量；法院是代表权力另一面的机构。权力—具有
201 审判权的人。* 权力决定谁是谁非，谁必须偿付、偿付金额是多少；

3/ 最终被告身陷两种权力之间：对破坏秩序的行为进行检举的一方和通过审判保障赔偿的一方。

因此我们可以拟出两个提纲：

［1］损害—原告 / 被告—事件 / 考验—权力保障的结果

［2］破坏秩序—权力 / 被告人—x/y—权力强制要求的审判 **

是什么会允许权力 / 被告人的对抗过渡到强制性的审判？

显然不会是事件—考验（以及其中包括的偶然事件）。

取而代之的是讯问—真相的组合，它允许捍卫秩序的权力过渡到承载着审判的权力。***

它是怎样融入其中的？[7]

［……］****

---

* 被划掉的词："刑罚的"。

** 这里有一个被划掉的句子："事件—考验将会被讯问 / 真相占据。"

*** 在手写稿中被加了着重线。

**** 这里缺失了 5 页，在我们看来，似乎可以参考《真理与司法形式》在第 581—584 页 / 第 1449—1452 页的相关内容[8]。

[*]

[……] 试问：它有权利面向任何人、有权要求他们回应；

而他们也必须作出回答。

权力通过显要人物（notable）确立起众所周知（notoire）的事[9]：它有权从了解情况的人那里提取知识。[10]

（检察官在刑事体系中表现出来的）剩余权力通过对知识的提取表现出来。权力获取知识。

(要注意权力有权获取的“知识”和献给长官、国王的“贤明”、“智慧”、“想法”之礼之间的区别：

作为正义之源，国王本身就是贤明的；

作为秩序的捍卫者，国王有通过中间人——检察官提取知识的权力。）

• 这两种活动*通过提供获取有依据的真相的办法，为现行犯罪（flagrant délit）提供一种替代品。 202

如果一件事情通过讯问得以成立，如果显要人物（或一定会知道的那些人）已经确立起自己的知名度，人们就能认为事情是真实的、明显的、几乎就是现在发生的。讯问保证了一种迟来的现行（flagrance）。

我们可以重新使用现行犯罪的诉讼程序。[11]

• 这两种活动准许一定数量的行为进入刑罚领域，这些行为并

* 被划掉的词：“模式”。

不是对个人的损害，而是扰乱秩序。

加洛林王朝的讯问的目的是决定：

—人们必须遵守的秩序是什么，

—这些事物是否遵守秩序。

教会的讯问的目的在于：

—决定是否存在扰乱秩序的情况（相对于修道士的规则、教会的法令）

—促使赔偿。

讯问是一种恢复秩序的操作器，它从某些事物开始，可能是损害，但也可能是其他的事物：不合法的行为。

• 它们把刑事里的被告人和民事里的被告置于一个完全特殊的位置：

—在古老的日耳曼法中，民事被告与他的刑事被告人作斗争，在讯问诉讼程序中，前者是知识的客体。他不再是必须抗争的那个人；他是必须被了解的人。

曾经他属于力量的领域；现在他在知识的领域。

—在日耳曼类型的法律中，刑事被告人胜利或者失败：现在对于主体，"人们知道"或者"人们不知道"*。他被看穿或者保持隐瞒的状态。

他被牵扯进光明 / 黑暗的对立中，而不再是关于胜利或失败。

—后来，在日耳曼法律中，他总是可以承认自己的失败；

---

* 手写稿中没有引号。

他可以在任何时候放弃。

现在他可以变为真相的阐述者，通过供认变为自己的 203
检举者。[12] 这带有道德方面的模棱两可。

—最后，讯问把两个要素引入刑事体系，它们最终变成根本性的要素：

—真相，如同被证人、被看见的人建立起来的一样；[13]

—笔录，重新抄写他说的话语；并传送现实。[14]

现实的两种传送：

—证词传送现行犯罪→调查员（enquêteur）

—笔录传送证词→法官

被看见的真相和忠于现实的笔录代替事件—考验。

关于刑事体系和知识的影响的补充评注 * 204

1. 供认和考验

我们为两个体系描绘出大量的特征：

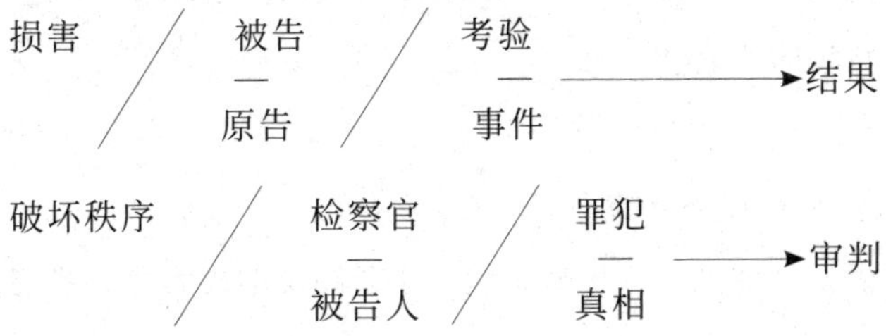

* 福柯展开以此为标题的新的论述，写在“第 13 次课”之后。

在第一种体系中，知识的影响没有缺席：确切地说它处于考验 / 事件里面；它在于最强大的力量的凯旋表现出最正当的理由的有效性。

在第二种体系中，知识的影响全然不同：权力（全部或部分地，独自或平行地）负责控告

—不采用斗争的模式

—称之为现行犯罪，即［被］大家看到的犯罪*，犯罪被正式确认，并且犯罪的尽人皆知导致审判[15]。

从这里可以看到犯罪的现实化或再现实化的方法：讯问
证据
笔录
供认
制造出知识的完全不同的影响。[16]

205 然而，要注意在这其中的讯问和供认，它们处于一种互相享有特权的位置。

a. 它们是互相补充的：

供认，说到底，代替讯问。它是完美的现实化。我们认为

---

* 被划掉的词：“重罪”。

供认的人放弃了讯问的考验[17]。

透彻的、详尽无遗的讯问，说到底，等同于现行犯罪或供认。[18]供认，是讯问和现行（flagrance）的完善。

这在英国远没有如此有效：讯问是一种古老的行政手段，它在刑罚里的再现实化（réactualisation）是更加直接的，不需要经过教会。英国经验主义（empirisme）：它从中而来吗？[19]

而在法国正相反，供认的作用更为重要。主体以第一人称的方式说话，这标志着真相。第一人称与尽人皆知的事（évidence）的联系[20]。*

b. ** 诉讼程序的目的：

—让知情的人说话

---

* 在手写稿中，这一段被福柯移走。

** 手写稿中的这一段被划掉：

“然而在讯问中被告是客体，在供认中他却是主体。因而在新的刑事诉讼程序中，被告不再是失败或者胜利的一方；而是知道的一方，同时我们也知道他知道。”

在这一页手写稿的背面，以下这一段被划掉：

“这意味着犯罪的现实化或再现实化的方法

—讯问

—证据

—笔录

—供认。

在这其中，讯问和供认处于一种互相享有特权的位置

—供认代替讯问

—彻底的讯问等同于供认。

被告是讯问的客体。”

—校正这些人或那些人说的话

—使法官能够决定谁说的话是真的。

新的诉讼程序完全转移了话语的作用:

—不再是赌注、争斗、考验

206 —而是发现真相。话语不再是诡计、圈套、谬误、疏漏之地;而是真相被有意或无意地说出来之地。

而且是关于被告的真相被讲出来之地;真相由被告讲出来之地。在刑事话语中,被告一动不动地占据着或是客体的位置,或是主体的位置。*

由此存在一些方法,例如:对质(confrontation)

审讯(interrogatoire)。

"这些话语内容是关于您的,对此您有什么要说的?"

我们要讲一下关于审讯的历史。人们对权力窃取提出问题的权利这一事实没有足够留意:权力不仅收税、强制劳动、雇佣士兵并派他们去送死,而且还提出问题,要怎样进行回答。权力不但提取知识,还要对相关的人提出问题。你必须告诉我,关于自己你知道些什么[21]。

在有意识的、知道的"主体"的构成中,审讯的作用如同权力行使的形式,它是至关重要的。或许比神学(théologie)更为重要。[22]

* 在手写稿的空白处写着:"讯问
供认"。

c. 最后要注意的是尽管替代事件 / 考验，讯问 / 供认长久以来在形式上仍与其保持一致。

—讯问在很长的时期内仍然是考验:

—贵族在过去（和现在）说服人们自愿服从于讯问，至少他们是自愿的；[23]

—存在中间形式的证据。两个人被指控犯了杀人罪。法官找来数名指控人。他想方设法找到他们。与此同时他把嫌疑人关在监狱中以便迫使他们供认。

这介于讯问和考验之间。[24]

—然而长时间保留考验的步伐的主要是供认。

为了能够得到供认，使用一定数量的相关的方法，如果这些方法失败了，那么被告将会赢得考验，因为他已经赢得神意考验。

这就是酷刑的切入点: 207

(a) 在这个时候酷刑重新出现，

(b) 我们要把酷刑当作真相的神意裁判（ordalie）(相对于最正当的理由的神意裁判）考验的特点在以下关于酷刑的事实中表现出来。

—酷刑介入得迟，在最后一刻才介入，而其他的方式都已经被使用过了。

—这是一种与权力的代理人之间进行的决斗。倘若被告人承受住了酷刑，另一方就不能使用完整的刑罚——从某种意义上说，法官失败了。

[这里存在着许多复杂情况和微妙繁琐之处：承受住酷刑难道不就是变得顽固不化吗？而供认承认了犯罪却也涤除罪恶。用宗教的措辞来说：难道不是魔鬼赋予其承受的力量吗？通过强迫一个人供认，我们不就是帮助他向魔鬼致敬吗？[25]

对于真相的供认涉及伦理学和神学。主体与真相在伦理和宗教方面相结合。] *

—考验在讯问的刑事体系中的暂时停留也表现在另一种刑事诉讼的特征中：合法证据体系（système des preuves légales）。[26]

在刑事舞台上，真相是根据教会规则的标准和形式被找出来的。我们没有放任法官去自由寻找在他看来是最有说服力的真相的方式。真相并不是一个关于罪证的事情，而是一个关于考验是否成功的事情。

—这样，我们为暗杀规定证据的数目和类型；为凶杀[……] ** 另一个数目；为盗窃规定另外的数目。犯罪的严重程度越高，证据的数目越多并且取证难度越大。[27]

—从预审的措辞来看，一定数目的证据可能会被集齐，是"成功的"，而其他的证据是缺失的。

那么，定罪就会考虑到收集的证据的数量。

---

* 在手写稿中，这一段被放在方括号内。

** 无法辨认的字句。

这是一个奇怪的体系，它表现出来的不是关于真相—罪证而是真相—考验。后来法官具备决定性的作用，用“自己的灵魂和意识”作出审判，然而在此时他还没有这种作用。

他记录证据，正如同他保障考验符合规定。[28] 208

这种合法证据体系一直坚持到 18 世纪末。通过以下方式得以巩固：

—公论和报告（fama）被赋予的重要性。倘若有一个人，很多证人或证据都是反对他的，那么他就不会有好名声；我们不能像什么也没发生过一样来对待他。

—仍然是非常初级的概率思想的草图。一个事物的一定数量的迹象给出相应的确定性程度（参见医学思想）。

因此（真相—考验）这种古语（archaïsme）被重新激活：它遇到了理论上的前景，理论上的前景在某种程度上把它移植到 18 世纪。

总而言之，在司法论证（démonstration juridique）体系中，证据、可能性、确定性之间联结着一种关系，认识论（épistémologique）的财富（和化身（avatars））远远不会因为我们能够认定的诉讼程序方面的独特性而枯竭。[29]

2. 讯问与尺度（mesure）

不要认为与讯问相连结的知识的影响全部都是由刑事诉讼程序中的一项改变所决定的。

事实上从 13 世纪到 14 世纪开始，与司法最初的国有化相关，刑事诉讼程序使用了一种更为古老、更为广泛的形式，几乎是在同一时期，这种形式在很大程度上被重新恢复。[30]

它们尤其会被使用在以下情况中：

—在民法中，一切关于所有权、租金、债务的纠纷。与商业和所有权的新司法法规的发展相结合；

—在立法中：习惯法的改革和编写是在完成同样类型的讯问之后进行的；

—在社会斗争中，其中资产阶级对抗封建制度或神职人员，所有者对抗他们的承租人。

当封建所有权受到价格上涨和人口损失（saignée démographique）的冲击的时候，人们试图使这些古老的权利重新发挥作用：

—在中央集权的行政进程中。王室权力通过讯问确立起来；

209 —在教会对人口实施的新形式的控制中：审讯（inquisitio）。[31]

［存在］审讯（inquisition）的伟大的世纪，如同存在尺度的伟大的世纪一样[32]。*

a. 和尺度一样，这是一种权力—知识形式：意思是说权力通过这种知识的获得和使用建立起来。

---

* 在手写稿中，“调查”、“尺度”两个词下面被加了着重线。

对于希腊人来说，为了确立土地、债务、商品的尺度，必须存在一种权力。可以衡量尺度的人、被委以该任务的人拥有权力。然而建立权力的人是强制规定尺度的人。

> 尺度创造权力，并且权力创造尺度。权力的转移，知识的转移；更多的知识，更多的权力；更多的权力—知识如同法律一样树立威望。[33]

同样，无论在斗争中还是林林总总的进程中，权力*保持、转移、集中，它沉溺于日常实践活动中，在其他工具（赋税和军队）之间，它与讯问一起扩大到王国的尺度。相反提出问题、提取知识、使知识集中、使知识转化成决定的讯问是权力的活动。

知识通过讯问创造权力，而权力创造知识。

b. 但是对于尺度，存在一种明显的不平衡。

—尺度诚然依靠于先验知识，并且是以一种非常初级的方式依靠，它或许依靠于某种形式的讯问。[34]

—相反，讯问，它是知识的提取的一种形式。这是一种获取知识、将知识传递到其他地方、聚集知识、赋予知识另一种形式、并将其转化为决定的方式。

—尺度和讯问不是对立的；他们不在同一个平面上。讯问可以是一种达到尺度的方式，它们可以相互叠加起来。

---

* 被划掉的词："中央集权的"。

210 尺度是一种权力—知识类型，它具有划分界限、组成、重新平衡、分配的形式；它允许财富和权力的保持和转移。

讯问是一种权力—知识类型，它本身具有提取知识和再次分配知识的形式。这是一种权力—认识形式，它不再是关于事物（财产、商品、财富、收成、季节），而是关于知识。

虽然希腊的尺度允许维持对财富的提取，但讯问本身就是对知识的提取，其次它允许通过其授权的政治支援来提取财富。

尺度：分配权力的工具和形式。

讯问：信息权力的工具和技术形式。

—我们懂得在希腊社会和中世纪社会中，在知识融入权力的条件下，权力和知识的相互支配不是在同一个制度模式下完成的。

—在希腊，起到支配作用的权力一定了解尺度。它必须同时知道而且又是公正的；测量者（géomètre）与智者；了解事物的比例的原则以及城邦之间平衡的原则。

权力与知识的结合就是以（执政者和公民的）教育学的形式完成的：掌握最多知识的人应该拥有最多的权力；掌握最多的权力的人在知识中占据着最领先的位置。

哲学家的主题；公民的教育问题；怎样变为最优秀、最有智慧、最强大的人。[35]

—在中世纪的权力—知识体系中存在着一种完全不同的景

象：权力需要的知识、权力召唤的知识、权力产生的知识是先验知识、集中的知识、积累的知识，是转化为决定的知识；作为召唤知识的执政者浏览知识，并且在作出必要的决定之后审判。

执政者必须审判并且要认真审判；但知识先于他、围
绕他而存在，知识不停地被提取、记载、积累。简而 211
言之知识和权力不是以教育学的形式相结合的，而是
以行政机构的权力的形式相结合的。

希腊人的权力—知识受到尺度—教育学体系支配。

在中世纪，由讯问—官僚体系支配的权力—知识形式开始显露出来。而西方的教育学（如同它在中世纪的大学出现）的首要目的不是［……］*“执政者”，而是官僚（bureaucrates）、行政部门主管官员（administrateurs），以及在知识的积累、流通、记载过程中的重要因素。**

［……］***

［*］

［……］分析超知识（sur-savoir）的提取类型：行政类型、经济类型、科学类型、专家治国论（technocratique）类型；[36]

---

* 两个无法辨认的词。

** 手写稿在空白处写道：“学者与行政部门主管官员”。

*** 第 13 页至第 18 页文稿丢失。

分析它导致哪种社会分配产生。从本质上讲，这两个孪生角色——调查员（enquêteur）和显要人物（notable）的出现：

—调查员，提取工具，甚至是集中工具，国家机器或权力的直接或间接的工具；

—显要人物，他知道并且接受人们要提取他的知识，他已经提取了知识；他是证人和担保人；但是他可以拒绝真相。他是国家机器的补充，与其非常接近。[37]

比夫龙（Bifrons）这种人（人们找他打听并且他自己也打听）在资本主义社会中是如此重要的人物：知识分子（intellectuel）。

知识分子，这是超知识的提取器，对于权力来说是必不可少的，但是却处于敲诈勒索和拒绝的地位。与国家机器相接近的人，总是［准备］变为公务员；并且总是准备成为“抗议的”（protestataire）知识分子、越位的知识分子，他们拒绝提取知识（诗人、作家），或声称把自己的知识用于对统治阶级的服务。[38]

212 最后，必须分析关于讯问的斗争，支持还是反对超知识的建立：

—例如手工业者和（手工加工厂的）厂主的（秘密）* 斗争

—工人为了保障自己的讯问权利的斗争、为了以他们自己

---

* 手写稿在空白处写道：“我们可以说是一场真正的知识的掠夺”。

的名义发声、反对行政讯问的斗争。[39]

19 世纪的斗争，为了以“人民的知识”对抗“专横的”知识，后者与资产阶级的剩余权力相结合。

公立学校或许曾是解决办法：

—强制工人阶级接受一种按照宗教规矩建立起来的教育

—毫无疑问，教员是［……］*然而他们自己接受并且负责传授的知识是以超知识为基础的，而这种超知识是按照规定被过滤的知识。

分级体系是大学—中学—小学，其连续性是下降的，体系中的这三个层面不是上升的；这阻止人民的知识的构成。但是大学的独立性、“自主性”和无私性是为了隐藏在它布局的知识的根源上存在着超知识的提取。[40]

注意，必须强调超知识的形成中被隐瞒的注意，以致所有的分析都被颠倒。

在这些注意事项中，最坚定不移的就是坚持主张技术和科学的分离、经验论的知识和科学认知的分离。这种坚持是为了强调合理性的落差、科学性的门槛。

—完全不是指这些知识处于持续性中。

—而问题是在被当作空隙、言语断续、顿挫的表达“之间”发生了什么：影响是科学或者被介绍成科学的超知

* 无法辨认。

识，它是怎样产生的。

认识论的分隔（coupure épistémologique）这一概念作为科学性的门槛（seuil de scientificité），它或许是这种屏蔽（masquage）的转置。[41]

213 **4.**[*]

上一年提出的问题，是“知识意志”的问题。[42]

—传统哲学分析把认识（connaissance）（认识主体）放置在认识的起源、根源上：

既定的主体

已经成型的认识

已定的已知事物。

好奇心的心理学、记忆和遗忘的形而上学（我们可以将其转换成为痕迹 / 抑制）。

—尼采的分析，在认识背后寻找认识以外的一个完全不同的事物（un tout autre chose）。对于这个完全不同的事物，认识主体和认识本身就是影响。

我们要盘点的就是一个完全不同的事物。

---

* 这一页的背面有被划掉的一段内容：

“4. 知识—权力与推论的形成

知识—权力层面，与其形式一起，是完全区分于‘认识论’层面的，后者分析科学。知识—权力层面也不同于推论实践的‘考古学’（archéologique）层面。”

我们认为带有“3”的小标题的内容是在缺失的页面里。

处于认识“形式”背后的，是认识主体、有待认识的开放的领域、既得认识的素材，而在这一切背后的是权力关系：使创造知识的权力形式发挥作用，这本身就加强了权力：建立、转移、流通、集中的模糊规则，其中权力的补充、过渡、巩固不断产生，知识的增加、剩余知识、超知识也不断产生。这就是“权力—知识”层面。

与经济真正的、深层的、决定性的联系也是在这一层面建立的。

—（对于现今）科学是否营利的问题至关重要。然而从历史的角度来看，这个问题或许不会比思量博学是否赋予权力更有意义。统治者是愚蠢的，科学是昂贵的。

—联系出现，不是在科学层面，而是在剩余知识层面，不是在统治者层面，而是在剩余权力层面，不是在营利性层面，而是在利益累积层面。

在该层面上： 214

剩余知识 → 更多的权力和更多的利益

剩余利益 → 更多的权力和更多的知识

剩余权力 → 更多的知识和更多的利益[43]

总而言之：

—对于认识来说，该层面是根本。“认识的主体”的构成、“有待认识的客体”的切割、所谓的认识的行为，它们都是历史影响，并被局限于我们的文明类型、权力—知识这些进程的类型之中。

—这些进程并不直接作为迹象或结构与科学内部相联系。通过一系列的沉降和距离，我们可以从科学层面过渡到权力—知识层面。

两种主要的脱离是：

—第一种脱离通过“认识论模板”，允许从科学，或者所谓的科学过渡到推论实践的大类型。

对这些认识论模板的分析使人们能够发现分割、分区控制、构成客体范围、定义主体位置、解决概念和力量的形成的方式。

并且我们通过这些认识论模板，从对科学的历史描述过渡到科学的“考古学”。[44]

—第二种脱离是通过知识的“司法—政治”模板，允许从推论实践过渡到权力—认识层面，而这里的知识是指尺度、考验、讯问。

在西方诸如生物学或语法这样的关于经验论的伟大科学中，我们并没有发现行政讯问本身；然而讯问如同权力行使的形式和超知识的构成形式，它引起推论实践（描述、分析、客体的划分、主体的位置类型），这些推论实践在它们自身的层面互相稳定、修正、巩固。剩余知识建立的新类型。

215 使科学产生的就是推论的形成，而科学在自身的层面产生剩余知识。[45]

然而在合理性的“进步”中寻找科学层面特有的这种“剩余知识”的原则，这是用安眠的功效解释鸦片的效果。[46]

因此存在三个层面：

—科学的历史，在这基础上认识论模板的简化允许过渡到

—知识的考古学：在这基础上知识的司法—政治模板的脱离

—允许过渡到知识—权力层面。在该层面，剩余利益、剩余权力和剩余知识相结合。

关于知识的朝代的研究。

最后的评注。

对其他司法—政治模板的分析使得除讯问和尺度以外，还有另外一种权力—知识的方案消失。

18 世纪至 19 世纪刑罚、控制和镇压的新类型使得检查形式（la forme d'examen）出现：

正常状态（normalité）的检查

等级的检查

道德观念的检查

健康的检查（心理或非心理）

对于个人或团体。

超知识在这里被提取出来，它的影响会使人类科学产生。

以司法—政治模板为基础，下列科学产生出来：

—衡量世界（κοσμος）的[*]科学，

—对自然的描述的科学，

—对人类起规范作用的科学。[47]

注释

1. 关于这些“意识形态活动”(opérations idéologiques)，见上文，特别216 是1972年2月23日和3月1日的课程。关于阿尔都塞的拥护者和同时期的康吉莱姆（Canguilhem）对意识形态的概念的使用，福柯一直表示怀疑（参见1969年的《什么是科学思想?》(*Qu'est-ce qu'une idéologie scientifique?*)。具有讽刺意味的是，康吉莱姆表示说他把意识形态的概念引入自己的作品中是受到“米歇尔·福柯和路易·阿尔都塞（Louis Althusser）的影响”)。

福柯尤其指责意识形态建筑在过于简单化的科学 / 非科学的对立上（参见《知识考古学》(*Archéologie du savoir*)，巴黎，Gallimard/nrf，1969年，第240—243页)，特别是必须把认知关系作为已知前提，它被理解成为主体对客体的关系，而客体只能是被经济、社会、政治关系单纯地“扰乱、混淆”(为了举例，可以参见《真理与司法形式》[DE，II，第139号])。从《知识意志》课程以来，福柯的整个计划都在于说明与既定的政治、经济条件相关联的权力关系（在这里是刑事实践）怎样反而使“认知的主体、因而也就是真相的关系形成”，他将系统化地渐渐远离这个研究角度。这就是课程概要部分中的情况（“权力和知识并不仅仅是通过利益和意识形态活动才相互联结起来的”见下文，第231页)，在《真理与司法形式》中［特别是第一次研讨会，以及福柯对平托（M. J. Pinto）提出的问题的说明，第630页 / 第1498—1499页：主体“绝对不是由意识形态（构成的)。我曾明确指出这不是一种我所说的意识形态类型的分析”]，并且在《惩罚的社会》(特别是第236—237页，福柯用自己的分析对抗“意识形态方案”；参见同上书，授课情况简介，第296—298页)。除了权力如同意识形态的指责以外，还有两种对马克思主义的指责，内容如下：(1）假设一种解析的关系存在于“人实际的本质和劳动之间”，然而“只有通过权力关系，人们的生活和身体才会与劳动联系起来”(《惩

* 被划掉的词“尺度”。

罚的社会》，第 224 页）；（2）假设一种解析的关系存在于主体和认识的形式中，这些形式被认为是既定的，然而“使得主体、认知的主体完全崭新的形式［……］出现”的就是权力关系，并且把这些主体与真相的特殊历史形式相连结的就是权力关系（《真理与司法形式》，第 539 页 / 第 1407 页）。

2. 参见布伦纳（H. Brunner），《法国旧诉讼程序中的话语和形式》（*La parole et la forme dans l'ancienne procédure française*）［参见上文，第 122 页注 16］，第 30 页。本课缺失的两页可以通过参考《真理与司法形式》的部分内容得以补充，见第 3 次研讨会，第 574—576 页 / 第 1442—1444 页（更确切地说，是从：“在封建法律中，两个人之间的诉讼通过考验体系来解决［……］”到：“［……］个人之间真相和过错的分离没有起到任何作用；仅仅存在胜利或者失败”）。

事实上我们参考的这一段内容很有可能复述了福柯在第 13 课所讲的缺失的内容，至少在总体结构上如此。我们要就基本观点提醒大家。封建法律是被当作在“考验的体系”上组织起来的，也就是说一系列考验可能是：（1）社会考验（能够被结集起来的证人的数量显示出其社会重要性）；（2）口头上的考 217
验（仪式和要尊重的形式的重要性）；（3）宗教考验（例如誓言）；（4）肉体考验（例如神意裁判）。这一系列考验表现出两种特点：（1）它服从于双重体系：人们或者接受考验，或者放弃考验。如果人们放弃考验，那么就输掉了诉讼；（2）它以胜利或失败告终：没有第三方依据事实的真相作出审判，而是由第三方确认一方的胜利或者失败。

3. 在这里我们再次看到与“符号学”（sémiologie）相反的“朝代的”（dynastique）概念，这是 1971 年 12 月 15 日的课程提及过的内容（见上文，第 47 页、第 53 页注 16）。有必要把关于考验和真相的关系的分析与福柯提出的关于古希腊的分析作出对比（参见《知识意志》，第 69—84 页）。倘若考验求助于朝代，那么考验首先包含某种有差别的力量关系；然后，在规则和仪式中把这种关系定型；最后的理念是这些规则和仪式恰当地表现出该关系。在福柯看来，为了与通过讯问、证据体系、检察官和证人确立起的判决作出区分，考验的概念在对日耳曼和中世纪的司法体系的解释中发挥着主要作用。关于这一观点，参见《真理与司法形式》，第 574—577 页 / 第 1442—1445 页。在《惩罚的社会》（第 200—201 页），福柯会对比作为审判机构的考验、讯问和检查，并把考验放回关于真相的历史中，这段历史对比“真相—考验—事件”［其中他为中世纪的概念“危机”（crise）确定位置］以及“真相—认知”，“真相—表露”，参见《精神病学的权力》，第 235—247 页。

4. 关于野蛮的“证据”体系的问题，参见德克拉勒耶（J. Declareuil），《五至八世纪法兰克法律中的司法证据》（*Les preuves judiciaires dans le droit franc du V*^{e} *au VIII*^{e} *siècle*），Nouvelle Revue historique de droit français et étranger，1898 年，第 22 年，第 220—268 页，第 457—488 页，第 747—762 页，以及 1899 年，第 23 年，第 79—109 页、第 188—212 页；参见列维，《中世纪的法律证据等级：从罗马法的复兴到 14 世纪末》。与建立在证据、讯问和供认基础上的体系相比，该体系被看成是“不合理的”。关于对合理 / 不合理的措辞的评论，参见《真理与司法形式》，第 584—585 页 / 第 1452—1453 页。

5. “剩余权力”（plus de pouvoir）的概念以及福柯在下面介绍的“剩余知识”（plus de savoir）和“剩余利益”（plus de profit）的概念似乎是在回应拉康（Lacan）在 1968 年 11 月 13 日的课程中理论化的“剩余快感”（plus-de-jouir）。在该课程中我们重新找到福柯通过“朝代的”概念分析的全部类似的问题：“言外之意”（l’hors-sens）的问题和没有思想（non-pensée）的问题，它们组成了推论的次序和语言符号的发音（signifiant）的规则（“不像所有的现象学所假设的那样”拉康解释说）；“剩余快感”是一种职能，它使得“放弃享有”能够获得一定的补偿，而“放弃享有”对语言符号的发音的机制的运转是必要的，并且“剩余快感”同时也是话语的主题的组成条件（围绕着“剩
218 余快感，允许我们看到这种融合、沉淀［……］完成的关系得以构成，因此我们能够把一个主题统一称为全部话语的主题”）。从这个意义上来看，“朝代”使福柯能够从“符号学”或规范的体系中提炼出符号，以便通过权力机制解释它们的形成条件（1971 年 12 月 15 日的课程，注 3），“剩余快感”使拉康能够摆脱语言符号的发音的规范和重复，以便能通过放弃享有和“剩余快感”的双重机制解释其形成和再生产条件，其中“剩余快感”在某种程度上通过话语补偿了这种放弃。参见拉康（J. Lacan），《从剩余价值到剩余快感》（*De la plus-value au plus-de-jouir*），这是研究班讨论会《从另一个到另一个》（D’un Autre à l’autre）未出版的第一课，讲授于 1968 年 11 月 13 日；文章由米勒（J. -A. Miller）整理，Cités，2003/4，第 16 期，第 129—142 页。

6.《真理与司法形式》明确地表达这一观点并延伸至更远：“我们明白司法清算只能通过考验的机制取得。国王或其代理人、检察官，不能在每次有犯罪发生的情况下都冒着自己的生命或财产危险。［……］为了知道一个人是否是罪犯，必须找到一种除了考验和双方当事人斗争以外的新机制”（参见同上书，第 580—581 页 / 第 1448—1449 页）。

7. 福柯使“讯问”作为权力—知识的特殊形式出现，它与中世纪国家的成立相关联，这也是课程概要（见下文，第231—233页）中所说的课程的主要目的。讯问如同知识的模板，与尺度（1970—1971年课程研究的对象）和检查（1973—1974年课程研究的对象）都不同，对于6至5世纪的希腊时期，这项研究被写出梗概，参见1972年3月在布法罗（Buffalo）的课程以及1972年10月在康乃尔大学（Cornell University）的课程，《俄狄浦斯的知识》（*Le savoir d'Œdipe*）（见《知识意志》，第225—251页），《真相与司法形式》还会再次讲到这个问题。福柯对于中世纪时期纠问式诉讼程序和讯问的产生的分析主要参考以下著作：埃斯曼，《大陆刑事诉讼法的历史——特别参照法国》；邦让尔，《关于10世纪至13世纪世俗法庭的研究》；列维，《中世纪的法律证据等级：从罗马法的复兴到14世纪末》；吉耶马尔（M. Guillemard），《勃艮第的民事调查》（*L'enquête civile en Bourgogne*），第戎，Nourry，1906年；吉耶尔莫（M. Guilhiermoz），《讯问与诉讼：关于14世纪议会的诉讼程序和作用的研究》（*Enquête et Procès. Étude sur la procédure et le fonctionnement du Parlement au XIVe siècle*），巴黎，A. Picard，1892年。关于这个问题更近期的作品，例如可以参见戈瓦尔（C. Gauvard），《中世纪的讯问》（*L'enquête au Moyen Âge*），罗马，École française de Rome，2008年；德儒（M. Dejoux），《圣路易的调查》（*Les Enquêtes de saint Louis*），Paris，PUF，2014年；参见雅各，《法官的特赦：西方司法制度和神圣的事物》，第249—307页。

8. 缺失的笔记或许详细地说明了在纠问式诉讼程序确立之前的讯问的两种形式：“加洛林王朝的”讯问，它是行政类型的，人们使宣誓讯问（Enquête jurée）或通过国家的讯问（inquisitio per patriam）从中衍生出来（这无疑是错误的），后一种讯问方式主要是在诺曼底王朝的英格兰（Angleterre normande）树立威望（关于这一点，福柯主要参考了儒望·德隆格雷（F. Joüon des Longrais），《中世纪英国刑法（1066—1485）》（*Le Droit criminel anglais au Moyen Âge（1066–1485）*），收录在《法国法律与外国法律历史期刊》（*Revue historique de droit français et étranger*），第34卷，第3期，1956年，第391—435页）；参见儒望·德隆格雷（F. Joüon des Longrais），《自1066年以来英国的证据》（*La preuve en Angleterre depuis 1066*），收录在Recueil de la Société Jean Bodin，第17卷：证据，第2部分，布鲁塞尔，Librairie Encyclopédique，1965年，第193—274页）；教会的讯问，它来自主教对教区的访问（visitatio），是通过普遍讯问 *219*

（inquisitio generalis）的方式—— 主教会讯问贵族，以便了解自己不在的时候是否发生了什么事情，而后通过特殊讯问（inquisitio specialis）的方式辨认过错的行为人和过错的本质。参见《真理与司法形式》，第 581—584 页 / 第 1449—1452 页，福柯是根据其中形成的观点来写下这一段内容的。

9.“众所周知”（notoriété）或“众所周知的事件”（fait notoire）的概念是中世纪法律中的一个基本的要素。“众所周知”（notoire）是指一个人显然看到并知道一切，因此他不需要提供一切证据；通过众所周知，我们可以得到立刻和完全的确定，而证据只能带来一个罪证（conviction），充其量能够达到“合情合理的确定”（probabilis certitude）。众所周知尤其是让在大家面前公开完成的事情体现出自明性（évidence）（evidentia rei），如同“现行犯罪”；然而在中世纪的众所周知理论中，司法供认也把事情变得尽人皆知。关于这些问题，参见列维，《中世纪的法律证据等级：从罗马法的复兴到 14 世纪末》，第 32—66 页。

10. 有关显要人物（notable）和众所周知的规则或许是参照两件事：一方面是加洛林王朝的讯问，“当统治者的代理人要解决一个法律、权力、税收或道德［等］问题时，权力的代理人会征召有资格了解道德、法律或所有权凭证方面的人。他把这些人召集起来，让他们发誓说出真相，说出他们所了解的事情、他们所看见的事情［……］为了确定真相，权力求助于显要人物、有资格知道事情的人”（《真理与司法形式》，第 581—582 页 / 第 1449—1450 页）。在福柯参考的关于该主题的大部分文献中都可以找到这种观点：例如，可以参见邦让尔，《关于 10 世纪至 13 世纪世俗法庭的研究》，第 279 页。

同样，在主教访问期间，普遍讯问（inquisitio generalis）需要问询“主教不在期间所有应该知道发生了什么事情的人——无论是名流、长者、最博学之人还是品德最高尚之人，特别是在发生过错、犯罪的情况下。”（《真理与司法形式》，第 583 页 / 第 1451 页）。在这里福柯援引了埃斯曼的《大陆刑事诉讼法的历史——特别参照法国》，第 84—85 页。在本课的后面一部分，福柯回到知识的提取的问题，是以讯问为特征的“剩余权力”使之成为可能的。

11. 这种观点经常出现在埃斯曼的作品中，特别是关于一种特殊的诉讼程序的内容：“人们认为一个事件由多名证人担保，因此该事件就会被当作是具有自明性事件，就可以被当作是现行犯罪”（参见上文，第 94 页）。

12. 在本课的后面一部分，福柯会再次讲到供认，并将其与讯问作对照［《补充评注》（Remarques complémentaires），第 205 页］。在接下来的几年里，福柯专注于对供认的思考，其中的主题与关于自身的真相结合在一起。我们可以在《知识意志》（第 84—85 页）中找到关于该主题的几点思考，还可以在法兰西学院接下来的课程中看到这些想法（《精神病学的权力》，第 12—13、158—160 页，特别是第 238—241 页，其中选取了《刑事理论与刑事制度》中与真相—考验—事件的历史相关的几点要素；《不正常的人》，第 155—180 页；《对活人的治理》，法兰西学院课程系列，1979—1980，主编塞内拉尔（M. Senellart），巴黎，Gallimard-Seuil，“Hautes Études”，2012 年，第 71—106 页）。福柯于 1981 年在鲁汶（Louvain）的课程专注于供认实践的历史。参见《恶行诚言—— 司法供认的功能》（*Mal faire，dire vrai. Fonction de l'aveu en justice*），布里翁（F. Brion）和哈考特（B. E. Harcourt）主编， 220
Chicago/Louvain，University of Chicago Press/Presses universitaires de Louvain，2012 年）。关于供认在中世纪诉讼程序中的作用，例如可以参见列维，《中世纪的法律证据等级：从罗马法的复兴到 14 世纪末》……在《恶行诚言—— 司法供认的功能》（第 199—206 页）中，福柯会更加详细地进行论述。

13. 参见列维，《中世纪的法律证据等级：从罗马法的复兴到 14 世纪末》，第 71 页：“证人只能提供他所知道的事情［……］这种认识必须是他通过亲身感受获得的［……］他必须向法官解释其信息来源［……］因此，证人不是支持者。他只能说‘整个事实，而且是真相’（totam et meram veritatem）。”参见邦让尔，《关于 10 世纪至 13 世纪世俗法庭的研究》，第 262 页、第 267 页。

14. 关于笔录的问题可以参见埃斯曼的《大陆刑事诉讼法的历史——特别参照法国》，第 106—107 页、第 149—156 页；参见列维，《中世纪的法律证据等级：从罗马法的复兴到 14 世纪末》，第 72—79 页，第 84—106 页。

15. 见上文。现行犯罪的尽人皆知的特征（evidentia facti）把其上升为众所周知的事。参见列维，《中世纪的法律证据等级：从罗马法的复兴到 14 世纪末》，第 29—45 页。

16. 列维在上面提到的著作中分析了这些技术，表现出它们是按照一定的等级（鉴定阶段）（gradus probationis）组织起来的，从众所周知的事出发，直到半充分的证据和嫌疑。参见《中世纪的法律证据等级：从罗马法的复兴到 14 世纪末》全书，关于知识的层层渐进，参见第 26—31 页。

17. 见上文，第 202—203 页。参见列维，《中世纪的法律证据等级：从罗马法的复兴到 14 世纪末》，司法供认把事情变为众所周知的事，因此它等同于现实化（actualisation）。

18. 见上文，第201—202页，第219页注9—10：在于从显要人物（notable）向众所周知（notoire）的过渡。

19. 关于这一点，参见儒望·德隆格雷（F. Joüon des Longrais），《自1066年以来英国的证据》（*La preuve en Angleterre depuis 1066*），第196—198页：首先涉及“宣誓讯问”（enquête jurée），和通过国家的讯问（inquisitio per patriam）、行政讯问或税收讯问（可以在1086年的《末日审判书》（*Domesday Book*）中看到，在诺曼征服（conquête normande）之后，建立人口普查、牲畜存栏数清点和所有权以及耕作工具的统计）；其次涉及专门的司法讯问。这是英国陪审团的起源。经验主义（empirisme）出自这些讯问形式，关于该观点可以见下文课程概要部分，第233页。

20. 这里显然是借鉴了笛卡尔（Descartes）的思想，我们知道他是怎样把个人经验与自明性相结合的。列维的《中世纪的法律证据等级：从罗马法的复兴到14世纪末》中，第29—31页提出这样的比较：一方面，众所周知被当作论证的确定性（certitudo demonstrativa）或搁浅（infallibilis），与证据相反，证据被描述成即时的、“直观的”（intuitive）、直接的；另一方面，供认被“看作是与自明性相似”，把事情变为众所周知的事，甚至是缔造众所周知［参见于格·德匹兹（Hugues de Pise），《证据的等级》（*La Hierarchie des preuves*），第40—41页］。对笛卡尔主义的我思（Cogito）的批判性的参考重新出现在福柯的思考中，从《古典时代疯狂史》（*Histoire de la folie*）开始，在该主题上他以此对抗德里达（Derrida）的论战（《我的身体、这纸、这火》（*Mon corps, ce papier, ce feu*），DE，II，第102号），直到他在法兰西学院最后的课程（例如可以参见《对活人的治理》（*Du gouvernement des vivants*））以及《恶行诚言》（*Mal faire, dire vrai*），第167—169页。在这种情况下，我们处于关于尼采的课程计划的核心（《知识意志》，第202—205页）：不涉及最初的主体而创造一段认识的历史，表现出主体/客体本身的关系是力量关系全部规则的影响，“标志和意愿的规则”。

21. 权力对主体提取知识并向其提问，对于主体来说，这些问题意味着根
221 据某些形式产生关于自身的真相的话语并且受到它们的约束。关于这种提取和提问的方式的问题在之后的作品中引导着福柯：《精神病学的权力》、《不正常的人》、《“危险个人”的概念的演变》（*L'évolutionde la notion d'“individu dangereux”*）（DE，III，第220号）；《恶行诚言》。

22. 在这里很难不注意到对阿尔都塞（Althusser）的著名论题的回

应，他认为意识形态“质询”个人作为主体，从这种意义上来看“一切意识形态的作用［……］都是‘构建’作为主体的具体个人”（《意识形态与国家意识形态机器》［见上文，1972年2月23日的课程，第178页注10］。第302—307页）。阿尔都塞认为，具体的个人被一切意识形态转变为主体，这是以质询（interpellation）的形式进行的（在这里福柯更倾向于把讯问（interrogation）放在前面），事实上，为了阐明自己的意图，阿尔都塞在举了“警方的”质询的例子之后用更长的篇幅来阐述质询，就像他在基督教意识形态里面做的那样，首先从其教义和神学思考开始（参见同上书，第307—312页）。

23. 参见埃斯曼（A. Esmein），《中世纪刑事诉讼程序中对讯问的接受》（*L'Acceptation de l'enquête dans la procédure criminelle au Moyen Âge*），Paris，Thorin，1888年，第9—10页。当腓力四世（Philippe le Bel）去世以后，各个大区（勃艮第、香槟等）的贵族和领主要求重新确立不经过他们的同意就不能服从于讯问的权力，他们在1315年通过路易十世的一项法令获得这项权力。

24. 参见同上书，第14页，或者参见埃斯曼，《大陆刑事诉讼法的历史——特别参照法国》，第64—65页，或者参见儒望·德隆格雷，《中世纪英国刑法（1066—1485）》，第207—208页。事实上当一名涉嫌犯下严重罪行的人被逮捕的时候，为了让他同意接受讯问，人们常常把他关在监狱中，几乎不怎么给他食物和水（甚至在英国有这种情况：让他裸身睡在地上、把沉重得异乎寻常的铁块压在他的身上，一天给他吃变质的面包，另一天给他喝馊掉的水）。在此期间，人们竭尽全力使一名控诉人产生。

25. 福柯曾汇编了一份重要的文件，上面标有字母“T”的，这份文件是关于酷刑，其中的部分材料被用于《规训与惩罚》的撰写工作。此外，福柯延伸了他在《知识意志》（第83—84页）中的酷刑与关于真相的神意裁判的关系的思考，其中他强调“将会讲到真相与肉刑之间关系的历史”，并且概述了与这里所讲的内容相似的几点思考：关于“真相的考验”，还有在中世纪法官居于主导地位的诉讼程序的考验中的供认。在《恶行诚言》（第204页）的阐述中，我们会找到福柯介绍中世纪（18—19世纪）的酷刑问题的方式的思想，福柯主要参考了埃斯曼的《大陆刑事诉讼法的历史——特别参照法国》，第107—114页。还可以参见范·卡内基姆（R. Van Caenegem），《从最初至18世纪末古代比利时法律中的证据》（*La preuve dans l'ancien droit belge*

des origines à la fin du XVIIIe siècle)，载于《证据》(La Preuve)，第 2 部分，第 399—403 页，特别是文章附录里面的图示，把神意裁判的消失、证人的讯问的飞跃和 18 世纪欧洲酷刑的重新出现做对比。

26. 关于合法证据体系和其出现，参见埃斯曼，《大陆刑事诉讼法的历史——特别参照法国》，第 251—271 页，第 620—626 页。关于其之前的历史，参见列维，《中世纪的法律证据等级：从罗马法的复兴到 14 世纪末》，福
222 柯在《恶行诚言》(第 205—206 页) 中给出类似的分析。

27. 为了判处死刑，还需要完整的证据，而不是临近或相差甚远的行迹；而对于仅仅处以罚款的犯罪来说，要求则少得多。

28. 参见埃斯曼，《大陆刑事诉讼法的历史——特别参照法国》，第 251 页："为了让法官能够在［合法证据］体系中定罪，必须提前收集某些特定的证据［……］，法官如同琴键一样，当人们敲击某些键的时候，他不可避免地要作出回应。"

29. 在列维的《中世纪的法律证据等级：从罗马法的复兴到 14 世纪末》中，合法证据体系和概率思想的起源的关系是极其敏感的。福柯主要参考了米特迈尔 (C. J. A. Mittermaier)，《论刑事方面的证据》(*Traité de la preuve en matière criminelle*)［见上文，第 140 页注 1］，第 20 页，对 18 世纪在刑事审判中概率计算的使用提供了几处资料来源。"或然的" (probable) 的概念来自可证实的 (prouvable)。参见哈金 (Cf. I. Hacking)，《概率论的产生》(*The Emergence of Probability*)，Cambridge，Cambridge University Press，1975 年；关于更近期的著作，参见达斯顿 (L. Daston)，《古典概率的启示》(*Classical Probability in the Enlightenment*)，Princeton，Princeton University Press，1988 年，第 3—49 页。

30. 在《真相与司法形式》和《知识意志》中，福柯以希腊为背景，在"人民夺取审判的权利、说真相的权利，以真相对抗自己的主人"中，讯问作为知识的形式而起源。但是，他补充说："非常奇怪的是，讯问诞生的历史仍然被遗忘并且丢失，几个世纪之后，它在中世纪被重新拾取"(《真相与司法形式》，第 571 页 / 第 1439 页)。福柯的思想中的"更古老的"的形式是指加洛林王朝的讯问、盎格鲁—诺曼底的 (anglo-normande) 的讯问和卡佩王朝的 (capétienne) 的讯问。

31. 对于这些用法的更多细节，参见邦让尔，《关于 10 世纪至 13 世纪世俗法庭的研究》，第 261—276 页。

32.“尺度”是《知识意志》的主要论题之一（特别参见第97—160页）：以“普通法”(δικαιον)、货币、法律（νόμος）为形式。在课程概要中，福柯把1970—1971年的课程当作分析“尺度［……］是与希腊城邦的建立相结合的‘权力—知识’的形式”来介绍，而1971—1972年的课程主要用于论述“讯问［……］与中世纪国家的建立的关系”。此外，他宣布接下来的课程将会致力于分析“检查”(examen)。见下文，第231页。

33. 参见《知识意志》，第111—139页。在希腊，“尺度”的不同类型在以农民负债、军队转变为标志的背景下使人接受，并且手工业和贸易的发展要求土地和交换物品的等价和测量等。在政治背景下，僭主和立法者尽量在一定的限度内对负债农民和手工业者对衡平法和调整的需求予以满足，而不触碰到财富的实际分配。然而福柯写下：“无论是僭主还是立法者，掌握权力的人是城市的估算师（métreur）：土地、物品、财富、权利、权力和人的测量员（mesureur）”(第127页)。相反，对所有权、财产、个人收入的尺度、货 223
币的设立和尺度体系的设立赋予一种重大的权力。它们允许征收税、根据公民的财产为其分类、为他们分配政治权利，在最后（in fine）创立一种社会秩序，该社会秩序将会具有法律（νόμος）以及合理的尺度的表象。

34. 见上文，注30：福柯在《俄狄浦斯的知识》(Le savoir d'Œdipe)，第239—251页中提及这一形式，以及《真理与司法形式》，第570—571页 / 第1438—1439页。

35. 参见《知识意志》，第146—149页，第156—157页，在教育学、知识和权力中使用这种结构的条件被描述成“哲学、科学、真相的话语”，“独立于权力 / 是权力的缔造者 / 是对权力的批评”，然而事实上，福柯认为，更恰当地说，涉及的是一种屏蔽和无知，它通过法律（νόμος）的假定，“遮掩着政治对于经济的依靠”。我们注意到福柯将会在这一课中描述一种可以与“科学”相提并论的现象：同样，哲学以及希腊关于真相的话语“必须谈到空白的这一页，这种顿挫”，福柯把它称为“现实的分界的杜撰”，“其中政治关系和经济关系不被承认”，同样，认识论以及支持阿尔都塞的“认识论的分隔”的人谈论到科学和意识形态之间、科学与常理（Sens commun）之间的这种顿挫，掩盖了“这种以科学作为其影响的超知识是怎样产生的”，也就是说允许提取和没收“超知识”的权力机制。参见上文。

36.“提取超知识”(extraction du sur-savoir)的用语直接参照的是马克思理论中的提取剩余价值（extraction de la plus-value）。因此权力不仅仅具有允许提取剩余价值的责任：或是以直接的方式，正如在封建体系中保障对生产者强制性的纳税，或是以间接的方式，正如在资本主义体系中一样。而且权力还通过全套的方法，保障对知识的提取和骗取。福柯还会再次提及这个问题，“认识论的权力”如同“从个人提取知识的权力以及提取关于这些个人的知识的权力，其中这些个人受到注意并已经被各方权力控制”，福柯在《真相与司法关系》中就是通过这个概念谈到上面的问题，见第619—620页/第1487—1488页，并且在《惩罚的社会》后面的一部分，第236—238页，他批判“意识形态方案”——它或者以缄默的暴力方式面对权力，或者在意识形态的喋喋不休中面对权力（也就是说“虚假的”知识），并且他尽力展现权力和知识之间的复杂的联结。在这个框架中，他明确指出自己所说的建立在管理知识、讯问知识和警方调查（特别是带有做汇报的义务）基础之上的“行政类型”，他注出：“有必要写下国家知识的历史，也就是说对知识的行政提取的历史。”该问题得以重新讨论，不是以提取的措辞，而这次使用的是知识的取消资格、标准化（normalisation）、等级划分（hierarchisation），参见1976年法兰西学院的课程，《必须保卫社会》(*Il faut défendre la société*)，贝尔塔尼（M. Bertani）和冯塔纳（A. Fontana）主编，Paris，Gallimard-Seuil（coll. Hautes Etudes），1997年，第159—166页。在这里福柯主要是简要地回顾“由最伟大［……］、最普遍的、最工业化的［……］用最简陋的手段得出的［……］最细微的知识［……］吞并、没收的过程”，以及反对手工业者秘密的斗争。

224 37. 参见同上书，第202—203页、第219页、第9—10页。

38. 在同一时期，知识分子对于权力的作用的问题在福柯与德勒兹（Gilles Deleuze）的会谈中被提及，参见《知识分子与权力》(*Les intellectuels et le pouvoir*)（DE，II，第106号）。其中对于知识分子避免作为知识的掌握者的姿态以及真相本身不是权力关系的积极参与者的问题，福柯表现出格外的不安。他必须同时承认：(1)“为了知识，大众不需要［他］”，为了获取意识，他们不需要他，因此人们对于知识分子存在一种知识的先前性。然而特别的是(2)“存在一种权力体系，它”使人民的“这种知识［……］无效［……］”，并且我们可以补充说，它提取并没收这种知识。知识分子“同时既是客体又是工具”。知识分子就是要在这个层面进行斗争，“在‘知识’、‘真相’、‘意识’的秩序中［……］反对权力形式”。至此我们理解到对于福柯来说重要的问题之一就是：在全部形式的斗争中明晰知识分子的地位，在这些斗争中，历史上成型知识的提取和没收机制可能会重复：其中它对“法院”形式和“检察官”职能的批判（被知识分子代表性的形象萨特所接受，然而却遭到福柯的批判）；其中面对他自己为监狱情报团体（GIP）研究的“讯问”形式，他感到特别的忐忑。他将会努力思考讯问实践，它试图摆脱这里描述的关于超知识的提取手段：涉及的是让无耻之徒（infâmes）发言，让非“显要人物”发言，然而至少他们是了解情况的人，并且涉及的是揭开对权力的秘密。人们不禁要问，在这一点上，福柯是否没有尝试让讯问的两种谱系学之间的压力发挥作用，如同在《真相与司法形式》中一样：在希腊的版本中，“地位低微的证人，通过他所看见并所阐述的真相的唯一方式，能凭借一己之力战胜最强大［……］被概括成为雅典民主最伟大的战利品之一［……］以真相对抗自己的主人”（参见同上书，第570—571页/第1438—1439页）；而中世纪的版本建立在国家司法机关的管理和组建的基础上，其中众所周知是由显要人物构建起来的，或者是被整套的权力装置提取的，等等。在“工人自己做出的关于工人的讯问”的评估中——该评估是监狱情报团体的“讯问—不容忍”模板，我们重新看到矛盾的情况。参见《二十所监狱中的讯问：序言》（*Préface à Enquête dans vingt prisons*）（Paris，Champ Libre，coll.《忍无可忍》（*L'intolérable*），第1号，1971年5月，第3—5页），DE，II，第91号，1994年出版，第195—197页/《Quarto》，第1卷，第1063—1065页。之后这些调查被汇编到《忍无可忍》（L'intolérable）的册子中。参见阿蒂埃尔（P. Artières）等人，《监狱情报团体：斗争档案（1970—1972）》（*Le Groupe d'information sur les prisons. Archives d'une lutte. 1970—1972*），巴黎，IMEC，2003年。

39. 参见里戈迪亚—韦斯（H. Rigaudias-Weiss），《工人讯问》（*Les Enquêtes ouvrières*），巴黎，PUF，1936年，158页。我们可以找到阐述得更为详尽的思考，参见《超越善恶》（Par-delà le bien et le mal）（DE，II，第98号），第1093页：“一方面存在工人技术性的知识，这曾是雇主一方不断提取、转移、改造的对象［……］由于分工、通过分工并且得益于分工，一切占有知识的机制隐藏、没收并抹除工人的知识”，并且从“19世纪初开始，工人对自己的条件展开了广泛的调查。该项工作为马克思提供了的大量文献资料”。“工人的知识”的问题因此颇为时兴：在当时，福柯提议在刚刚创办起来的《解放报》上定期刊载工人的回忆录专栏，该专栏是建立 225
在“他们自己的经验之上，还没有受到工会或政党的限制”（“关于工人回忆录专栏”(Pour une chronique de la mémoire ouvrière) [与荷塞·杜阿尔特（José [Duarte]）以及一名记者的会谈]，解放报（Libération)，第 n°00 期，1973 年 2 月 22 日， 第 6 页，DE，II， 第 117 页， 第 400 页 / 第 1268 页）。在他与德勒兹的对话中，以及之后在与荷塞、雷诺公司在比扬古（Billancourt）的工人的对话中，福柯坚持认为工人的知识（savoir ouvrier）优先于知识分子的知识（《知识分子与权力》，第 308 页 / 第 1176 页，以及《知识分子使思想合理化……》(*L'intellectuel sert à rationaliser les idées...*)，DE，II，第 123 页，第 420—421 页 / 第 1289—1291 页）。后来“工人知识”的问题将特别成为罗伯特·林哈特（Robert Linhart）的研究核心［参见《列宁、农民、裁缝：论苏联生产体系诞生的历史唯物主义分析》(*Lénine, les Paysans, Taylor. Essai d'analyse matérialisme historique de la naissance du système productif soviétique*）巴黎，Seuil，1976 年；《工作台》(*L'Établi*)，巴黎，Minuit，1978 年。］关于该主题，参见索尼耶（P. Saunier)，《大学的工人阶级至上主义》(*L'Ouvriérisme universitaire*)，巴黎，L'Harmattan，1993 年。

40. 福柯在《超越善恶》以及《与米歇尔·福柯的对话》(*Conversation avec Michel Foucault*）中谈到大学的职能的问题（DE，II，第 89 号)。

41. 这里明显是对巴什拉—阿尔都塞（bachelardo-althusserienne）传统用词的真正的挑衅，在这里福柯重新使用了这些词：“认识论的分隔”(coupure épistémologique) 以及科学性的门槛（seuil de scientificité)（要知道这些表达方式适用于福柯，他在《知识意志》(第 244 页）中使用过这样的表达方式）。批判本身再次使用阿尔都塞的措词（“屏蔽”(masquage))，这让人们认为“认识论的分隔”和科学 / 意识形态的对立本身就是意识形态要素，它们的作用是在对知识的提取中掩饰成型的权力机制的现实，而被当作是科学的部分最终依靠于此。在当时的背景下，这种批评具有特殊的重要性：在 1970—1972 年之间，康吉莱姆（Canguilhem）的学生、熟悉阿尔都塞的多米尼克·勒古（Dominique Lecourt）发表了一系列关于巴什拉（Bachelard)、康吉莱姆与福柯的研究：（特别是《关于考古学与知识》，La Pensée，第 152 期，1970 年 8 月，第 69—87 页。这些研究被刊载于在《对于认识论的批判》(*Pour une critique de l'épistémologie*)，巴黎，Maspero，coll.“Théorie”，1972 年)，其中他以阿尔都塞对马克思的解释为基础的历史唯物主义的名义，批判认识论是“幻想”(基于“认识论的分隔”的著名主题，马克思就是凭借于此突破意识形态，建立真正的历史科学）。正如之后康吉莱姆会巧妙地指出的那样，人们不禁会问“幻觉中的认识论的一个基本概念——断裂的概念，它被‘中断’之术语的创造赋予力量，它在其作为历史科学的构成中是怎样承担起对马克思主义的重新解释，以该名义认识论被当作幻觉而遭到拒绝”（参见康吉莱姆（G. Canguilhem），《认识论在现代科学的历史编纂学中的作用》（*Le rôle de l'épistémologie dans l'historiographie scientifique contemporaine*），刊登于《生命科学中的意识形态与合理性》（Idéologie et Rationalité dans les sciences de la vie），巴黎，Vrin，1988 年，第 28 页）。福柯在他的批判中系统地涵盖巴什拉—康吉莱姆（bachelardo-canguilhemienne）的认识论以及阿尔都塞的马克思主义，福柯本人绕过了这种矛盾并明确地针对阿尔都塞和他的学生的观点。

42. 参见《知识意志》，特别是前两课（1970 年 12 月 9 日、1970 年 12 月 16 日的课程，第 3—22 页，第 23—30 页）。

43. 见上文，1972 年 2 月 23 日的课程，第 171—172 页，关于经过司法机构的“剩余权力（plus de pouvoir）”与“剩余利益”的联系。“超权力、剩余权力从准许封建地租存在的过度生产中被提取的［……］”，这里涉及一种普遍的差异分析，我们可以在《惩罚的社会》、《真相与司法形式》中再次看到，这一次是对于资本主义体系中的“超权力”和“超利益”（sur-profit）的思考。权力有差异的关系（“超权力”）是“超利益的条件”，这使权力的差异性增加。要注意的是与此同时，福柯把这种“剩余权力”当做一种“亚权力”（sous-pouvoir），因为它在“国家重要机构下”流转（《惩罚的社会》，第 223—224 页，《真相与司法形式》，第 621—622 页 / 第 1489—1490 页）。然而这种权力差异也是知识差异的条件（“剩余知识”），后者本身就是“剩余权力”和“剩余利益”的条件。就是（权力、知识、利益的）差异的这种嵌套和自动牵连解释了福柯的立场，他从 2 月 9 日的课程开始就不断强调，而后在《惩罚的社会》和《真相与司法形式》中反复提及，“这些知识以及这些权力形式不是在生产关系之上表达这些关系或允许这些关系继续。这些知识和这些权力根深蒂固，不仅体现在人们的生活中，而且体现在生产关系中。［……］权力和知识［……］没有重叠在生产关系上，而是深深地扎根于生产关系的组成部分中”（第 623/ 第 1491 页）。 226

44. 在《知识意志》的第 5 页，对于分析知识的意志，福柯提到“认识论所提供的历史分析工具的不足之处”，首先被提出就是“科学或所谓的科学”与话语实践（pratiques discusives）的大类型的不一致性，这使福柯在《科学的考古学：答认识论小组》(*Sur l'archéologie des sciences. Réponse au Cercle d'épistémologie*) 提出的区别延伸（《分析手册》(*Cahiers pour l'analyse*)，第 9 期：科学的谱系学，1968 年夏，第 9—40 页；DE，I，第 59 期，1994 年 版， 第 724—725 页 /《Quarto》， 第 1 卷， 第 752—753 页），考古学研究方式和认识论研究方式的区分：考古学研究方式从知识上质疑科学的“可能性条件”，而知识作为话语形成的整体具有自己的规则性，该整体构成科学“有效的历史范围”；认识论研究方式对“作为科学的科学条件”感兴趣，也就是说对内部规范体系和能够决定一项发表是否属于科学的规则感兴趣。参见《知识考古学》，第 231—255 页，其中这些区别得以更加详尽、明确地阐述。关于科学的历史认识论和知识的考古学之间对立的分析，参见戴维森（A. I. Davidson)，《认识论与考古学：从康吉莱姆到福柯》(On epistemology and archeology: from Canguilhem to Foucault)，刊登在《性的出现：历史认识论和概念的形成》(*The Emergence of Sexuality*: *Historical Epistemology and the Formation of Concepts*)，Cambridge，Mass，Harvard University Press，2001 年，第 193—206 页。

45. 这一次涉及的是详细说明考古学和福柯所说的“朝代”的关系，正如《知识意志》第 4—6 页中，把“真相”重新放置在真正的“限制和支配之
227 网中”，以便表现出真相和权力之间构成的联系。福柯在这里所说的大型“司法—政治模板”是“权力—知识”的三种基本形式，他会在课程概要中提及(尺度、讯问、检查)，《真相与司法形式》中也会讲到，第 586—588 页 / 第 1454—1456 页。

46. 关于“合理性的进步”的概念，或许要向巴什拉请教，他认为科学取得进步是改正自明性和过错的过程、是克服认识论的障碍和不同的合理性范围的等级划分的过程。关于这个主题，他谈到通过“正在走向完整的”理性的“自主的活动”，“逐步扩展合理性的范围”(参见巴什拉（G. Bachelard)，《否定的哲学》(*La philosophie du non*)，巴黎，PUF，1940 年，第 33 页)。科学通过这种“剩余知识”构成并转换，如同剩余价值的提取一样，“超知识”需要隐匿的权力关系，后者组织知识的提取、以及知识的流通、知识的没收和知识的积累。

47. 检查，它与 18—19 世纪镇压、刑罚的新形式相结合，在这里检查

被当作人类科学的模板，成为福柯之后的作品中的红线之一。在“课程概要”部分，检查把“选择与社会排斥的作用”联系起来（见下文，第232页），更恰当地说它被当作与“强制性的制度”相关的事物（《真相与司法形式》，第200—201页、第222—224页；《精神病学的权力》，第54—60页；《惩罚的社会》，第186—196页（“检查”），第227—228页；《不正常的人》，第155—215页）。在后面关于希腊人、罗马人与早期的基督教里的自我检查的实践的分析中，还可以再次看到关于检查的主题。

课程概要①

① 发表于《法兰西年鉴》(Annuaire du Collège de France, 72e année, Histoire des systèmes de pensée, année 1971—1972), 第 283—286 页。重收录于 Dits et Écrits, 1954—1968, édité par D. Defert & F. Ewald, avec la collaboration de J. Lagrange, Paris, Gallimard ("人类科学丛书"), 1994 年, 4 卷本; 参见第 2 卷, 第 115 篇 /《Quarto》, 第 1 卷, 第 1324—1338 页。

本年度的课程是研究19世纪法国社会中的刑事制度（更 231
普遍地来说，是社会控制以及惩罚体系）的历史导读。该项研究本身处于前一年所勾勒出的一个更广泛的课题的内部：以司法—政治模板为基础，追随某些知识类型的形成，而使这些知识类型产生并为其提供支持的正是该司法—政治模板。这项研究的假定如下：权力关系（以及贯穿这些权力关系的斗争和维持这些权力的制度）对于知识不仅仅是起到推动或阻碍的作用；它们不满于鼓励或激发知识、歪曲或限制知识；权力和知识并不仅仅是通过利益和意识形态活动才相互联结起来的；因此问题不仅仅在于决定权力是怎样使知识服从并使其服务于权力的目的，或者权力是如何使自己强压在知识之上并对知识强制要求意识形态的内容和限制。倘若没有沟通、记载、积累、转置体系，任何知识就都不会形成，而这种体系本身就是一种权力形式，它的存在与运作与其他权力形式相结合。相反，倘若没有对知识的提取、占有、分配和限制，任何权力也就都无法行使。在这个层面来看，互不相干的认识和社会，或者互不相干的科学与国家并不存在，而存在的是“权力—知识”（“pouvoir-savoir”）的基本形式。

去年，我们已经分析过尺度（mesure），它作为“权力—知识”形式，与希腊城邦的构建相联系。今年，我们以同样的方式研究了讯问（enquête），研究它与中世纪国家的建立之间的关系；明年，我们将会研究检查（examen），它作为“权力—知识”形式，与工业社会所特有的控制、社会排斥、惩罚体系相结合。从其形成的历史角度来看，尺度、讯问、检查都曾是行使权力的方式，同时也是确立知识的规则。
232 尺度：在人与人之间、自然要素之间的斗争中建立或者恢复秩序、合理秩序的方式；同时，它也是数学知识和物理知识的母体。讯问：确认或还原事实、事件、行为、所有权、权利的方式；同时，它也是经验论知识和自然科学的母体。检查：设置或恢复标准、规则、分配、资格和社会排斥的方式；同时，它也是一切心理学、社会学、精神病学、精神分析学的根基，简而言之，它是一切被称为“人类科学”的根基。如同其他纯粹单一的手段或受到严格控制的工具一样，尺度、讯问、考验显然同时在许多科学实践中发挥作用。同样可以肯定的是只有在这种层面、只有在这种作用中，它们才与权力形式脱离关系。然而在它们与权力建立关系之前，在既定的认识论内部被明晰之前，它们曾与一种政治权力的确立相结合；它们曾既是影响又是工具，对于尺度起到秩序的作用，对于讯问起到中央集权的作用，对于检查起到选择和社会排斥的作用。

因此，1971—1972 年的课程分为两个部分。

一个部分用于研究讯问以及讯问在中世纪的发展情况。我们重点研究了它在刑事实践领域中出现的条件。从复仇体系过渡到惩罚体系；从控诉实践过渡到审讯实践；从引发诉讼的损害过渡到决定起诉的违法行为；从基于考验的决定过渡到基于证据的审判；从指定胜者并显示正当理由的较量过渡到依靠证据而确认事实的笔录。这一切转变与国家的诞生相联系，而国家趋向于以一种越来越严格的方式占有对刑事司法的管理；就维持秩序的作用来说，刑事司法的管理集中在国家的手中，如同封建制度对司法的课税已经把司法实践纳入财富转移的大流通之中。讯问的司法形式或许借鉴于保留下来的加洛林王朝的行政管理形式；不过更能肯定的是它借鉴于教会的管理和控制模式。这一切实践活动涉及：讯问所特有的问题（谁做了什么？事实是众所周知吗？谁看见了并能够做出证明？行迹是什么，而证据又是什么？是否存在供认的情况?）；讯问的阶段（确认事实的阶段、确定罪犯的阶段、确证行为的情节的阶 233
段）；讯问所涉及的人物（起诉的人、告发的人、见证的人、否认或承认的人；必须审判并作出判决的人）。讯问的这种司法模式建立在整个权力体系上，正是该体系决定了什么必须被当作知识而构成；这种知识从谁那里被提取、被谁提取、怎样被提取处理；它以何种方式被散布、被传递；它在哪个点被积累起来并产生一个裁定或判决。

从 14 世纪开始，这种“审问”(inquisitorial) 模式发生变动并逐步转型，它将构成经验论科学的建立的要素之一。无论讯问是否与实验或探险相结合，它总是强烈地反对传统权威和象征性的考验的决定，它将在科学实践（例如磁学或自然史）中得以运用，它将在方法论的思考（例如名为培根（Bacon）的这位行政管理人员）中得以理论化，它将被转化为话语类型（讯问，作为一种分析形式，与论文、沉思录、专论不同）。我们属于一种审问式的文明，多少个世纪以来，这种文明根据起源于同一个模式却越来越复杂的种种形式，对知识实施提取、转移和积累。审讯（inquisition）：我们社会中的一种主要的权力—知识形式。审讯，它是提出问题、强行取得答案、搜集证词、控制证明、确立事实的政治、行政、司法权力，经验之真相是审讯之女，就像尺度和比例之真相是正义（Dikè）之女一样。

这样的一天很快到来，经验主义已经忘却并掩盖自己的开端始初。卑贱的身世（Pudenda origo）。它以讯问的公正反对审讯的暴政，以大公无私的认识反对审讯体系的激情：而以经验之真相的名义，人们谴责它在其酷刑中创造出它声称要铲除的魔鬼；但是审讯仅仅是审问体系（système inquisitorial）的形式之一，长久以来它也是最完美的一种形式，而这种审问体系是我们知识的最重要的司法—政治模板之一。

本课程的另一部分用于研究在 16 世纪的法国，社会控制的新形式的出现。大规模的监禁活动、治安机制的发展、对人
234 口的监督，这些都为权力—知识的新类型的构建做好了准备，

这种权力—知识的新类型采用检查的形式。对这种权力—知识的新类型的研究，以及对其在19世纪发挥的功能和形式的研究将会在1972—1973年的课程中展开。

*

在每周一的研讨班上，我们一直继续着对19世纪的医学—法律的实践和概念的研究。我们挑出一个案例进行详细具体地分析，并将在以后出版。

皮埃尔·里维耶尔（Pierre Rivière）：一个在19世纪鲜为人知的杀人犯，他在20岁的时候把自己母亲、父亲和妹妹割喉杀害；在被逮捕之后，他写了一本用于解释的回忆录，该回忆录被交给了负责此案的法官和负责做精神病鉴定的医生。这本回忆录于1836年被部分刊登在一份医学期刊中，后来又被皮特（J.-P. Peter）从卷宗中完整地找出来，一起被找出来的还有相关的大部分文件。这一套资料的出版工作已经被准备完成，参与这项工作的有卡斯特（R.Castel）、德勒兹（G. Deleuze）、冯塔纳（A. Fontana）、皮特（J.-P. Peter）、里奥（P. Riot）、玛丽冯·赛松（Maryvonne Saison）。

在我们能够掌握的所有的刑事精神病学的卷宗中，这个案例引起我们的注意是出于各种各样的原因：第一点，显然是由于杀人犯书写的回忆录的存在，杀人犯是诺曼底的一个年轻的农民，说到底，他周围的人似乎都把他看作弱智。第二点，是由于回忆录的内容（其中的第一部分以一种极其琐碎细微的方式记述所有的契约、冲突、调解、允诺、决裂，从他父母的婚姻计划开始，这些东西就使他父亲的一家和母亲的一家之间或结合，或对抗，这是一个值得注意的关于农民的人类学（ethnologie）的文件。在文章的第二部分，皮埃尔·里维耶尔解释了他的行为的“理由”）。第三点，是由于证人们相对详细的证词，证人是村庄里的全体居民，他们都讲述了印象中皮埃尔·里维耶尔的种种“古怪行为”。第四点，是由于一系列精神病学鉴定。这些鉴定代表医学知识精确地定义的每一个层面（strate）：其中的一份鉴定是由乡村医生起草的，另一份是由卡昂（Caen）的医生起草的，而其他的都是由当时巴黎著名的精神病学专家起草的［有埃斯基罗尔（Esquirol）、奥尔菲拉（Orfila）等人］。最后一点，是由于事件发生的时日（犯罪精神病学的开端，精神病学家和法学家就偏执狂的概念展开的大型公开辩论，减轻处罚情节（circonstance atténuante）在司法实践中的扩展，拉斯纳尔（Lacenaire）的《回忆录》（*Mémoire*）的出版以及名副其实的罪犯形象在文学中的出现）。

17世纪的仪式、戏剧和政治[①]

① 1972年4月7日在明尼苏达大学（Université de Minnesota）的讲座，由斯蒂芬·戴维森（Stephen Davidson）（用英文）概述，并于1972年刊登在阿尔芒·勒诺（Armand Renaud）主编的《第四届17世纪法国文学年会议程》（*Proceedings of the Fourth Annual Conference on the 17th-Century French Literature*），Université de Minnesota，第22—23页。

米歇尔·福柯在承认自己对于17世纪的文学领域的研究并无建树之后，明确简短地指出本次讲座的对象：17世纪的政治仪式之现象。 237

17世纪的政治仪式是一种极其大众化的并且被定义得非常明确的“种类”(genre)。在这些仪式中，每一个词、每一个动作都被精心准备，并按照一种特殊的程序处理，这种特殊的程序就是“礼仪”(étiquette)。这是一些典礼，它们带有自身的惯例、准则和程式。

我们可以从三个层面来分析这些仪式的作用：首先，在典礼层面，一切都被制定下计划。然后，在戏剧性的表演层面，不同的话语带着少许的自由度被制造出来。最后，在对抗、决斗、争斗层面，存在着双方或两种力量之间的较量和对峙。

在进入主题的核心之前，福柯解释说对于17世纪政治仪式的分析可以成为更广泛的研究的组成部分，这里所说的更广泛的研究就是关于政治权力仪式化的活动，这些活动从希腊的“政治集会广场”(agora) 的辩论开始，然后至罗马，直到18世纪末的仪式。政治权力使用一些可见的、戏剧化的形式并铭刻在人民的想象和行为中，我们研究的就是政治权力使用的这种方式。这是政治权力的表演中的名副其实的人种志

(ethnographie)，是对社会中权力标志体系的研究。

福柯选择从对1639年末和1640年初在鲁昂发生的政治仪式的研究开始他的分析，这场政治仪式是紧接着1639年[1]
238 在诺曼底[2]突如其来的，尤为暴力的农村和城市起义之后进行的。这场仪式代表君主政体的统治机器重新夺回权力。

这场仪式表现出完全特殊的利益，因为它出现在暴动乱党的军事失败的次日。因此，每一个细节都极其重要。每个细节都有论战和战略价值。在礼节的仪式化形式下，君主制权力在完全地重新分配，权力的大规模的中央集权也在发挥作用——这种权力的大规模的中央集权产生新制度并彻底改变旧制度。仪式就像路易十四统治下的君主制度的走向的缩小版的预兆（被人们用粗糙的方式称为君主专制制度）。被代表的是政治权力机关的基本理论的“发挥”，就像这些基本理论在一个世纪以前被制定，并最终被塞瑟尔（Seyssel）明确提出的那样。研究文学的历史学家们已经在高乃依（Corneille）的《西拿》(Cinna）中看到对赤脚汉［或者“苦难的军队”(armée de souffrance)，他们是这样称呼自己的］起义的回顾。然而，这些事件的戏剧化特征不是出现在该片段中，而是出现在政治权力的仪式中。

（于是，福柯介绍自己对仪式的描述，描述的形式是把一

---

① 赤脚汉起义。继投石党运动之后，这无疑是整个17世纪中最重要的一次起义。

② 见上文，1971年11月24日的课程，第7页以及各处。

幕当作戏剧中的一个片段。）

第 1 幕　军事镇压

（在所谓严格意义上的仪式之前）

在 1639 年 11 月，诺曼底完全落入暴动者手中。黎塞留派出一支军队，这支军队由新教徒加西昂指挥，他把暴动者当作叛徒或外来敌人对待，而不是当作国王的臣民。赤脚汉尽量保持区别对待税务机关的工作人员和国王，对于前者，他们进行攻击；而对于后者，他们继续承认自己对其的尊重。然而政府拒绝接受这种区别，政府主张税务机关的工作人员和军队是国王的延伸部分，无论是谁，攻击他们就是攻击国王。那么他就不再是国王的臣民，至此就失去了一切相关的资格。同时，
加西昂把自己的军队安置在某些臣民的住宅里面，这些臣民本 *239*
应该被免除此般对待。诺曼底人被完全当作王国的敌人或叛徒一样遭到屠杀。有些人甚至被绞死，然后被肢解，根据中世纪为处决叛徒而保留的惯例，这些尸块被悬挂在各个城门上。

第 2 幕　最后的审判（JUGEMENT DERNIER）

12 月初，大法官塞吉埃被指定派往鲁昂，用他自己的话说，就是“让武装起来的司法（justice armée）进行统治”。他尽可能地缓慢前行，以便他令人生畏的存在笼罩在诺曼底

人的头顶上，并且社会中的三个等级来到他面前做出归顺的行为。仪式就在这里开始了。名流显贵去拜访塞吉埃——首先是议员，然后是鲁昂市长，最后是大主教哈雷（Harlay）。每个人通过归顺的行为，表现出自己拒绝承认塞吉埃是无限权力的代理人。与礼仪规则相符合，他们的态度反照出君主制权力的三重限制的传统政治理论：宗教、司法权力和行政或治安。塞吉埃是以这样的方式回应归顺行为的：他拒绝接受他们意识形态的前提，这是显而易见的。

首先，他不接受议会拒绝批准政府法令的行为。其次，他禁止鲁昂市长戈达尔（Godart）去巴黎求见“国王本人，因为国王已经在他的决定中表明了自己思想，这是无法上诉的”。最后，他拒绝大主教哈雷作为“他的虔诚的信徒们”的首要“牧师”（pasteur de ses brebis）的要求，因此最终是他对信徒们负责。通过使用上帝经国王之口说话的理论［由布德（Budé）和葛拉西安（Gracián）概述的理论］，大法官坚决认为在司法领域国王是为上帝说话的人，上帝的意志是通过国王的意志表现出来的。而且在最后的审判中，国王完成了上帝将要完成的职责。

240　第 3 幕　塞吉埃进入鲁昂

加西昂和他的军队在圣诞节当日进入鲁昂，这是基督降世的日子。塞吉埃本人在元旦那一天进入城里，而加西昂和他率领的军队处于塞吉埃的命令之下（通过自愿归顺的行为）。相对于传统（《法国掌玺大臣公署年表史》（Histoire chronologique de la Grande Chancellerie de France），1670—1674①）来说，这是超乎寻常的失当。然而，这些都是按照礼节、依据礼仪规则、通过加西昂的白色指挥旗移交给塞吉埃以及官员与大法官塞吉埃的日常会面完成的。大法官塞吉埃作为国王的代理人，此时在该省代表两种权力当局：民事与军事。他按照军事程序惩罚平民，不听取被告人的意见也不接收任何形式的书面或口头证词。例如鲁昂骚乱的领导人之一，戈林（Gorin），他被塞吉埃定罪。大法官还获得了军事荣誉，一般来说这是属于国王的。

还有一个新角色与塞吉埃一起出现在政治仪式中：有形的国家部门。康托洛维茨（Kantorowicz）谈到过国王的两个身体，肉体与精神②。在鲁昂的仪式中，第三种体出现，就是国家机器的主体（le corps de l'appareil d'État），以及其中的公务员，还有他们之中的领导者。国家变为一切等级、一

---

① 特瑟（A. Tessereau），《法国掌玺大臣公署年表史》（*Histoire chronologique de la Grande Chancellerie de France*），巴黎，Pierre Le Petit，1676年（N. d. Éd.）。

② 康托洛维茨（E. H. Kantorowicz），《国王的两个身体：中世纪政治神学研究》（*The King's Two Bodies: A Study on Medieval Political Theology*），Princeton，NJ，Princeton University Press，1957年。法文版Les deux corps du roi，1989年，Jean-Pilippes & Nicole Genet译，Paris，Gallimard（N. d. Éd.）。

切权威、一切规则的来源。军队和司法只不过是这种新主体中的两个部分。

第 4 幕　塞吉埃入场之后的两个行动

他从暂停城里的全部法定权力机构开始，例如议会和市政委员会，并用其他的法定机构、其他的“演员”代替。从此以后，议员们不再是王室权力控制下的一个机构，而是国家公务人员。

241 第 5 幕　隐藏的战略

政治权力与王国中显要人物的经济利益结成同盟。所有的武器都被没收并重新分配给显要人物。城市被强制要求捐税，这将由最富有的成员推进。他们变为社会中其他组成部分的债权人。

同时，在仪式以内，一种新的平衡、一种契约被建立在富人与穷人之间。在投石党运动发生时，这种平衡受到威胁，然而曾经被仪式所规定的权力形式仍然保持原样。

授课情况简介 243

弗朗索瓦·埃瓦尔德（François Ewald）、贝尔纳·E.哈考特（Bernard E. Harcourt）

《刑事理论与刑事制度》是米歇尔·福柯在法兰西学院讲授的第二门课程。这 13 节课是在 1971 年 11 月 24 日至 1972 年 3 月 8 日期间讲授的。本课程延续了对知识意志的探讨，知识意志是上一年开始的以法律和司法制度为基础的研究。继“尺度”之后，福柯以对于整个中世纪的制度的研究为基础，引入“讯问”的主题，在为《法兰西学院年鉴》写的课程概要中，他几乎唯独专注于讲授该主题。 245

与其说福柯以编年的方式继续他的研究，倒不如说他把前面的 7 节课程都用于详细研究大法官塞吉埃对赤脚汉起义的镇压（1639—1640 年）。从中他看到了将要变为刑事司法的“新镇压体系”的诞生，这种司法将会使监禁变为主要的刑罚，并且随之而来的将会是政治犯和普通法范畴内的犯人的区别，而对它的质疑成为监狱情报团体（GIP）的起源。第 8 课至第 12 课（1972 年 2 月 2 日—3 月 1 日的课程）用于研究中世纪司法制度和导致这种新镇压体系确立的要素，在对赤脚汉起义的镇压中我们目睹了该体系的诞生，从这以后该新镇压体系不断得到巩固。第 13 课（1972 年 3 月 8 日）相当于与前面的课程正交（orthogonal），指出知识—权力关系的模式，该模式构成中世纪司法制度的特点。

在这里的“授课情况简介”中，我们将提供几个对现代读者有用的要素。这几个要素是关于：其一，为了文章和批判机制的构建而使用的档案资料；其二，课程讲授的背景；其三，本课程在福柯的研究中的地位。

I

246 手稿的状况。档案资料。

对于本课程，我们没有福柯讲话的录音。我们出版的手写稿依据的是保存在法国国家图书馆（Bibliothèque Nationale de France，BnF）手稿部的福柯的手写稿。但是，几位听众的证明让我们知道手写稿与福柯的讲话是完全相符合的。

我们掌握整套的重要资料，它们被保存在法国国家图书馆，包括（1）本课程中的13节课的手写稿笔记，（2）全套的阅读卡片，（3）“笔记”中的详述的部分摘抄。为了本课程的出版工作，这三个部分的重要资料都充分地发挥了作用。

a. 本课程被保存在一个名为“1971—1972”的文件夹里，这个文件夹被归档在法国国家图书馆里关于福柯的藏书清单中，标签为：“1970—1984年的课程”。手写稿被福柯分为13次课程，分别标有1至13号。它似乎是完整的，除了第2课（1971年12月1日）缺失1页，以及第13课（1972年3

月 8 日）缺失数页。[1]

手写稿的抄本是以尽最大的可能忠诚于作者的方式完成的，特别是关于推论的逐条表述，表述方式总是非常细致，我们已经尽力将其再现。我们对手写稿的任何修改都用方括号标出或在注释中指出。对文章的编辑的规则已经在第 1 课的内容之前提及。

b. 全部资料都被精心地归纳在一些硬纸板文件夹中，福柯在自己的阅读过程中写下的卡片也被按照主题汇编起来。[2]这些卡片大部分是 A4 纸。它们被系统地写有标题，后面常常还跟有从书中或文章中选取的引语，其中的标题在空白处被标 247
明。[3]这些根据类别组织引语的卡片显示出福柯所研究的领域的问题化的层面。因此，它们表现出的用处不只是关于所使用的原始资料。值得注意的是，卡片中的引语从来不重复被引用的作者的概括性的阐述。福柯根据每张卡片上标题的种

---

① BnF，NAF28730。缺失的一页（第 2 课，手写稿第 10 页）的复印件已经被存放在法国国家图书馆。

② 文件夹包含的主题：例如“中世纪的起义”“中世纪的犯罪”“控诉、审问”“神意裁判与证据”“中世纪制度的组织［刑法、司法等］”“赤脚汉”“17 世纪的人民运动”等。参见 BnF，NAF28730，1 号和 2 号纸盒。

③ 例如，在“中世纪的起义”的文件夹中，卡片被加上标题，其中有：“11 世纪至 12 世纪农民扩大战果：司法 / 税务机关”“中世纪的武装抵抗权力”“沙福郡（Suffolk）和诺福克（Norfolk）的起义”“罗宾汉与格麦林”“1382 年骚乱后巴黎的镇压”“1382 年 3 月巴黎骚乱：被释放的囚犯”。参见 BnF，NAF28/30，1 号和 2 号纸盒。

类，只记下从自己的阅读中能够抽取出来的最简明的要素。在他的《尼采·谱系学·历史学》(*Nietzsche, la généalogie, l'histoire*) 中有这样一段令人难忘的阐述："谱系学是灰暗的、细致的和耐心的文献工作。"① 这一整套资料见证了福柯的研究。这些卡片既没有被标明日期，也没有被装进文件夹里。因此也就不可能知道它们是何时写下的，甚至无法知道主题与之相近的档案资料是何时组成的。这些卡片或许不是专门为课程写下的。它们有自己的独立性。它们表明由福柯引导的、被人们称为"调查"的东西似乎有着自己的一致性。这就像一座个人图书馆一样，随时可用。福柯在各种场合下会用到这些卡片：授课、讲座、著作。同样的档案资料可以在数种场合下被再次使用。

在这些"档案资料"中，有两个文件夹是用于记载赤脚汉的。第一个文件夹的标题是福柯手写的"赤脚汉"，内容主要是关于骚乱的战略性角度（骚乱的组织、军事角度、人民司法活动、在大法官塞吉埃的支持下的行动和镇压），这些角度与福柯之后所说的"政治仪式"相符合。第二个文件夹名为"17

---

① 《尼采·谱系学·历史学》(*Nietzsche, la généalogie, l'histoire*)（向让·伊波利特（Jean Hyppolite）致敬，巴黎，PUF，"厄庇墨透斯"(Epiméthée) 丛书，1971 年，第 145—172 页），《言与文》(*Dits et Écrits*)，1964—1988 年［文中简写为：DE］，德福尔（D. Defert）& 埃瓦尔德（F. Ewald）主编，collb. J. Lagrange，Paris，Gallimard，1994 年，第 4 卷，参见 II，第 84 号，第 36 页 / 再版第 2 卷，《Quarto》：第 1 卷，第 1004 页。

世纪的人民运动”，包含的所有的卡片主要是依据鲍里斯·波尔舍内（Boris Porchnev）的书（大部分）和罗兰·蒙尼耶（Roland Mousnier）的书所写下的。在这里，福柯对经济、税收制度和阶级关系感兴趣。这种划分表示出对赤脚汉骚乱的分析的两个提纲：其一，“政治仪式”和权力的表现之提纲，其中福柯是强调其独创性的第一人；其二，经济、税收制度和阶级关系之提纲。① 248

这些档案资料被克劳德—奥利维尔·多伦（Claude-Olivier Doron）所使用的，用于确立考证机制，他在注释中将其指出。我们不能就此说福柯收集的文献止步于这些卡片［他当然还会借助于其他参考文献，特别是就中世纪的制度的问题与他的同事乔治·杜比（Georges Duby）相互交流］，同样，我们也不可以说这些卡片是为了课程而写下的。

c. 最后，福柯写下一些笔记，起草了一些论证，这些构成“笔记”的最初版本的文本，它们也被保存在法国国家图书馆。福柯的藏书第 91 号盒第 11 号笔记包含与课程日期相近、部分内容相关的阐述。② 它们被写入课程注释中相关的部分。如果不理解福柯实际所讲授的言词，我们可以在现代

① BnF，NAF28730，2 号盒。关于福柯在对赤脚汉的分析中所参考的资料更详细的表述，见本书，1971 年 11 月 24 日的课程，边码（下同）第 13 页注 2。

② BnF，NAF28730，91 号盒。

文章（《言与文》，文章编号第82、84、86、87、88、89、90、91、94、95、98、105、106、107、108、117、119、123、125、132、139号）中找到福柯在课程中阐述某些主题的方式。此外，稍后的文章也与他在同时期做出研究的产生共鸣（《言与文》，例如第281、297号）。

II
背景

1971年秋季至1972年冬季，法国正值五月风暴（Mai 68）事件的影响中。法国人民公投否决区域划分（régionalisation）和参议院改革（1969年4月27日），次日，戴高乐将军辞职。乔治·蓬皮杜（Georges Pompidou）
249 接替共和国总统职位。总理雅克·沙邦—戴尔马（Jacques Chaban-Delmas）制定“新型社会”计划：“繁荣昌盛、朝气蓬勃、宽宏大量、自由解放的社会”。他从确认“阻塞的社会”出发，在这个社会中，社会机构的保守主义维持着意识形态中的极端主义（extrémisme）：“只有通过假装革命的方式，我们才能够完成改革。”[①] 必须尽量使法国社会“以不经过重大危机的方式而达到发展”。一方面涉及“做出改革”（“现代化”、“权力分散”、“社会对话”、“参与”），另一方面涉及控制并镇压社会运动中最激进的角色，“暴力的拥护者和

① 在线资料：<http://www.assemblee-nationale.fr/histoire/Chaban1969.asp>。

共和国的敌人”[1970年6月4日的《反抢砸分子法》(loi “anticasseurs”)]。简而言之，人们以改革反对革命。

“镇压”被提上日程。[①]它尤其针对“无产阶级左派”(Gauche prolétarienne)的毛主义运动。领导人和活动分子被关入监狱，他们的报纸——《人民事业报》(La Cause du peuple)被禁，报纸的负责人也都被监禁起来。拉丁区的警力总是非常密集。进入大学是受到检查的。福柯无疑在课程的最前面的部分就对此作出暗示。[②]在他讲授这一课的时候，仍然要穿过警察的层层封锁绳才能进入法兰西学院。

镇压导致多种形式的抵抗，这对知识分子意味着：捍卫结社和言论的伟大自由（创造“人民事业之友”协会，让-保罗·萨特（Jean-Paul Sartre）负责领导《人民事业报》)、支持政治犯、创立“红色救济”(Secours Rouge)：用于“确保镇压下的受害者的政治和法律辩护”的组织[③]。丹尼尔·德福尔（Daniel Defert）在《政治生活》(*Une vie politique*)[④]中详细描述了福柯的动员方式：为了给政

---

① 参见《油印宣传册（监狱情报团体的声明），1971年2月8日》[《Tract ronéoté（Manifeste du G. I. P.），8 février 1971》]，DE，II，第86号，1994年，第174页 /《Quarto》，第1卷，第1042页。

② 参见第1页，(“本课程存在的理由？ //- 睁开眼睛……”)。

③ 1970年6月11日，由萨特发起。

④ 丹尼尔·德福尔（Daniel Defert），《政治生活》(*Une vie politique*)，与菲利普·阿蒂埃尔（Philippe Artières）、埃里克·费夫洛（Éric Favereau）的访谈，与约瑟芬·格罗斯（Joéphine Gross）合作，巴黎，Seuil，2014年，第36—76页。

250 治犯辩护，从最初的“政治犯组织”(Organisation des prisonniers politiques)(出自于无产阶级左派)过渡到“监狱情报团体”(GIP，1971年2月8日)，使用的战略与在此之前使用的战略天差地别。我们可以想起标志着福柯的观点的几个要素：法院反对警察的观点的放弃［灵感来自1970年12月为了给被监禁的毛主义者辩护，红色救济曾在朗斯（Lens）组织过人民法院］；为政治犯辩护的策略的发展——一方面是通过拒绝划分政治犯和普通法上的罪犯，另一方面是通过“讯问—不容忍”程序，组织犯人为他们自己发声，而他们的发言不会被载入、编入司法话语，这些司法话语主要是来自知识分子。

通过阅读《言与文》，我们可以重新构建源自五月风暴的运动对于福柯的重要性。首先我们能够看到一段缄默。在1968年5月，风暴发生的那个月份，福柯并没有居住在法国（但是在事件进行的过程中，他途经巴黎，并且参加了沙莱迪体育场的集会）。当时他住在突尼斯，在那里授课。自1967年以来，突尼斯是学生起义的中心［与第三次中东战争（guerre des Six Jours）有关］，那里遭到非常严酷的镇压。福柯在镇压中保护学生。后来他经常会提到突尼斯学生运动的激进性、他们面对风险的勇气，与法国学生起义的相对舒适性形成比照。五月风暴中法国学生运动的这种惰性无疑会让他感到生活在法国的苦恼，以及移居国外的愿望（他后来会说，如果自己更年轻一些，就会移居到美国）。与此同时，他对某些国际革命运动感兴趣［阅读罗莎·卢森堡（Rosa Luxemburg）、切·格瓦拉（Che Guevara）、黑豹党（Black Panthers）的相关资料］。

然而，从某种程度上来说，五月风暴用多种方式把他挽
回。首先，他重新成为万森纳（Vincennes）实验大学哲学
系的负责人（他从1968年末开始在那里授课，直到被选入
法兰西学院）。福柯在几篇文章中提及在法国的大学里发生的
事情、分析在5月的日子里学生和教员所表达出来的不安定。
对于某些教学方法的革新，他缄默不语（对教授主讲课的批 251
判——并期待将来的研究班讨论课的工作），并承认学生运动
的重要性。[①]

然后，尤为重要的是，因为他意识到并感觉到在1968年急速发展的运动中的行为使他最早期的著作的核心内容现实化（或再现实化），这些著作就是《古典时代疯狂史》（*Histoire de la folie à l'âge classique*）和《临床医学的诞生》（*Naissance de la clinique*），这两本书在出版的时候没有得到任何政治反响："最开始没有人对我的第一本书感兴趣，除了像巴特、布朗肖这样的文学工作者以外。但是没有任何精神病专家、任何社会学家、任何左翼人士对其感兴趣。随着《临床医学的诞生》的出版，情况更加糟糕：无人问津。疯癫、

---

① 米歇尔·福柯，《超越善恶》（*Par-delà le bien et le mal*）（与中学生的访谈，刊登在Actuel，第14期，1971年11月，第42—47页），DE，II，第98号，第227页/第1095页。

健康，这在当时还不是一个崇高的理论政治问题。崇高的是重新阅读马克思、精神分析法和符号学。因此，我对这种乏味感到深深失望，我对此毫不隐瞒［……］然后，在1968年，突然之间，这些关于健康、疯癫、性、身体的问题直接进入政治所关注的范围内。突然间所有人都对疯子的地位感兴趣。因此，这些书突然间被过度消费，而在之前的一段时期里这些书的状况完全相反。所以在这个日子之后，我重新踏上征程，带着更加从容的心态，更加坚定我没有错这个事实。”[①] 此外，他后来说从这个时候开始，对于他来说，生活在法国变得更加容易。

“我重新踏上征程”，意味着福柯将把他的研究重新置于《古典时代疯狂史》的问题化的领域之中：再次更新关于监禁的主题—— 福柯决定围绕着监狱的问题，再次研究并更新监禁的主题。因此他展开关于“监禁的”社会的主题（考虑到流放或屠杀的社会），其中他开始着手于重建谱系学。然而此刻他认识到的东西远远比对一个社会学主题的更新更为深刻。这些事件具
252 有决定性的主观维度，是关于知识分子的地位和写作活动：“问题［……］如下：首先，如果法国知识分子发现自己处于一种十分困难的境况中，如果他们被强迫着遭受一种眩晕，或者是绝

① 《米歇尔·福柯，违法与惩罚艺术》(*Michel Foucault, l'illégalisme et l'art de punir*)［与塔拉（G. Tarrab）的访谈，刊登在《新闻报》(La Presse)，第80期，1976年4月3日，第2、23页］，DE，III，第175号，第88—89页/第88—89页。参见赞卡内利（J. -C. Zancarini），《福柯与1968那些年》(*Foucault et les "années 68"*)，刊载于《1968年5月四十周年》(*Mai 68 en quarantaine*)。

望，那是因为自从中国‘文化大革命’以来，特别是自从革命运动不仅仅在欧洲发展，而且也在全世界发展以来，他们被引导着向自己提出这样的一系列问题：写作的颠覆功能是否依然存在？曾经写作行为本身、通过自己的写作使文学存在的行为本身就足以对现代社会表达抗议，这样的时代难道不是已经发生变革了吗？现在难道不是刚刚过渡到真正的革命斗争的时刻了吗？现在资产阶级、资本主义社会已经完全把写作的这些作用剥夺了，写作的行为难道不是仅仅用于巩固资产阶级的镇压体系吗？难道不应该停止写作吗？当我说出这一切的时候，请你们相信，我不是在开玩笑。跟你们说话的人，是一个继续写作的人。我最熟悉、最年轻的朋友中已经有一些人彻底放弃了写作，至少在我看来是如此。老实讲，面对有利于政治活动的这种放弃，我本人不仅持欣赏的态度，而且我也感受到一种强烈的眩晕。现在我终究已经不再年轻了，我对继续这项活动感到满意，这项活动或许已经失去我想要赋予它的批判的意义。”①

这次采访以一种无与伦比的方式表达了五月风暴对福柯的影响：其一，存在客观的一个方面，是关于主题的更新——十年前，他在人们几乎是普遍的漠不关心中把这些主题写在日程

① 米歇尔·福柯，《疯癫、文学、社会》(*Folie, littérature, société*)，DE，II，第82号，1994年，第115页/《Quarto》，第1卷，第983页（1970年9月至10月，福柯在日本居住期间接受的访谈），鲍里斯·戈比尔（Boris Gobille）、以马内利·雷诺（Emmanuel Renault）& 安娜·索瓦尼亚格（Anne Sauvagnargues）里昂高等师范学院（ENS de Lyon）组织的研讨会，2008年5月23—25日。

本上；倘若说有其一，那么就有与其一连带相关的其二，存在一个主观的方面，是关于他自身和写作活动。新的局势剥夺了他的存在理由（写作活动，他重申自己不能够与其相脱离），并迫使他对其意义重新进行考虑。对颠覆性的写作主题的批判不仅仅是针对德里达，这种批判还尤其表达了他感受到的对自己
253 的研究、方向、自己的写作观点重新思考的要求（《词与物》，特别是对于他来说，造就他的成功的事物变为一本书、一次脱离社会的练习，尽管其实现的理由和目的都是牺牲法国大学在哲学方面的要求）。但是，与此同时，福柯说，与自己某些最熟悉的朋友们不同，他不会变为革命活动分子，并且会继续写作（即便一直以来鼓舞他的写作的意义和自明性在此时被剥夺）。

为了描述这个时刻、这种转变（在两个方面：客观上——监禁主题的更新；主观上——写作活动），福柯使用“经验”（expérience）、“彻底的经验”（expérience à fond）的概念，他对杜乔·特萨巴多里（Ducio Trombadori）说：“我曾尝试做一些事，这些事需要个人的、身体的、实在的投入，这些事会用具体的、明确的措辞在特定形势内部提出问题。// 只有从这个时候开始，人们才可以提出必要的分析。通过在监狱情报团体中工作，我曾就犯人的问题体验过一种彻底的经验。”[①] 这对于福柯来说是一个基本的

① 参见《采访米歇尔·福柯》(*Entretien avec Michel Foucault*)，（与杜乔·特萨巴多里的访谈，巴黎，1978年末，刊载于Il Contributo，第4期，第1号，1980年1—3月，第23—84页），DE，IV，第281号，1994年版，第80页 /《Quarto》，第2卷，第899页。

概念，包括相互关联的几个方面：

1/ 首先，经验具有个人的、情感的方面：人们用情绪、情感来描述经验——“眩晕”、“绝望”——苦恼。它具有存在之维度。这完全不是一个心理学上的问题；这反映出其存在方式，它与写作活动相结合（在其持不同政见之维度），也就是它与其他人、世界的关系。让他与写作相结合的自明性被剥夺，并且对投靠于另一种存在方式无能为力，他必须在某种程度上重新想出动机、意义、要求和必要性。经验，它要求改变自我。然而具体来说，此时剥夺了他的写作中的自明性的东西将会带给他新的理由——依据社会运动更新的东西，以及他从中找到的非常独特的位置（后来他将其定性为“特殊知识分子”的新位置。）

2/ 经验的第二个方面：它是主体间的（intersubjective）。经验通过写作流传，但是它改变所指对象。此后写作的具有颠覆作用的自明性被剥夺，写作不再是关于它本身，而是关 254
于马路上、社会里、斗争中发生的事情，这些事情推动着写作：它直接是政治性的（从不经过支持者的约束），因为写作是一种政治活动。它在与他人之间的关系和随之而来的斗争中思考、思索。从某种意义上来说，它变为一种集体活动。写作本身不再是颠覆性的，而仅仅在它与社会运动的关系中才是颠覆性的，——必须定义（重新定义）这种关系。与他人共处的一种方式。具体来说，这种经验里的一个组成部分就是找到并定义一种新的关系、他本身作为知识分子、哲学家与他人（特殊知识分子）之间良好的关系、他本身与斗争之间良好的关系（关于他对《古典时代疯狂史》和《临床医学的诞生》的接纳度的失望，他已经表示自己参照一场潜在的社会运动为了其他人写下这两本著作，这与他的文章中的其他主题是接力的关系）。哲学研究在经验中的维度：如何用一种与当下相符合的方式阐述哲学研究？（其中他曾说过，在20世纪他自己再也不能找到参考资料了，从此以后哲学“行为”要在哲学以外找到它们的诞生地，特别是在科学活动中找到它们的诞生地）用怎样的方式阐述哲学研究才不会缩减成为编写宣传册（福柯也会用大量笔墨服务于社会斗争，他将毫不犹豫地把自己的写作才华用于服务社会斗争），而是对马克思或弗雷德（Fred）著作的新解释？要用谱系学作出回答，对我们社会中的新历史的书写将会把社会斗争安置在一个新舞台上、将其写入一种新的想象中。

3/然而“经验”还能被理解成第三种含义：直接是政治性的。五月风暴描述了政治实践的可能性的时刻，政治实践不再被编入党派和计划的索引，而是“转变”(transformations)（这个词是福柯说的，在某些文章中，它等同于“革命”）来自集体的过程：“我会用［……］经验对抗乌托邦。或许，未来的社会被勾勒出的轮廓是要通过经验：例如毒品、性、集体生活、另一种意识、另一种类型的特征……倘若科学的社会主义在19世纪表现出乌托邦，那么现
255 实的社会主义化（socialisation）或许在20世纪表现出经

验。”[①] 他经常会提到一个主题，直到走到生命的尽头，这个主题描述个人的经验与他人的经验、和他人一起的经验不可分离的方式。福柯认为，经验只有在政治中、在其集体转变的权力中才有意义（这解释了他的斗争的选择：在随时进行的多种多样的斗争中，哪个是具有最大的“转变”的权力的斗争?)。或者为什么只有依靠一种集体经验并与之相结合，个人经验才能存在——这里的集体经验是转变的经验，它们自身是不可行的，只有通过思想解放的过程、摆脱自明性的过程（即使不算知识分子的劳动，至少也是哲学家的劳动）才会成为可能。

4/ 经验，因此它也要经过政治机构的确立、集体机构的确立以及组织形式的确立——这种组织形式的目的是使其实现成为可能。而这就是 1971 年的监狱情报团体（这不是福柯创立的唯一的机构[②]）。此外，我们知道福柯总是希望与某些社会运动［法官公会（Syndicat de la magistrature)、参加名为“行动”(Faire）的团体］的活动分子会面、交流；并且怀念研讨班形式的集体工作——与教授主讲课不同，研讨班鼓励交流。

集体经验是社会运动、五月风暴横扫过的社会的经验，从

---

① 参见米歇尔·福柯，《超越善恶》(DE，II，第 98 期)，第 234 页 / 第 1102 页。

② 例如“塔尼耶学院”(Académie Tarnier)，他与来自世界各地的医生创立的机构，为了回应 1982—1983 年间年轻人 / 社会党的新政府对“知识分子的缄默”的指责。

整体上看，学生运动或大学里的运动只是其中的一个组成部分，那么这种集体经验是什么？一方面它被问题化或政治化的新形式、新客体所标记：关于“日常生活”的政治土壤（与自19世纪以来政党的惯例相反：国家权力角度下的规划）；另一方面，同时它也被关于权力和权力关系的这些斗争、经验、转变事实所标记：“具体来说显示出当前的政治运动的特点的难道不是对最日常的事情的发现——吃饭的方式、供给的方式、
256 工人和其雇主之间的关系、爱的方式、性被压制的方式、家庭的约束、对堕胎的禁止——它们是政治性的吗？无论如何，它们被政治所作用，这就是当今的政治之所在。”① 这些斗争可能是多样的、分散的、多变的（警察、司法、监狱、疯癫、医学、性等），从中我们再次找到同一个关键点：权力的问题。由此引出权力的本体论（ontologie）的必要性。

通过某种追溯的影响，福柯会不停地提及这种经验，在空间和时间中扩大其范围：

—在空间上的扩展、国家化：学生运动是世界性的（美国、突尼斯、法国和欧洲），监狱中的反抗不仅关于法国，而且也关于美国。在福柯于日本做的访谈中，他与

---

① 米歇尔·福柯，《监狱与监狱中的抗争》（*Prisons et révoltes dans les prisons*）［与莫哈弗（B.Morawe）的访谈，J. Chavy译，资料：《跨国合作杂志》（*Dokumente*：*Zeitschrift für übernationale Zusammenarbeit*），第29年，第2期，1972年6月，第133—137页］，DE，II，第125号，1994年，第428页/《Quarto》，第1卷，第1296页。

对话者讨论发生在亚洲的运动，这些运动与发生在西方的运动具有可比性（或者其中的经验具有可比性）；

—在时间上的扩展：权力的这种经验不是五月风暴的学生事件，而是一代人的事件，这一代人经历过权力的这些病理学（pathologies）、权力“过度”的形式，也就是法西斯主义（纳粹主义）和斯大林主义（stalinism）。

显然，五月风暴根据这些新的时空坐标的缩放成为一种世界性的经验并处于20世纪的权力实践中，五月风暴的这种缩放对于权力现象的衡量至关重要（福柯是这样认为的），此时，权力现象在这里通过权力问题发挥作用。

关于这一方面，福柯将会作出更加深入研究：在最近的文章中，在触及西方权力的牧歌维度和以福利国家为形式的再次论述之后，他会提出最晚从五月风暴以后，围绕着“日常生活”的这些斗争构成哲学和政治的现实，事实上这些斗争是我们社会中对权力的牧歌维度的抗议。这为五月风暴之后的运动赋予精神和宗教维度（并赋予《性经验史》最后几卷中的政治维度，要知道《性经验史》最后几卷是围绕着肉体的需要的基督教经验的分析）。

福柯就是在这样的背景下撰写并讲授《刑事理论与刑事制 257
度》的。根据他留给我们的记录，1971年11月在他开始授课的时候，他之后所研究的关于经验的一切组成部分都被列出：

其一，在一份关于社会新斗争的报告中对他的工作的说明；其二，在多种多样的斗争中对监狱的斗争的（非专属的）选择——关于监狱作为他的关于监禁的最初计划的更新；其三，在监狱情报团体中的创设和工作；其四，还有对五月风暴斗争以及其之后发生在法国和全世界的斗争的视为同一，这些对于比监禁的社会学事实更为深刻的现实提出质疑，他称之为“权力”。更具体地说，“经验”的一切组成部分都被列出，除了：关于话语的部分、谱系学的部分，还有一部分，其中知识分子的研究必须能够动摇自明性、重新找到被掩盖的前后联系和根源、开启新思想的可能性，正在进行中的历史的新颖的、闻所未闻的演出是用于使其偏移中心并开启思想和行动的新的可能性［摆脱无产阶级革命的方案、“左派团体”（groupuscules gauchistes）的修订］。

这就是福柯以《刑事理论与刑事制度》着手研究的内容，并且他的这项研究还会延续数年。这使得《刑事理论与刑事制度》成为一本非同一般的文献：这是他第一次起草他此后的研究计划，这也是他的研究计划的哲学问题化的第一个版本。看着福柯如何调动他所掌握的资料，而且还能够看到他怎样把历史深度运用在现代斗争上：17世纪的专制主义、现代镇压机制的诞生，以及在早期封建社会中的私人斗争，这是极其震撼的。

讲到这种“彻底的经验”（expérience à fond），就要不可避免地要提到三个见证，同时它们也是不可或缺的：丹尼尔·德福尔（Daniel Defert）[1] 的见证、吉尔·德勒兹（Gilles Deleuze）[2] 的见证——他曾与福柯、德福尔分享监狱情报团体的经验，以及克洛德·莫里亚克（Claude 258
Mauriac）[3] 的见证——与1971年6月之后的一切斗争相结合。这种“彻底的经验”将会使福柯能够穿过“小团体坚硬的壳以及无尽的理论探讨”，现在我们得到了此前一直缺失的、决定性的一个部分：《刑事理论与刑事制度》——福柯在1971—1972年讲授的课程，该著作见证他在当时所实现的哲学突破（在之后才获得其最终形式：《规训与惩罚》，他在很长一段时间里都说《刑事理论与刑事制度》是他“第一本”书。）

当福柯在1971年末如此紧张的局势下开始自己的授课的时候，他就已经下定决心，他知道在接下来的数年里把自己的

---

① 其中我们可以在《年代学》（*Chronologie*）中看到那些重要因素，它开启了《言与文》（*Dits et Écrits*），我们也可以在更近期的访谈集《政治生活》中看到那些重要因素。

② “我认为福柯的思想不是演化的思想，而是被危机推动的思想……毫无疑义，《古典时代疯狂史》已然是出自危机。他从那里展开整个知识的概念，既而有了《知识考古学》（1969年出版），也就是话语的理论，但却通往新的危机——五月风暴。对于福柯，这是一个集力量、欢欣鼓舞和快乐愉悦的伟大时期，是一个充满着创造性的时期：对此《规训与惩罚》就是标志，他从知识过渡到权力。”（吉尔·德勒兹（Gilles Deleuze），《会谈，1972—1990年》（*Pourparlers, 1972—1990*），巴黎，Éditions de Minuit，1990年，第3章，11：“对福柯的描写”，第142页）

③ 参见克洛德·莫里亚克（Claude Mauriac），《静止的时间》（*Le Temps immobile*），特别是第3卷：并且希望是暴力的，巴黎，Grasset，1976年，以及《某种盛怒》（*Une certaine rage*），巴黎，Robert Laffont（“Violence et société”丛书），1979年。

研究投入到何处，他作出了自己的选择并付诸实践。[①] 课程的听众在福柯所描述的赤脚汉起义的运动中感受着种种情节的律动。毫无疑问，听众在这里听到一种对发生在法国现实中的事情的隐喻或讽喻，围绕着社会运动的发展、警察和司法的镇压、监狱中的反抗——这在1971年末达到顶点。听众了解福柯采取积极参与介入的态度。他们不知道的是（而福柯知道的是）他将引领他们去往何处：不仅仅是要在黎塞留对人民骚乱的镇压中看到司法国家的起源——他从中看到对现实的猛烈镇压，而且特别是要学习解读社会运动——其中他是一个现代人，也许是一名积极参与者，就像是处于“权力”的新的现实中一样。继1968年之后的1971年是要在1639年的诺曼底寻找现实，必须这样做！听众被传送到另一个场景、一个反射出来的场景，在那里面福柯将会构建出各种各样的情节——依据他在明尼阿波利斯（Minneapolis）的研讨会的模式。

在这个时期福柯决定走上全新的道路，这使得他能够把权力问题化，如果我们推测《刑事理论与刑事制度》属于这个时期，那么还要厘清的就是出于该目的，他为什么选择聚焦在赤
259 脚汉起义上，而人民运动历史学家则认为该起义并不值得被特殊对待：从16世纪末开始，发生在法国的反税收骚乱不计其

① 通过福柯接受的《当代》（*Actuel*）杂志的访谈（1971年11月出版）就可以很清楚地看到这一点；参见《超越善恶》，（DE, II, 第98号），第224、226、231页／第1092、1094、1099页。

数。[①] 我们可以认为福柯选择研究人民运动是出于三个原因。第一个原因是关于历史的这一片段，福柯从鲍里斯·波尔舍内（Boris Porchnev）、罗兰·蒙尼耶（Roland Mousnier）以及其学生的研究中获得极其丰富翔实的资料。第二个原因在于大法官塞吉埃在特殊时刻下领导"武装起来的司法"的行动，这是一个无关紧要却又是必然发生的事件，福柯从中看到司法作为国家镇压机器真正地产生出来。第三个原因在于他选择以历史材料做对抗的方式把权力的问题抽出来单独看待，而所用的历史材料是马克思主义资料的组成部分。福柯选择单独看待权力的问题，他使用的是一种与马克思主义交锋的方式，特别是与两名卓越的马克思主义作家交锋的方式：一面是苏维埃历史学家鲍里斯·波尔舍内，他是关于人民运动的著名论题的作者；另一面是路易·阿尔都塞（Louis Althusser），福柯在巴黎高等师范学校时的老师，近十年来，他都在试着通过对马克思的新解读来革新马克思主义，他在此之前刚刚发表一篇关于"国家意识形态机器"的重要文章。

福柯领导这场交锋的方式堪称典范：交锋从来都不是笔战。在交锋中，阿尔都塞聚焦在国家和国家机构上，而福柯单

① 于2014年6月与著名的人民运动历史学家伊夫—玛丽·贝尔赛（Yves-Marie Bercé）的交流。对这些人民运动的解析引发一场著名的论战：一方是苏维埃历史学家鲍里斯·波尔舍内，另一方是专门研究制度的法国历史学家罗兰·蒙尼耶。关于这场论战，见下文克劳德—奥利维埃·多伦（Claude-Olivier Doron）的分析，《福柯与历史学家们》(*Foucault et les historiens*)，特别是第290—296页。

独地看待权力的层面；其中阿尔都塞的马克思主义分析使得法律和司法制度成为“上层建筑”(superstructures)，而福柯从中看到一些经济制度；在交锋中，阿尔都塞在意识形态的魅力中看到保障镇压机器的再生产功能的事物，而福柯发现了知识—权力的概念。福柯所专注的孤立地看待权力的分析表现出来的首先是一种“反马克思主义”，一种脱离马克思主义和某些马克思主义话语的方式，然而这也处于其领域、范围内。用德勒兹的词汇来说，这是一种使马克思主义“打褶”(plier)的方式。无论如何，对于想要研究福柯和马克思主义的人来说，《刑事理论与刑事制度》是一种选择、一个决定性的因素。

260 一般来说，没有读过这门课程内容的传记作者反对福柯的理论研究和他的战斗活动。1971—1972 年常常被描写成是“战斗的”时期，在那段时期他似乎放弃了哲学研究。哲学家和活动分子之间的对立是有争议（福柯认为哲学如同行动[①]），特别是对于福柯的情况，而《刑事理论与刑事制度》引发人们

---

① “现实，这就是福柯的兴趣之所在，这也是尼采所谓的不现实(inactuel）或不合时宜（intempestif），这是处于实际中的事物，哲学如同是思想行为”(参见吉尔·德勒兹，《会谈》，第 130 页)。关于监狱情报团体的建立如同思想行为，参见吉尔·德勒兹（Gilles Deleuze），《福柯与监狱》(*Foucault et les prisons*)，刊载于在《两个疯狂体制》(*Deux Régimes de fous*)，大卫·拉普雅德（David Lapoujade）主编，巴黎，Les Éditions de Minuit（“Paradoxe” 丛书），2003 年，第 254 页。

重新思考。在当时福柯没有放弃理论研究，恰恰相反，正如1972年的课程所证明的那样，这是最充实、最具创造力的时期之一，无疑也是最激烈的时期之一。

III

在福柯的研究中
刑事理论与刑事制度的时期

课程的重要性是在多个层面体现出来的。本课程的第一个明确的目标："司法"作为国家镇压机器产生，确立"镇压体系"，它的作用不再是像在中世纪一样保障财富的流通，而是通过对人民的隔离来镇压人民骚乱。福柯以更直接的方式给自己设立目标：追溯到普通刑事罪和政治犯罪之间的区别的源头（在监狱情报团体创立之前，由毛主义者不加分辨地接管无产阶级左派）。他认为这种划分要追溯到司法作为"国家司法机器"（黎塞留）的建立，在那个时期，惩罚变为：监禁。在司法经济学中发生的改变：从对财产的征收过渡到对人的隔离。

福柯把这种谱系学处理成两个阶段，这并不是按照时间顺序进行的：存在着具有决定性的时刻、特殊的并且是随机发生的事件——其中一切都被加速、关键性的斗争——其中新的局势树立威望：赤脚汉起义被塞吉埃大法官镇压，这标志着封建世界的尾声和国家的真正诞生，伴随着独立于国王个人的固定 261

的主体；[①]存在着一种更加缓慢、更加古老、持续时间非常长的过程，这解释了君主政体的司法机构的形成：以封建世界的最原始的司法形式（日耳曼法）和其矛盾为基础（导致领主、大封建主不得不放弃他们的审判的特权，并交给中央集权式的王室机构）。事实上这种双重谱系学始终在刑法变革的过程中贯穿整个中世纪（几个世纪），并且在镇压运动的短暂的时间中给出关于国家诞生的福柯式的观点，而此前人们曾责怪他没有提出过这方面的观点。[②]

第二个层面：既然构成谱系学，福柯把“权力”、“权力的关系”或“权力的联系”的问题单独看待（与马克思主义词汇中的国家机器相对比）。正如我们所知，这个问题将会变成他以后的研究目标，依据这个问题，他将会重新阐释自己的全部研究，这会致使他最终质疑对其提供支撑的工具（重点放在镇压、为了夺取权力而对司法资料的使用、权力关系与阶级

---

① 在《安全、领土与人口》（法兰西学院课程系列，1977—1978）（*Sécurité, Territoire, Population. Cours au Collège de France, 1977—1978*，塞内拉尔（M. Senellart）主编，巴黎，Gallimard-Seuil，2004年）1978年3月8日的课程中，福柯思考路易十四的格言的悖论：“国家，就是我”，他把它解读成“国家理由”的表达方式。没有另外引证1971—1972年的课程。参见《安全、领土与人口》，第252页。

② 参见沃尔泽（M. Walzer），《米歇尔·福柯的政治》（*The Politics of Michel Foucault*），刊载于大卫·霍伊（David C.Hoy）主编的《福柯：一名挑剔的读者》（*Foucault: A Critical Reader*），Oxford，Basil Blackwell，1986年，第66页。

斗争之间的联系）①，——有一点像绘画完成，却导致使其能够得以完成的画布被隐没。从这个角度来说必须重新阅读他与吉尔·德勒兹关于《知识分子与权力》的著名访谈，当时正是福柯讲授《刑事理论与刑事制度》中最后一课的时候，这本书如同是双重总结，发人深省，其一是围绕着监狱发起的斗争（与德勒兹一起），其二是课程中引导的研究：“我们仍然不清楚权力是什么。”② 然而课程使我们能够指出问题并衡量其重 262
要性。

《刑事理论与刑事制度》是福柯隔离“权力”问题之地（即便权力曾出现在前一年课程的分析中，特别是在对《俄狄浦斯王》的阅读中），一方面是通过大法官塞吉埃对赤脚汉骚乱的镇压的戏剧化的分析，另一方面是对从日耳曼法到现代性

---

① 参见米歇尔·福柯，《必须保卫社会》，法兰西学院课程系列，1976（*Il faut défendre la société. Cours au Collège de France, 1976*），贝尔塔尼（M.Bertani）和冯塔纳（A.Fontana）主编，巴黎，Gallimard-Seuil（“Haute Études”丛书），1997年，特别是前面的两次课（1976年1月7日与14日的课程）；参见米歇尔·福柯，《惩罚的社会》，法兰西学院课程系列，1972—1973（*La société punitive. Cours au Collège de France, 1972—1973*），哈考特（B.E.Harcourt）主编，巴黎，EHESS-Gallimard-Seuil（“Haute Études”丛书），2013年，第18—19页，第290—292页。

② 米歇尔·福柯，《知识分子与权力》（*Les intellectuels et le pouvoir*），（与吉尔·德勒兹（Gilles Deleuze）的会谈，1972年3月4日，L'Arc，第49期：吉尔·德勒兹，1972年第2季度，第3—10页），DE，II，第106号，1994年版，第312页/《Quarto》，第1卷，第1180页。

的开端之间的法律和司法制度的经济和认识论功能的分析。[①] 镇压中的权力、权力与战争、权力与财产流通、权力—知识：本课程对于司法制度作为权力行使之地提出了惊人的观点。这与法律的问题完全不同。司法处于权力分析的核心：权力关系在司法实践的核心相互联结、互相衔接：一方面是关于经济关系，另一方面是关于知识的形成。

A. 福柯、阿尔都塞和马克思主义

艾蒂安·巴里巴（Étienne Balibar）在致本课程的编辑者的信中写道："在我看来，福柯用三个阶段与马克思主义进行大规模的清算[②]［……］"

"大规模的清算……"：这样的词语或许是过分的。我们谈到了一种"反马克思主义"。福柯的反马克思主义并不是对

---

① 参见《与米歇尔·福柯的访谈》(*Entretien avec Michel Foucault*)（冯塔纳（A. Fontana）& 帕斯魁诺（P.Pasquino），1976年6月，拉泽里（C. Lazzeri）译，刊载于《权力的微观物理：政治介入》(*Micro Fisica potere: interventi politici*)，Turin，Einaudi，1977年，第3—28页），DE，II，第192号，1994年，第146页/《Quarto》，第2卷，第146页。

② 这是一封饱富启迪性的信，被安排在"授课情况简介"的附录部分，见下文，第283—287页。参见艾蒂安·巴里巴（Étienne Balibar）的《米歇尔·福柯对马克思的对抗》(*L'Anti-Marx de Michel Foucault*)，《福柯 & 马克思》(*Foucault & Marx*) 国际研讨会的闭幕会议，巴黎第十大学与巴黎国际哲学院（Université de Paris-Ouest et Collège International de Philosophie），2014年12月18—20日。

抗马克思主义。既不涉及辩驳马克思主义，又不涉及揭露马克
思主义的错误（这在福柯的任何言论著作中都找不到，很快他
会称为真正的马克思主义分析）。福柯并不反对他所重复的鲍
里斯·波尔舍内或路易·阿尔都塞的马克思主义分析的类型；
相反，当涉及描述历史现实的某些层面的时候，他使其结合，263
甚至是将其复杂化，使其界限显露出来。

因此我们可以建立起福柯式的分析和马克思主义分析之间的差别的一个清单：

a. 目标上的差异：马克思主义者要么做历史分析——可能会是极其准确、深入的研究，但通常旨在验证阶级斗争方案的合理性，以便解释无产阶级革命的伟大进程（波尔舍内），要么致力于对马克思、恩格斯或列宁真正说过的内容的阐释（阿尔都塞）[①]。福柯的问题不是在于验证一个结构——无论它

① 例如，可以参见路易·阿尔都塞在他的论著《论再生产》(*Sur la reproduction*）的导言中的“告读者”部分：“对马克思列宁主义哲学进行总结，仅仅意味着：以明确并且是尽可能最深刻的方式理解什么是马克思列宁主义哲学，该哲学是怎样发挥作用的［……］这同时也是［……］提醒大家注意由马克思所创立的新科学即历史唯物主义的最根本的发现，如果没有那些发现，马克思列宁主义哲学就不可能存在。”（阿尔都塞（L. Althusser)，《论再生产》，巴黎，PUF，1995 年，第 25 页；在文中被画了着重线）

是否是马克思主义性质的，而是在于理解现实中的行动。[1]每一本书、他工作的每一刻都伴随着他自己的能够理解的方案，这使得他能够捕捉到相关事件。福柯专注于精确的历史分析，他把马克思主义的范畴与真实的历史事实相比较。[2]福柯对社会运动进行了详细的分析（像马克思一样[3]）：对于他来说，
264 历史分析的目的是能够理解事件，关于让自己突然发现新的

---

① “我认为自己是一名记者，我所感兴趣的范围是现实、我们周围发生了什么、我们是什么，世界上发生了什么［……］尼采对现实有着执念。我认为在未来，要这么做的就是我们。未来是我们对发生的事情作出反应的方式，是我们把一种行动、一种怀疑转变为真相的方式。倘若我们想要成为我们未来的主人，我们必须从根本上提出今日的问题。对于我来说，这就是哲学是一种激进的新闻学的原因。”（米歇尔·福柯，《世界是一间伟大的避难所》（*Le monde est un grand asile*）［由莱特（R G. Leite）整理的谈话，P. W. Prado Jr. 译，刊载于 Revista Manchete，1973 年 6 月 16 日，第 146—147 页］，DE，II，第 126 号，1994 年，第 434 页 /《Quarto》，第 1 卷，第 302 页。

② “我必须说，我对于一些欧洲马克思主义者进行历史分析的方式感到极其不舒服。”（米歇尔·福柯，《从考古学到朝代》（*De l'archéologie à la dynastique*）［1972 年 9 月 27 日在巴黎与莲见（S.Hasumi）的访谈，刊载于 Umi，1973 年 3 月，第 182—206 页］，DE，II，第 119 号，第 406 页 /《Quarto》，第 1 卷，第 1274 页。）“当今许多马克思主义者的特征，就是不了解历史。”［与博尼泽（P.Bonizer）和图比亚那（S. Toubiana）的访谈，见《电影手册》（*Cahiers du cinéma*），第 251—252 期，1974 年 7—8 月］，DE，II，第 140 号，1994 年，第 659 页 /《Quarto》，第 1 卷，第 1527 页。

③ 福柯经常说他感觉自己比马克思主义者更加接近马克思，尤其熟悉《路易·波拿巴的雾月十八日》（*18 Brumaire de Louis Bonaparte*），他在《规训与惩罚：监狱的诞生》［巴黎，Gallimard（“Bibliothèque des Histoires”丛书）1975 年，第 286 页注 1］中引用过该文献。

事物。[①]

b. 方法上的差异：福柯在社会斗争领域调动一种方式，这种方式是受到尼采的启发。比起矛盾的辩证法（在《刑事理论与刑事制度》中，这一点也得以呈现），他更喜欢事件的谱系学。[②]《刑事理论与刑事制度》为不大可能的结合举出了例子：马克思与尼采，必须用尼采—马克思主义反对当时盛行的弗洛伊德—马克思主义。[③] 社会斗争处于故事的核心（马克思），然而观点、它们被阐述的方式，因而还有其重要性都发生了变化：我们或许可以这样说，从某种意义上说，心理学战胜了社会学，但这是错误的。这是面对政治的两种方式：在一种方式中，只要目的是好的，总是可以不择手段；在另一种方式中目的（它将超出战争）依靠于手段（力量状态、背景、局

---

① "在所谓的真相、人类、文化、写作这些类型的下面，涉及的总是消除发生的事情：事件。著名的历史连续性具有明显的解释功能；对弗洛依德、马克思永恒的'回归'具有明显的依据功能；在这样或那样的情况中，涉及的是排除事件的中断。"[《超越善恶》(DE，II，第 98 号)，第 226 页 / 第 1994 页]

② 关于"事件化"(événementialisation)，除《尼采 · 谱系学 · 历史学》(*Nietzsche*，*la généalogie*，*l'histoire*）以外，还可以参见《1978 年 5 月 20 日的圆桌会议》(*la Table ronde du 20 mai 1978*)，DE，IV，第 278 号，1994 年，第 23 页 /《Quarto》，第 2 卷，第 842 页。

③ 在他与杜乔 · 特隆巴多利（Ducio Trombadori）的访谈中，福柯使这个不恰当的结合计划追溯到 20 世纪 50 年代："作为'尼采式的'共产主义者真的是很难支撑下去的，可以说是荒谬的。我很清楚这一点"（参见同上（DE，IV，第 281 号），第 50 页 / 第 869 页）。

势）。因此，不仅仅历史的结果总是不稳定的、出路是悬而未决的、胜利是不确定的和脆弱的①，而且重要的不是注意这样或那样的斗争、战争、对抗在革命的一般规则里处于何种位置，而是准确地捕捉到不可避免地出现在特定场合中的事物。与在矫饰艺术中总是如此接近于倾覆的历史画卷中的悲怆相
265 比，对历史片段、细枝末节的研究截然不同。这是一种细节的艺术。福柯式的叙述是细节的创作。微缩艺术反对矫饰艺术。②重新找到事件的偶然性。一切都本可以用另一种方式发生，然而一切都必须发生，只能以这样的方式发生。事实上在《刑事理论与刑事制度》中，为了分析现代刑事司法的诞生，福柯确立两种分析提纲，一条提纲是事件（对赤脚汉骚乱的镇压的特殊时刻），另一条提纲是合理的或者辩证的必要性，以日耳曼法律中的私人司法的分散为依据，解释了刑事司法国家化的过程（这种必然性本身可以被认为是一系列随机事件的连续）。

c．客体上的差异：在这个背景下，必须区分权力问题和国家机器的概念。我们尤其能够注意到以下三点差别：

首先，福柯对制度本身不那么感兴趣，因为制度是力量关

---

① 对此我们有一个绝妙的例子：福柯描述的对赤脚汉起义的镇压方式（“政治仪式”）以及结果的不稳定性。

② 这个比喻是福柯自己说的：“社会主义的实在论［……］不可思议地让人想起1850年学院派浮夸的绘画。”［《米歇尔·福柯：哲学家的回答》（*Michel Foucault. Les réponse du philosophe*），DE，II，第163号，1994年，第812页/《Quarto》，第1卷，第1680页］

系之地、是一种力量与另一种力量对抗之地，其中一种力量在其造成的伤口（福柯所说的“烙印”）上绽放光彩的时候（它的权威）另一种力量不得不屈服。这完全不是一个关于暴力的问题。正如吉尔·德勒兹回忆的那样，福柯的权力关系的概念与尼采的权力意志（volonté de puissance）的观点十分接近（吉尔·德勒兹的重新诠释）。[①] 对制度的分析或国家机器的措辞为权力提供了一种消极的观点，然而在权力关系中，一些都是积极的。正如福柯在以后也会不断地提醒的那样，权力从来都不是静态的，它只有在“行使”中、在运动中、在活动中才会被获取。[②] 国家机器的观点是静止的，而权力的分析的
观点是动态的、总是活跃的、总是处于运动中。国家机器、权 266
力关系，这些毫无疑义是同一个现实，却是从不同的角度来看的。这就改变了一切。[③]

---

① 参见德勒兹，《会谈》，第 159 页。

② 参见米歇尔·福柯，《惩罚的社会》，第 231—237 页，第 300—301 页；[《精神病学的权力》，法兰西学院课程系列，1977—1978（*Le Pouvoir psychiatrique*. Cours au Collège de France，1973—1974），拉格朗日（J. Lagrange）主编，巴黎，Gallimard-Seuil，（“Hautes Études”丛书）]，第 34、42 页注释；《规训与惩罚》，第 31—33 页；《知识意志》（*La volonté de savoir*），巴黎，Gallimard（“Tel” 丛书），1976 年，第 117 页。

③ “尼采是提供了主要目标的人，我们可以说是哲学话语、权力关系。而对于马克思，却是生产关系”[《关于监狱的访谈：书与其方法》（*Entretien sur la prison*: *le livre et sa méthode*），与布罗谢尔（J. -J. Brochier）的访谈，刊载于《文学杂志》（Magazine littéraire），第 101 期，1973 年 6 月， 第 27—33 页]，DE，II， 第 156 期，1994 年， 第 753 页 /《Quarto》，第 1 卷，第 1621 页。

还有大法官塞吉埃精心组织的镇压“仪式”，对此福柯作出同样细致的分析。权力在这里并不是像军事暴力一样，通过在武器和惩罚方面的野蛮、对骚乱迅速无情的粉碎表现出来，而是通过对时间精妙的管理、在程度上考究的克制、预先考虑的悬念（“最后的审判”）表现出来，旨在使意志屈服、打消已经确立起来的权力的傲气。加西昂以残酷的方式粉碎了人民运动，但是镇压并没有缩减。在福柯的叙述中我们几乎可以说，在人民被制服的时候，“政治仪式”开始了。①“政治仪式”瞄准已经建立的权力、已经组成的权力机关（主教、市长、议会）。在真正的意义上，它关于使人谦卑（使人卑躬屈膝）、受侮辱、卑微、受轻视，在公共活动中让人承认自己的脆弱，引导他承认自己的从属性和低等性——也就是他的失败。②权力的最终目的不是军事性的；而是政治性的（在于对服从关系的承认）。镇压仪式完全是按照这样的事实安排的：从“暴动的平民”到建立起来的机构，在场的双方必须在一场公共活动中相继承认战败。屈辱中的屈辱（愤慨）。征服的过程、权力的“标志”，以及

---

① 根据目标选择性地分配镇压武器和工具：与是否平民。人民用凶残的武器进行战斗：他们被阻止、被恐吓，权力似乎认为自己并没有真正地攻克他们。对于创立的机构中的代理人，情况并非如此，这些代理人参与到该类型的考验中，当福柯谈到“关系”或者“权力关系”的时候，毫无疑问，他针对的完完全全就是这种情况。

② 从中以客观的方式引出“敌人”的主题，人们想要从客观的方式中获取到承认。见上文，1971 年 12 月 22 日的课程，第 47—48 页。

从来都不是消极的而一直都是积极的心理学过程就是这样发生的。

其次，必须区分体现在国家机器里的政治职能和国家机器 267
本身。在职能（它依靠于某些被福柯称为“体系”的事物，例如“镇压体系”①）和被假定体现职能的国家机器中间并没有重合。一个走在另一个前面，或者超过另一个。司法的镇压职能依靠于国家镇压机器中的不可或缺的“镇压体系”，然而国家镇压机器会将其改造：甚至是在国家机器出现之前就存在着一些“准国家”（pré-étatique）职能。②更准确地来说，福柯要求区分“形式”、“职能”和“机器”。③谈到国家机器，这就把事情限制在配有抽象的、普遍的职能（资本主义的再生产）的制度的唯一方面。更确切地来说，权力不能与制度（国家机器）相混淆，因为权力能够改造制度、颠覆制度、使制度对抗自身。

最后，用国家机器的措辞进行分析并不能使人们理解法律和司法制度在经济和认识论方面的双重职能——其中法律和司

① 在《刑事理论与刑事制度》中被称为“体系”的事物，在后面的《规训与惩罚》中会变为“图表”。

② 1972 年 2 月 16 日的课程，第 152 页。然而也要参见 1971 年 12 月 1 日的课程，关于新镇压体系和王室司法机构之间的衔接。

③ “从方法论的角度来看，无疑要区分：// 权力行使的制度的、合法的形式，// 国家机器，// 其承担的国家职能或准国家职能。”（参见同上，第 153 页）

法制度作为权力行使之地，并且用国家机器的措辞进行分析，这并不能使人们理解它把它们联系起来的方式。因此马克思主义观点的批判使法律成为上层建筑，使司法机器成为服务于资本主义生产关系的工具。司法组织并建立起一些权力—知识关系，这些关系处于经济组织的核心中。①

268 为了对权力现象进行这样的历史分析，福柯还提供了一份专门的分析表格，他多次提到这种分析。②

d. 在《必须保卫社会》中，福柯回忆起这种对应，其中马克思提及阶级斗争的观点要追溯到法国历史学家所说的“种

---

① 例如，可以参见 1972 年 2 月 23 日的课程，第 177—178 页注 9、10。“我们拥有我们应得的刑罚体系。存在一种有些简单的所谓的马克思主义分析，它在于把一切都归因为上层建筑。在这个层面，我们总是可以设想出一些调整和更改。然而事实上，我不相信刑事体系构成上层建筑。其实这是一种权力体系，它深深地渗入个人生活中，并落在他们与生产机制的关系中。”[《监狱和监狱里的抗争》(*Prisons et révoltes dans les prisons*)，(DE，II，第 125 号)，第 430/1298 页。] 在《再生产》(*Sur la reproduction*) 中，路易·阿尔都塞远远没有把“法律国家的意识形态机器”只简化成为一个上层建筑：“它是特殊的机器，它肯定上层建筑处于底层结构的上面和内部。”(参见同上，第 202 页)

② 1971 年 12 月 15 日的课程：“或许我们可以从这三个层面上分析政治事件：// 力量关系的产生，// 战略的合法性，// 权力的显现。// 可以说我们能够这样领会政治事件：在其可能性条件的层面、在其产生的斗争的合理性的层面、在其制造的场景的层面。”(见上文，第 46 页)。在 1971 年 12 月 22 日的课程中，福柯再次提到这种分析提纲：“力量关系的层面”、“战略考虑的层面”、“权力显现的层面”(见上文，第 59 页)。

族”斗争。①《刑事理论与刑事制度》提供了另一种与一段阶级斗争历史提纲划清界限的方式：②历史发展的动力在实质上是战争、是内战。不是霍布斯所认为的隐喻的战争，而是福柯所说的真正的战争——他在日耳曼法律和司法制度中再次找到真正的战争的踪迹。在阶级斗争（它已然是一种解释）的提纲中，福柯更喜欢内战的这种提纲（更加原始）。③

这种原始的或朴素的战争状态起到双重作用：一方面是一种历史上不变的作用：社会关系，如同权力关系一样，它们可以采用多种形式，总是表明正在进行中的战争的状态；仅存在关于斗争、对抗、胜利和失败的历史（它们一直以来都存在，并且永远都不会消失）。哲学家的作用是在现代的事物中重新找到战争的现实性、当前性、很久以前就开始的斗争的同一性，其中它们的开头已经被遗忘、掩饰、歪曲。

这就是福柯不得不成为历史学家的原因：他的任务是重 *269*
新构建历史的片段、阶段、进程，弄清正在进行中的历史。从这个角度来说，战争是一种纯粹的关系，也是权力关系的

---

① 参见米歇尔·福柯，《必须保卫社会》，第69页、第74页注6［1852年3月5日马克思写给魏德迈（J. Weydemeyer）的信］。

② “至今一切社会的历史都是阶级斗争的历史”［马克思（K.Marx）& 恩格斯（F. Engels），《共产党宣言》（*Manifeste du Parti communiste*），Émile Bottigelli/Gérard Raulet，GF，1998年，第73页］。

③ 参见《惩罚的社会》，第14—33页、第281页等。关于福柯所认为的权力、战争和斗争之间的关系，参见舍瓦利耶（P. Chevalier），《米歇尔·福柯：权力与斗争》（*Michel Foucault. Le pouvoir et la bataille*），巴黎，PUF，2014年。

形式①。

然而根据另一条轴线——我们观察的历史轴线，伴随着其独特性、偶然性、多变的外观，战争不断地在改变形式、摆脱其结构、破坏其结构的同一性。在《刑事理论与刑事制度》中，首先存在日耳曼私人斗争，这些战争也是法律关系。②然后，由于社会关系中发生的转变、权力的首次集中、那些第一次的国家化，存在着一个战争变为社会战争的时刻（主要是在中世纪末变为对骚乱和暴动的镇压）。这是现代战争的状态，它听命于镇压职能；它将调动刑法和司法制度（以及治安制度）。《刑事理论与刑事制度》完全是关于战争（从日耳曼"原始的战争"开始）和斗争（例如大法官塞吉埃对赤脚汉起义的镇压）。

《刑事理论与刑事制度》为战争提出了一种完全新颖独特的视角。③这里的战争不能被理解为军队之间的一种对抗形式。战

---

① 在优先选择这种内战的提纲之后，福柯后来会在他的权力分析中质疑战争模式的作用。参见《必须保卫社会》，1976年1月21日的课程。我们可以认为《知识意志》中提议的"权力/抵抗"模式将会是走出战争的提纲的首选方式，——在治理术（gouvernementalité）的提纲之前（而他几乎不再是战士）。

② 在《哲学的舞台》（*La scène de la philosophie*）中，福柯指出中世纪的战争状态如何不是军事化的社会的状态——后者在17世纪才出现；参见DE，III，第234号（1978年4月27日与渡边（M. Watanabe）的访谈，刊载于Sekai，1978年7月，第312—332页），1974年，第581—582页/《Quarto》，第2卷，第581—582页。

③ 我们知道福柯经常会提到战争的主题：该主题贯穿《惩罚的社会》和《必须保卫社会》；我们在《规训与惩罚》的末尾（指的是"战斗的隆隆声"）也可以再次看到该主题，并且福柯在他最后的访谈之一中也提到回归战争/军队主题的目的。见下文，边码第270页注②。

争是“斗争”。福柯认为战争关系无所不在，与此同时他让战争脱离军队模式（这在17世纪才出现）：战争，这是法律，也是古代日耳曼法律中的司法关系的形式。这种战争没有任何野蛮的特征，这不再是战争之前的战争，在这里战争是一种民事关 270
系（私人斗争）。战争不是走在法律前面的。战争不反对法律。法律是战争的一种方式。和平只是主角（暂时）统治其他人的一种状态（王室权力垄断司法的方式）。先于社会制度的战争的状态并不存在（由此有了对自然法理论的批判——霍布斯/卢梭）。与古典政治哲学有很大的差别：福柯在这里并没有从古希腊的制度中看到我们的起源，而是在组成日耳曼人生活的私人斗争中看到我们的起源。问题不在于重新找到雅典民主的美丽形式、纯粹形式，因为倘若说要重新寻找什么东西的话，那应该是原始的（和最初的）斗争[①]中还在冒着烟的剩余部分。

这种战争模式将会在福柯的思想中长久地发挥决定性的作用。[②]我们不禁想到他在日耳曼私人斗争的制度中找到一种历史的起源点、一种原始的对抗的原则，该原则会不断地展开其结果并在历史进程中重复斗争，它会像最终的真理一样。战争模式不仅让他思索权力关系、区分并摆脱关于阶级斗争的马克

---

① 最初的课程并没有提及雅典民主的古典问题，而是斗争的问题和战争状态的问题。

② 在1981年，福柯说他的下一个计划（在完成《性史》之后）会是关于军队。尽管要防止混淆战争和军队，我们不禁在那里看到对以前的问题（权力/斗争/战争之间的关系）的坚持。

思主义方案、拥有自己的看法，而且能让他分析政治局势、背景（此外，这个背景给战争的主题带来了现实性）。

e. 与马克思主义分析的最后的一个差别：这一点很出名，那就是对意识形态的批判、对意识形态概念的批判。法律、法律制度和司法制度不是上层建筑，也不是（资本主义）再生产的工具，而是（在一切经济形式中的）生产关系。对下层和上层建筑之间的对立的批判：法律建立某些经济关系类型。[1] 法
271 律作为权力关系建立经济实体之地从而筹划经济，相反，法律也是经济关系、经济领域里的斗争形式巩固成权力关系之地。对意识形态的概念批判是因为并不存在后面的世界，一个表面的世界（法律的世界）和一个真实的世界（经济的世界）。

在马克思主义的分析和福柯的权力分析的这些形式之间，这些全部的差别表现在哲学和理论领域的冲突、对抗、斗争上，同时也在表现在政治领域的冲突、对抗、斗争上。并且在理论领域，福柯会说限制反传统精神病学（antipsychiatrie）的发展（如同在精神病院指控权力的做法），他也会说在《古典时代疯狂史》出版时（1961 年）人们

---

① 在路易·阿尔都塞的作品中，我们既可以找到对马克思主义下层 / 上层建筑的泛论的局限性的批判，也可以看到作为与上层建筑无关的法律的处境："国家司法意识形态机器是把上层建筑连接底层结构之上和之内的特殊的机器"（《关于再生产》，第 83 页、第 202 页）。

对它的不接受都是马克思主义学说和共产党的惯例的结果、效果和表达方式。[①]如果不是马克思，至少也是马克思主义（和弗洛伊德）是现代斗争的一些障碍，"为了解决现今存在的一些问题"，应该"不再把马克思和弗洛伊德当作基准点"[②]。而且以国家机器和夺取国家机器为措辞的马克思主义观点导致一些重大政治错误发生——在它们巩固权力关系的范围内，而斗争所指控的正是这些权力关系。[③]苏联因此能够成为权力机制激化之地，以致资本主义世界和资产阶级为了同骚乱（自身的 272
抗议）作斗争而受到锤炼：诉讼[④]、集中营[⑤]……以异化的问

① 参见《采访米歇尔·福柯》，（DE，II，第192号），（p.142/p.142）。

② 米歇尔·福柯，《避难所、性、监狱》（*Asiles. Sexualité. Prisons*）（在圣保罗收集的谈话，W. Prado Jr译，Revista Versus，第1期，1975年10月，第30—35页），DE，II，第160号，1994年版，第799页/《Quarto》，第1卷，第1647页。

③ "对此苏联的例子是决定性的。我们可以说苏联是一个国家，在这个国家，自革命以后生产关系发生了变化。关于所有权的法律体系也发生了变化。同样从革命起，政治制度发生了变革。然而在苏联，如同在其他西方国家一样，家庭中、性、工厂里、工人之间……那些细微的权力关系却保留下来。实际上什么都没有改变。"[米歇尔·福柯，《关于权力的对话》（*Dialogue sur le pouvoir*），与洛杉矶学生的访谈，杜兰德·博格特（F. Durand-Bogaert）译，刊登在S. Wade，Chez Foucault，洛杉矶，Circabool，1978年，第4—22页]，DE，II，第221号，1994年版，第473页/《Quarto》，第2卷，第473页。

④ 参见《米歇尔·福柯：哲学家的回答》（DE，II，第163号），第812页/《Quarto》，第1卷，第1680页。

⑤ 参见《福柯研究以国家利益为托词的理由》[*Foucault étudie la raison d'État*，与狄龙（M. Dillon）的访谈，杜兰德·博格特（F. Durand-Bogaert）译，刊登在Campus Report，第12年，第6期，1979年10月24日，第5—6页]，DE，III，第272期，1994年版，第801页/《Quarto》，第2卷，第801页。

题为中心的马克思人文主义实际上延续了“正常的和健康的”人的视角，其中的斗争力求获得解放。最后，思考源自五月风暴的斗争、围绕着权力的斗争是无用的，马克思主义（以及弗洛伊德学说）终将是五月风暴的战败者：“倘若这十五年来的两个战败者是马克思主义和精神分析学，那么这是因为它们有太多的部分与权力机制相结合，而不是与权力阶级相结合。民众的动荡具体来说针对的就是这些机制：因为没有舍弃那些机制，它们没有参与到民众的动荡中。”①

B. 权力、法律、战争

《刑事理论与刑事制度》即使不算福柯在法律方面的主要课程——因为还有《真理与司法形式》以及《恶行诚言》，那么至少该课程中的分析所调动的材料几乎全都是司法方面的。然而我们通过查阅存放在法国国家图书馆的藏书得知，从这以后，福柯展开了对法律—司法制度历史的系统性的研究调查，在年代上是从罗马帝国的衰亡到19世纪末，对于每一个时期，在内容上包括：（a）法律和司法制度；（b）刑罚和违法行为清单；（c）证据和诉讼程序。从这个角度来说，《刑事理论与刑事制度》会让福柯继续完整地研究从关系到法律的问题。

---

① 《在审判台上》(*Sur la sellette*)［与埃济内（J. -L. Ezine）的访谈，刊登在 Les Nouvelle littéraires，第2477页，1975年3月17—23日，第3页］，DE，II，第152期，1994年版，第724页/《Quarto》，第1卷，第1592页。

我们想到保罗·维尼（Paul Veyne）的著作《人如何书写历史》(*Comment on écrit l'histoire*)，以及《福柯使历史发生变革》(*Foucault révolutionne l'histoire*)，他在其中致力于指出福柯式的历史实践的独创性。在《刑事理论与刑事制度》之后，我们思忖着这样的问题：“福柯如何使法律发生变革”。或者对法律的研究。以下是几点指示。

福柯首先略微地谈到了法律。不应该从“法律”中得出法 273
律制度和司法制度的特征。相反应该从制度、“司法活动”出发。福柯非常精确地区分了司法（公正或司法机关）、法律形式、司法化和法律。①

在第一个层面，存在着司法：更准确来说，是“司法活动”。这是一些仪式化的辩护或起诉行为，它们显示出私人斗争状态的特征。我们处于诉讼、追还、即将确立的诉讼案件的要素中。公正，在司法化之前，是私人斗争；它是民事关系或社会关系的一种仪式化的形式。诉讼是用于发动战争的。但

① “在我们这样的社会中［……］，司法机器曾经是一个极其重要的国家机器，它的历史总是被掩盖。人们打造法律的历史，人们打造经济的历史，人们也打造司法的历史、司法实践的历史、曾经的刑事体系的历史、曾经的镇压体系的历史，而对此，人们几乎闭口不谈。”［《关于人民司法，与毛主义的辩论》(*Sur la justice populaire. Débat avec les maos*)，与吉尔（Gilles）和维克多（Victor）的访谈，1972年2月5日，Les Temps Modernes，第310号：1972年6月，第365—366页；］DE，第2卷，第108号，1994年，第350页/《Quarto》，第1卷，第1218页。

正因为如此，我们不能在这种类型的关系之外谋得公正。公正、司法制度是原始的。它们结合了社会关系。没有什么在公正之前，没有什么在公正之外。在中世纪这些司法活动逐渐被强权（领主、教会、王室）限制并占有，他们自己保留了审判的权利（因为这种权利有很多的利益可图）。之后在近代（《刑事理论与刑事制度》中前一部分所分析的时代），司法活动、“主持公正”被国家机器所垄断（专设的行政部门）：司法机构，也被称为“司法机关”。然而在根源上，只存在着私人的公正。而司法不是与战争相对抗的：这是一种发动战争的方式。

比司法化更原始的是法律形式。法律形式是指司法活动所遵循的仪式化的形式，司法活动通过这些形式发起私人斗争：“规则与斗争，规则在斗争中，这就是法律形式。”[①] 伴随着司
274 法化的最初形式，这种仪式化改变了形式：出现了一些诉讼程序的形式，它们把诉讼的结果和真相的形式结合起来。

司法化描述了制度化、司法活动在制度中的形成。这种制度化的“最初的”形式是诉诸法院。[②] 公正可以在不被司法化、

① 1972 年 2 月 2 日的课程，见本书上文，第 115 页。“直到此时，被我们称为刑法的是诉讼的仪式化和两个人之间的斗争的仪式化。”（1972 年 3 月 1 日的课程，见本书上文，第 187 页）。参见《真理与司法形式》（DE，II，第 139 号）。

② 参见《真理与司法形式》；《恶行诚言——司法供认的功能》，布里翁（F. Brion）& 哈考特（B. E. Harcourt）主编，Chicago/Louvain，University of Chicago Presses/Presses universitaires de Louvain，2012 年。

不被特殊机构制度化、捕获、占有的情况下而存在，懂得这一点是必不可少的。①司法化与法院一起开启，然而法院却不是司法制度的唯一形式：其他形式会围绕着王室职能（它会要求垄断）建立起来：议会、中世纪的检察官、然后是国家行政机构中划分出一个专门献给“公正”的机构——我们所了解的司法机构（它的出现显示出专制主义的特征）。司法化总是一种占有，也就是说是一种征用：把公正集中到国王的手中，这向来是一种过程的结果，或者说是古老的私人公正的让与。它可以声称表达公共利益、声称负责说出法律，而这向来只是一种说出它的法律的方式、一种进行仪式化的战争的方式，而这种战争显示出公正的特征。

就福柯对法律和司法实践的关注而言，他对法律、也就是这里的刑事理论没那么感兴趣。法律姗姗来迟，它是事后的话语。法律用于为制度重新编码、使强制力合法化。这是权力的一种工具、在力量关系中的一种工具。在这里，福柯表现出我们的自然权利的观点、我们的法律的劝导的观点是如何与国家正义相结合的。与法律形式不同，法律（例如理论）不描述诉

---

① 参见《关于人民司法，与毛主义的辩论》（DE，II，第108号）；《来自人性：正义反对权力》[*De la nature humaine. Justice contre pouvoir*，与乔姆斯基（N. Chomsky）和厄尔德斯（F. Elders）的访谈，1971年1月，拉宾诺维奇（A. Rabinovitch）译，刊载厄尔德斯（F. Elders）主编的《反射之水：人类的基本关怀》（*Reflexive Water: The Basic Concerns of Mankind*），伦敦，Souvenir Press，1974年，第135—197页]，DE，II，第132号。

讼程序或制度，而是使其合法化（法律的意识形态作用[①]）。

275 福柯在《刑事理论与刑事制度》中提出的研究角度使我们看待法律的方式发生了革新，这体现出代表制，它伴随着国家对法律和司法职能的垄断。福柯劝导我们并帮助我们将其摆脱。他为我们建立起不可能的、被禁止的或矛盾的公式：司法和战争之间的连续体（continuum）；没有司法化的法律形式；公正与一切法律概念特别是自然法概念的断裂……这使得福柯对法律和司法制度的分析相当于一种“批判法律”，必须就下列内容作出分析——“马克思主义批判法律”的传统（在法国）[②]、“美国法律上的现实主义”（American Legal

① 之后福柯还会再次讲到这个概念，关于法律如同君主政体权力的合法化的工具。参见《必须保卫社会》、《知识意志》。

② 参见米亚耶（M. Miaille），《对法律的批判导论》（*Une introduction critique au droit*），巴黎，Maspero，1976 年；参见普兰查斯（N. Poulantzas），《国家、权力、社会主义》（*L'État, le Pouvoir, le Socialisme*），巴黎，PUF，1978 年；参见让丹（M. Jeantin）、米亚耶（M. Miaille）& 米歇尔（J. Michel），《关于对法律的批判》（*Pour une critique du Droit*），巴黎、Maspero，1978 年；参见科林（F. Collin）、尚穆（A. Jeammaud）等，《资本主义劳动法》（*Le Droit capitaliste du travail*），Grenoble，PUG，1980 年；参见米亚耶（M.Miaille），《对法律的批判》（*Une introduction critique au droit*），Droit & Société，第 20—21 页，1992 年，第 75—92 页。在对法律的批判的马克思主义传统中还有一本重要的著作：帕苏卡尼斯（E. Pasukanis），《法律概论与马克思主义》（*La Théorie générale du droit et le marxisme*）[1924 年]，巴黎，Éditions de l'Atelier，1990 年。

Realism）中的美国传统[①]，“批判法律研究”（Critical Legal Studies）运动[②]，更宽泛地说还有现代法律批判思想。[③] 与马克思主义的批判有着很大的区别——福柯认真地对待法律：法律现象没有单纯地被变为虚幻的场景或利益的斗争——这种利益的斗争已经被解决，并且会寻求合法化。（至少在《刑事理论与刑事制度》中）法律形式和司法化是权力如

---

① 参见黑尔（R. Hale），《在所谓的非强制性国家中高压政策和分配》（*Coercion and Distribution in a Supposedly Noncoercive State*），刊载于《政治科学季刊》（*Political Science Quarterly*），第 38 卷，1923 年，第 470—494 页；参见黑尔（R. Hale），《武力与国家》（*Force and the States*），刊载于《哥伦比亚法律评论》（*Columbia Law Review*），第 35 卷，1935 年，第 149—201 页；参见黑尔（R. Hale），《博弈、胁迫与经济自由》（*Bargaining, Duress, and Economic Liberty*），刊载于《哥伦比亚法律评论》，第 43 卷，1943 年，第 603—628 页。

② 参见曼格贝拉·昂格尔（R. Mangabeira Unger），《批判法学运动》（*The Critical Legal Studies Movement*），Cambridge, Mass., Harvard University Press，1983 年；参见凯尔曼（M. Kelman），《批判法律研究导论》（*A Guide to Critical Legal Studies*），Cambridge, Mass., Harvard University Press，1987 年；参见肯尼迪（D. Kennedy），《司法裁判批判》（*A Critique of Adjudication*），Cambridge, Mass., Harvard University Press，1997 年。

③ 参见亨特（A. Hunt）& 威克姆（G. Wickham），《福柯与法律：将法律社会学作为一种治理》（*Foucault and Law: Towards a Sociology of Law as Governance*），伦敦，Pluto Press，1994 年；参见布朗（W. Brown）& 哈利（J. Halley），《左派守法主义 / 左派批判》（*Left Legalism/Left Critique*），Durham，NC，Duke University Press，2002 年；参见戈尔德（B.Golder）& 菲茨帕特里克（P. Fitzpatrick），《福柯的法律》（*Foucault's Law*），Aldershot，Ashgate，2009 年。

此般行使的杰出之地。[①]

276 以下几个特征需要被着重指出：

- 在司法的职能方面来看，它是一种经济和认识论制度。福柯会着重坚持权力—知识方面（认识论；课程概要；《真理与司法形式》），权力—知识方面与他在真理的历史方面的设想相符合。在《刑事理论与刑事制度》中，这方面的问题只有在最后一课才得以探讨，而福柯用大量篇幅研究司法的经济作用、法律和司法制度的作用，其中司法远远不只是一种获取或抵抗获取的方式。[②] 在该课程中，司法在成为认识论的司法之前就是一种经济制度，而且司法的经济作用发生了变革：在日耳曼法、中世纪的法律中，司法、刑事司法主要是保障财富的流通。在现代，它的作用发生了变化：它变为镇压性的。它重新用于保障生产秩序。法律和司法制度是这样的权力形式——在这种权力形式中经济方面和认识论方面相互连接。[③]

---

① 福柯建议的方式保留着很强的现实性：对司法活动的剥夺是现代重要的现象之一（仲裁、国家对民事法院的好感）；对于了解诉讼的重要性和其规则的人来说，战争的临近是显而易见的（通常由当事人自己表达出来）；"社会的权利"倘若不是司法活动完成时被占有的财产形式，还会是什么。

② 参见 1972 年 2 月 23 日的课程："权力关系没有与经济关系相重叠。它们共同组成一种独特的结构。/ 权力关系与生产关系一样深远。它们不会相互削减。它们互相延续"（见本书，第 172 页）。

③ 《刑事理论与刑事制度》有责任去补充福柯在《必须保卫社会》（以及《知识意志》）中提出的关于中世纪法律的观点，其中他坚持强调法律的政治方面（建立最高权力）。这显示出法律作为理论的特征。仅在这一方面就不应该拉低中世纪的法律和司法制度。

• 在司法的形式方面来看，它总是“武装起来的”。要从多种意义上理解“武装起来的司法”。首先从“最开始”（日耳曼法），存在着司法活动是战争活动的事实。其次对于执行司法决定，存在着军事力量总是必不可少的事实。“武装起来的司法”（福柯所使用的）这种表达方式仅仅是与其表面相悖。而司法动用的武力与依据司法体系的武力并不一致。存在着的重大问题之一就是长久以来这种武力曾经是军队，并且军队曾是由
权力将会控制的人的武装集合组成。因而在国家占有 277
司法的时候，公职化的武装力量会形成制度，那就是：警察。

然而对于福柯来说，司法还在另一种意义上被武装起来：法律和司法制度是行使权力的卓越之地、实施权力关系的出色之地。我们能够注意到福柯首先是在对法律和司法制度的研究中展开他对权力的分析的。（之后他将其扩展，超出该范围）。“司法是基本权力的要素之一。”①

在福柯关于刑法方面的思想演变中，1972 年课程也代表着一个重要的阶段。在该课程中，福柯对刑法的政治理论展

---

① 1972 年 2 月 9 日的课程，见本书，第 133 页。司法（司法活动）与权力关系之间的错综复杂不仅可以解释福柯所说的司法斗争的重要性，而且可以解释其被带来的方式：用军事的措辞来说，战略和策略［参见韦尔热斯（Vèrges）］。

开详述。正如他在 1972 年 3 月 1 日的课程中所说的，“刑法，彻彻底底地，是政治性的①。”

这种刑法理论包含数种要素。第一点，在于法律与犯罪活动之间严格的区别。刑法不是犯罪活动的结果。刑法不是对犯罪或犯罪活动的反应，更恰当地说，犯罪或犯罪活动是被刑法当作社会斗争的影响而制造出来的。相反，第二点，刑法构成政治反抗的回应或反应。当 1973 年的课程从镇压过渡到生产的时候，该论题会被修改，然而这个论题是在 1972 年生效的，正如我们在 1972 年 1 月 26 日的课程中所看到的：“刑事体系和镇压体系的一切重要演变阶段都是回应人民斗争形式的方法②。”或者更准确地说：“刑事体系—犯罪（système pénal-délinquance）这对链条是镇压体系—骚乱（système répressif-séditieux）这对链条的影响之一。从这种意义上来说，该影响是指其结果、维持条件、调任和遮掩。③”从这个角度来看，犯罪被理解成对权力的攻击：“倘若权力认为自己被犯罪侵害，犯罪总是至少在某一方面攻击权力、与权力进行斗争、暂时性地中断权力下的法律④”。这就
278 导致第三点，在这种社会斗争中，刑法只能被理解成武器。正如福柯在 1972 年 2 月 5 日与毛主义者的辩论中的解释：“刑事司法既不是被平民阶层制造，又不是被农民制造，也不是被

① 见本书上文 / 参见 1972 年 3 月 1 日的课程，第 190 页。

②③ 参见 1972 年 1 月 26 日的课程，第 102 页。

④ 参见 1972 年 3 月 1 日的课程，见上文，第 190 页。

无产阶级制造，而千真万确地是被资产阶级制造；刑事司法在其想要引入的分隔活动中被当作一个重要的策略工具[①]。”对于该刑法的政治理论，我们还可以加上19世纪的一个重要改变：“顿挫（césure）和调任”。通过顿挫和调任，“人们认为犯罪攻击的不是权力，而是实体、道德、自然法，是公共利益(intérêt général)[②]”。

因此占突出地位的是一种刑法理论，它在社会的内战中是武器、策略或战略。这与福柯1973年在里约和1981年在鲁汶展开的关于司法形式与真相的关系的分析一脉相承。我们已经在1972年2月2日的课程中看到福柯对调查、供认、酷刑和真相之间的联系的关注。实践上的关联十分重要，我们发现这一点在与毛主义者的辩论中已经被阐述过，特别是关于伸张正义的方法的战略性问题：“法院是正义的无懈可击的典范形式，在我看来这就是法院是刑事体系的意识形态被重新引入人民实践的时机的原因[③]。”或者关于政治问题，这更加明确：“这就是革命只能通过从根本上消灭司法机关的方式才能行得通的原因[④]。”

---

① 参见《关于人民司法》(*sur la justice populaire*)（DE，II，第108页），第375页/第1225页。

② 参见1972年3月1日的课程，见上文，第190—191页。

③ 参见《关于人民司法》，第352页/第1220页。

④ 参见同上书。

C. 之后……

1972年3月4日：米歇尔·福柯与吉尔·德勒兹起草了两年以来他们共同进行的斗争的总结，他们勾勒出哲学和政治新轮廓的图表。[1]这次交流闻名于世，因为福柯从中第一次描述了“特殊的知识分子”的形象，这次交流在当今具有更加非凡的意义——现在我们拥有《刑事理论与刑事制度》的手
279 写稿（其中的最后一课于3月8日讲授）。其中福柯的言词事实上可以被解读为一种对课程的概要。在这里他集中了自己研究的关于“彻底的经验”的观点，而课程构成其中的一种问题化的形式。他从中提醒到“反司法的斗争”——我们将其理解成他们共同领导的斗争、特别是在监狱情报团体内部领导的斗争——“是一种反对权力的斗争”（而不是“反对司法的不公正的决定”的斗争），尤其是：“这种困难、我们找到合适的斗争形式的阻碍，这些难道不是因为我们尚不知晓权力是什么？[2]”他与吉尔·德勒兹一起为他所带来的“彻底的经验”作出的总结，依据他的三个方案：监狱情报团体之方案、权力问题的问题化之方案（从此以后的数年间，福柯都会专注于该问题的研究）、他在斗争中（作为知识分子）的个人立场之方案。

存在一种逐条列举哲学规划的结构（a）理解“权力是什么”，对此马克思和弗洛伊德也没有多少办法；福柯以仪式的

---

① 参见《知识分子与权力》（*Les intellectuels et le pouvoir*）（DE，II，第106页），第306页、第311页/第1174页、第1179页。

② 参见同上书，第311页、第312页/第1179页、第1180页。

方式使该权力与他所提议的特殊方面相隔离，这是第一个问题化；（b）新政治领域的开启——反对权力的斗争领域（不是无产阶级反对剥削的斗争），这些斗争平等地召集每个人，围绕着每个人自己的经验和自己的偏执，这是一些分散的、无等级、不能被放在中心的斗争，并且这些斗争（c）赋予知识分子一个特殊的位置，以揭开秘密的方式为他们提供武器。在接下来的几年里，哲学规划都是由福柯所引领，直到 1975 年 2 月 9 日《规训与惩罚》的出版。而《刑事理论与刑事制度》如同是其中的第一个版本。

4 年之后，1976 年 1 月 7 日与 14 日，福柯在法兰西学院讲授他的新课程（《必须保卫社会》）中的前两课。他远远没有在已经完成的工作的满足中洋洋自得，他也没有宣布对自己参与的规划的继续，而是准备不再进行下去了。福柯以一种批判的方式回到他在 1971 年开始的研究阶段上：（a）对阶级斗争（资产阶级）的马克思主义类型的应用的批判；（b）对镇压的概念的批判[①]，或者更准确地说，对权力的法律观点的批判 280
（对借助法律思考权力的批判）；以及（c）为了分析权力关系（更恰当的说法是，内战概念使用的谱系学，而内战的概念的出处是君主制度下的某些历史学家），对战争模式的批判。如何理解这种幻灭的、回顾式的关注？他今后完成的权力的分析

① 阿尔都塞本人对权力的镇压的观点表示出一种批判（如同无政府主义的观点的表达方式）。参见《论再生产》，第 123 页。

能够让他摆脱类型、界限、积聚，这些是他本应该用来构建其分析的事物。最终，战争没有解释权力，这是一种把某些权力关系搬上舞台的相关方式。只有如此权力关系才能存在。权力关系需要被重新思考。

在同一时期，福柯悲哀地察觉到政治状况，而这政治状况本来可以是他的希望。他谈到形势的变化。如果对此人们相信克洛德·莫里亚克（Claude Mauriac）的证词，那么福柯曾希望或相信1971年开启的时代即便不是革命的时代，那么也会是深层次的、快速的、不可逆转的变革，与之相反，一方面他看到季斯卡主义（giscardisme）悲哀的坚持，另一方面是左翼夺取权力的困境，还有他对政治领域的社会运动斗争的沉默。①

如何理解福柯回顾式的关注、对自己批判的关系以及这种痛苦——如果我们想到他所研究的“经验”。② 有些人从中会

① “我们的行动只有在使历史加速的希望中才有意义，这种使历史加速的希望是我们能够合理地预见到的，在较近的期限内的，一种深层的转变，一种革命。与之代替，你们看到了什么？区级选举，最终很有可能会宣布右翼的胜利，然而人们更期待一个社会民主党的政府。”[克洛德·莫里亚克（Claude Mauriac），1976年3月3日，《某种盛怒》（*Une certaine rage*），第83页。] 他在1973年已经宣布：“我受够了。我感觉自己像一只沿着沙子斜坡向上爬行的蚂蚁，不断地滑落下来，永远都在同一个点……”[1973年3月21日，克洛德·莫里亚克（Claude Mauriac），《静止的时间》（*Le Temps immobile*），第3卷，第463页]

② 参见克洛德·莫里亚克：“我看到他在焦虑和孤独中重新创造一切。”（1976年3月12日，《某种盛怒》，第78页）

看到放弃、抛弃权力问题的时刻，这宣告了他的漫长的缄默和“最后的”福柯的长久的构思，对生活的艺术和存在的美学的构思。然而这完全是放弃的另一面：既是深入研究的时刻，又是重新部署的时刻。不仅涉及哲学规划，而且涉及政治规划、 281
“经验”。卸下战争模式的福柯将会重新思考权力的问题，这将会是（治理术中的）“治理”的问题化。可以说治理，这是战争①的反面。或者更准确地说，这是自从人们从战争的模式中解放出来以后，我们从权力那里获取的观点。

而从另一方面讲，福柯没有放弃政治斗争。他再次展开政治斗争并从多个方面进行深入研究：一方面围绕着民族主义问题再次展开研究，②另一方面围绕着苏维埃的威胁的问题巩固斗争，③并且这是在对马克思主义的批判中进行

---

① 战争是单数名词，值得注意的是福柯在1978年的课程中从来没有提到过《刑事理论与刑事制度》，然而他把很大一部分的篇幅贡献给“以国家利益为托词的理由”。

② 显然这个问题处于《必须保卫社会》的核心，并且出现在《知识意志》的最后一章，第5张：“死之权利与生之权力”，第175—211页。

③ 克洛德·莫里亚克：“此时我的确是把重点完全放在反共产主义的上面。或许这有点太多了。然而这不是没有理由的。被证明美国已经放弃。苏维埃社会主义共和国联盟（苏联）（URSS）可能会占据上风。这是极度危险的。我无法原谅与我同时代的人无法找到用于对抗马克思主义的任何事物、不尝试构建任何其他事物……马克思主义或许在于其自身……你们阅读过格鲁克斯曼（Glucksmann）的文章吗？这是足够令人信服的。我无法原谅自己……”（1976年2月14日，星期六，《某种盛怒》，第70页）。在雷加密（Récamier）剧院组织的苏维埃持不同政见者的会议，正值瓦勒里·季斯卡·德斯坦（Valéry Giscard d’Estaing）在巴黎会见列昂尼德·勃列日涅夫（Leonid Brejnev）的时期。

的。[1]他对其进行深入研究，他还专门强调反对权力的斗争的道德层面。福柯没有在制度方面（这只是一种方式）为政治斗争规定明确目标，而是在政治斗争所允许的自我转变方面为其规定明确目标。但是除此以外，他也没有放弃经验的集体观点。他会找到其他形式、其他连结：例如围绕友好关系的问题。倘若他远离革命的概念（法国革命和马克思主义革命的双重含义），那么他用“转变”的规划将其代替（我们发现这在70年代初已经被明确提出），他将其扩展到自我转变的领域。伦理道德的规划没有被缩减，相反它被深入展开，变得更为要求严格。这导致他改变了对过去的认识。没有发生革命，但这
282 不是说在生命中、在日常中没有“转变”。我们处于转变的过程中、持久的改变过程中，这与国家对权力的掌握脱不了干系（这与无产阶级革命的经验相反）。我们对规划毫无期待，但是对实验满怀希冀。由于规划，政治在伦理道德领域发挥作用，因为权力不是要夺取的，而是要改变的。关于他的个人立场，他的立场不是回归写作，而是对问题化的领域深入研究。因此，这也是与写作发生新的关系（重拾实验的概念、他的风格发生变化，然而尤其是写作如同实验的念头）。

---

① 参见米歇尔·福柯，《事实的愤怒》（*Le grand colère des faits*）（刊载于《新观察家》（*Le Nouvel Observateur*），第652页，1977年3月9—15日，第84—86页），DE，III，第204期，1994年版，第277页/《Quarto》，第2卷，第277页。

福柯常常围绕着“抛开自己”、自我改变、自我转化这样的顺序的词语描述自己的伦理道德。[①] 与此同时，抛弃的实验不怎么做其他的事，只会把我们归并为我们自身，而对此他从不受骗。或许应该阅读《刑事理论与刑事制度》的手写稿：从而理解即便福柯可以从中解脱，他从未与之分离。

---

① “为了改变思考方式、为了更改我们所了解的视野、为了试着从中略微脱离，我们所作出的努力是多么的讽刺。这些确实引导我们用其他的方式思考了吗？或许这些使我们能够以其他的方式思考我们已经思考过的事物，并且使我们能够从不同的角度、在更清晰的阐释中观察我们所做的事情。我们以为要远离了并感觉处于自己的垂直状态。”［米歇尔·福柯，《快感的运用》（*L'Usage des plaisirs*），巴黎，Gallimard，“Bibliothèque des Histoire”丛书，1984 年，第 17 页。］参见《恶行诚言》，第 7—8 页、第 304—305 页。

附　录

艾蒂安·巴里巴（Étienne Balibar）致课程编辑者的信 285

2014 年 12 月 4 日

亲爱的贝尔纳：

非常感谢您把 1971—1972 年课程的最初版本和注释交与我阅读。我满怀激情地读完全书，这在我的头脑中萌发出千思万绪，我希望我们能有机会自由自在地就此进行探讨。此时此刻，考虑到时间紧迫，我要仅仅对该课程中阿尔都塞的“痕迹”发表一些评论。我自然不可能声称自己是抱着绝对的客观态度，或记得非常准确，然而我知道您会带着善意和批判的精神接收这一切。

作为开场白，我会说——而在这里我会承认这是一种非常印象主义的假设——不按时间顺序接连出版课程，先是《必须保卫社会》，然后是《惩罚的社会》，最后是《刑事理论与刑事制度》（遗憾的是第一本书仅包含最初的笔记——我敢肯定福柯在口头上讲了更多的内容，因为那些笔记包含了一些生硬的“论题”和一些作为依据的资料，只要查看其他的课程就能够知道还有很大一部分口头上的叙述），因此在我看来，福柯用三个阶段与马克思主义进行大规模的清算（马克思主义被当时的论战作为基础，被与我同代的年轻人以某种方式“评判”，尤其是他在监狱情报团体中接触到的毛主义者，还有其他人）：在第一阶段（1971—1972 年），存在一种对国家的“马克思主义”理论的批判，它并不是偶然地集中在现代“阶级”国家
286 的创造的问题上——其中的这种创造是由（法国）君主专制制度完成，历史上和哲学上的马克思主义（其中包括阿尔都塞，我下面会讲到）以名誉担保；在第二阶段（1972—1973 年），有了资本主义（特别是无产阶级）条件下的“再生产”的选择性的理论；对于“马克思主义”（或者是像我这样的后马克思主义者），这是让人感到最震撼的；从某个方面来看这是对上一年福柯曾摒弃的“再生产”的思想的方式的修改：他找到它的另一种用途；最后，在第三阶段——延迟很久的、与精神病学的权力和不正常的人完全不同的讯问，我认为这在深层改变了方法论——在 1975 年至 1976 年存在一种毁灭性的反驳，针对“阶级斗争之上”的思想，用的是“阶级斗争”概念的谱系学形式（非常引人注目，而我认为这是值得商榷的），这一概念以“种族战争”的“反历史”为基础，通往另一个政治概念，它与马克思主义并存［在某些方面与施米特（Schmitt）

相近，然而这是一个全然不同的问题]。因此我们可以再次看到1966年《词与物》曾探讨过的“取消”马克思主义的“资格”，却是在一个完全不同的基础之上——不是“认识论的”基础，而是政治—历史基础。

沿着这种轨迹，特别是前面的两个阶段（1971—1972年的课程，以及1972—1973年的课程），与马克思主义的交锋总是叠加在与阿尔都塞的交锋上。这体现在福柯选择的论题上，还有他查询的原始资料以及引文的直接出处。这一点很微妙，但在我看来却十分重要，这在多种意义上发挥作用。一方面，存在着福柯几乎是有条不紊地把意识形态理论归因给阿尔都塞的事实，阿尔都塞曾尝试调整该理论并试图将其替换进马克思主义中。这是他们之间重要的冲突和不可调和之处（“弟子们”的争论显然使其变得更为激烈——曾经我也是其中一员，这直到万森纳大学的建立，或者由于以前的弟子们的争论变得更为激烈——例如大部分毛主义者，然而在1971—1972年之间，知识分子的领导权的问题还没有得到完全解决）。应该说阿尔都塞已经发表了一些文章，这些文章通过使意识形态与历史的关系“带上政治色彩”的方式，背离“认识论的分隔”的思想，但是也应该说这些文章是碎片式的并且是矛 287
盾的，福柯借此有系统地选择最具科学主义的解释并将其归因于阿尔都塞。从另一方面来说，这是我现在感到最引人入胜的地方，存在着这样的事实：福柯专注于“国家镇压机器”

的构建的问题上，这完全是一个马克思主义的术语，也是一个阿尔都塞式的术语，但是已经为阿尔都塞提出了一个供抉择的解决办法：阿尔都塞曾在关于国家意识形态机器的文章中说过，国家镇压机器是一种简单的、大众所知的事物，必须把力量集中在“缺失的部分”，这就是意识形态机器，相反福柯指出“镇压”机器是一种复杂的东西，它有着不同的结构，它是内部斗争和外部斗争的中枢［这常常让人想起普兰查斯（Poulantzas）①，福柯一定读过他的作品，关于这一点他只是与阿尔都塞刻板的“列宁主义”有着意见分歧］，对此必须进行精确的历史谱系学研究（用它解释现代的现象，正如你们合理地注意到的那样：“镇压”因而已经被提上日程）［显然福柯后来也会放弃这一部分，与此同时放弃“极左的态度”（gauchisme），通过批判“镇压的假说”、通过详尽地阐释权力不是“镇压的”而是“生产的”观点表达出来，你们能在别的地方注意到这些。］

我认为，在这一切的中心，存在着一个极其重要的东西，那就是福柯对波尔舍内（Porchnev）著作的使用。当时有一场大型“辩论”，关于资产阶级国家以君主专制制度

① 普兰查斯（N. Poulantzas），《关于法律的马克思主义理论》（*À propos de la théorie marxiste du droit*），刊登于Archives de Philosophie du Droit，1967年，第145—147页；参见普兰查斯（N. Poulantzas），《政治权力与社会阶级》（*Pouvoir politique et Classe sociale*），巴黎，Maspero，1968年。

的形式产生，这场“辩论”的双方是马克思主义者和蒙尼耶（Mousnier）。马克思主义者利用波尔舍内的著作，却带有一定的保留，因为他的著作不是传统的，特别是与法国历史学家构成竞争的关系——即便是马克思主义者、在他们自己的领域。相反阿尔都塞对他极其欣赏并依靠他的名声，特别是体现
在他写的关于孟德斯鸠的小册子中。① 在当时，波尔舍内的书 288
只有前言部分被翻译成法语。然而存在德语译本，阿尔都塞使用的就是保存在巴黎高等师范学校图书馆的这个版本（另外我认为，让人购买该版本图书的就是阿尔都塞）；这是阿尔都塞的重要引文出处，福柯不会不知道这一点。而对于福柯，他使用的是该著作的法语版本（SEVPEN 出版社），该版本恰好是在蒙尼耶的核查下完成的。因此福柯与阿尔都塞使用同一个重要资料来源，并使其部分“转向”反对阿尔都塞……

此外还存在着其他的几处迅速的反应。首先，在第 11 课的注释中，布迪厄（Bourdieu）和帕斯隆（Passeron）发表的关于“再生产”的文章非常重要②：事实上，意识形态关系是三角形的（福柯、阿尔都塞和阿尔都塞的支持者、布

---

① 参见阿尔都塞（L. Althusser），《孟德斯鸠、政治与历史》（*Montesquieu, la politique et l'histoire*），巴黎，PUF，1956 年。

② 布迪厄（Bourdieu）和帕斯隆（Passeron），《再生产——教育系统理论的要素》（*La Reproduction. Éléments pour une théorie du système d'enseignement*），巴黎，Minuit，1970 年。

迪厄和帕斯隆）。必须十分仔细地查看日期，也要查看博德洛（Baudelot）和埃斯塔布莱（Establet）的著作，《法国的资本主义学派》（*L'école capitaliste en France*）1972年出版。[①]我不知道福柯在何种程度上了解该作品是关于马克思主义理论的更广泛的计划的部分产品（在我们之间的分裂之后……），这个计划是自1969年以来我与马舍雷（Macherey）、托尔（Tort）、博德洛（Baudelot）和埃斯塔布莱（Establet）共同研究的"意识形态机器"，它还没有达到完整的形式。但是在我看来，福柯一定是知道的。如果是这样的话，那么托尔或者我曾与他探讨过此事。

然后，第13课是关于超知识和对超知识的"提取"（更深远的问题）。这点非常有趣：不仅是与马克思主义者的竞争［其中有阿尔都塞的支持者，然而他们并不特殊：仅在20世纪80年代初，列斐伏尔（Lefebvre）与其合作者就提出"（货币的）超值"（survaleur）］，而且我认为主要还涉及与拉康（Lacan）的竞争（那里还有一些待分配的"弟子"（disciples）……）他在1968年至1969年的研讨班《从另一个到另一个》（*D'un Autre à l'autre*）中曾经把"剩余快感"（plus-de-jouir）引入马克思主义模式。福柯对此又

① 参见博德洛（Baudelot）和埃斯塔布莱（Establet），《法国的资本主义学派》（*L'école capitaliste en France*），巴黎，Maspero，1972年。

补充了更多的内容……而且，在第13课中，关于阿尔都塞—
福柯—康吉莱姆（Canguilhem）的三角形的关系触及一些 289
确实是棘手的问题。因为这种关系不是一个简单的事物。康吉莱姆肯定没有被福柯的提议打动，因为这些提议是出自绝对的“极左的主张”（我并不认为这是他最后的词语……）。他引用了福柯关于居维叶（Cuvier）的著名的文章［关于1969年康吉莱姆在科学史研究所（Institut d’histoire des sciences）组织的“居维叶日”（Journée Cuvier）］：在这里，福柯反而是十足的认识论专家，他彻底地阐释了“科学性的门槛”（Seuil de scientificité）而不是“认识论的分隔”。

原谅我这些天马行空的想法。我希望这能给您带来些帮助。

向您致意、感谢。

艾蒂安

福柯与历史学家们

关于“人民起义”的辩论①

克劳德—奥利维埃·多伦*（Claude-Olivier Doron）

* 克劳德—奥利维埃·多伦（Claude-Olivier Doron）是巴黎狄德罗大学（Université Paris-Diderot）（SPHERE实验室/康吉莱姆中心）研究历史和科学哲学方面的讲师。

① 本附录并非是要为福柯的课程和与其同时代的历史、哲学辩论之间的关系作出详尽的分析。而仅仅是为了向读者提供一些重要信息：就赤脚汉的问题贯穿于整个历史学界的这场辩论，以及福柯对此表明立场的方式。此外，把这场辩论与出现在1969年至1972年之间的讨论相比较也是恰当的，这场讨论是尼科·普兰查斯（Nikos Poulantzas）和拉尔夫·米利班德（Ralph Miliband）就国家在资本主义社会中的地位的问题所展开的讨论，从更理论化的层面来看，这场讨论从历史的角度包含有这场辩论所探讨的许多问题。具体可以参见普兰查斯（N. Poulantzas），《政治权力与社会阶级》（*Pouvoir politique et Classes sociales*），巴黎，Maspero，1968年；参见米利班德（R. Miliband），《资本主义社会中的国家》（*The State in Capitalist Society*），伦敦，Weidenfeld&Nicolson，1969年，以及在《新左派评论》（New Left Review）中对其表示反对的辩论的再版，收录在拉宾·布莱克本（Robin Blackburn）主编的《意识形态与社会科学》（*Ideology and the Social Sciences. Readings in Critical Social Theory*）中，伦敦，Fontana，1972年。关于这场辩论，可以参见巴罗（C. W. Barrow），《米利班德与普兰查斯的辩论：一段思想史》（*The Miliband-poulantzas Debate. An Intellectual History*），刊登在斯坦利·阿罗诺维茨（Stanley Aronowitz）& 彼得·布拉西斯（Peter Bratsis）主编的《失去的范式：国家理论再思考》（Paradigm Lost. State Theory Reconsidered），明尼阿波利斯，University of Minnesota Press，2002年，第3—52页。关于与本课程相关的讨论的部分要素，参见艾蒂安·巴里巴（Étienne Balibar）的信（见上文，第285—289页）。

米歇尔·福柯提出自己关于赤脚汉骚乱和对于赤脚汉骚乱的镇压的分析，他在这之中找出在“新的镇压体系”的建立中的17世纪的一个关键时刻，与此同时，自1958年开始的论战的最后的震荡还在具有现代思想的历史学家之中回响。在这场论战中，一方是研究君主制度的著名现代历史学家罗兰·蒙尼耶（Roland Mousnier），另一方是苏维埃历史学家、哲学家鲍里斯·波尔舍内（Boris Porchnev），后者在1948年发表了关于“法国1623年至1648年期间的人民起义”（Les soulèvements populaires en France de 1623 à 1648）[①] 的论题。在这里我们不会再次讨论波尔舍内的文章在法国引起的论战——尽管这些论战的细节在之后变得广为人知[此外他的论题在苏维埃社会主义共和国联盟（苏联）也引发了论战，因为在那里波尔舍内还远远没有得到一致的认同]。[②]

---

① 参见鲍里斯·波尔舍内（Boris Porchnev），《法国1623年至1648年期间的人民起义》（*Les soulèvements populaires en France de 1623 à 1648*），巴黎，SEVPEN，1963年。

② 除了波尔舍内的信以外，我们还可以在下列文章中找到关于这场辩论的重要因素：参见蒙尼耶（R. Mousnier），《关于法国投石党运动之前的民众起义的研究》（*Recherches sur les soulèvements populaires en France avant la Fronde*），刊载于《现代与当代历史杂志》（Revue （转下页）

292 更重要的是再次提到论战的主干脉络，正如福柯在1971年至1972年所做的那样，这就要求着手研究17世纪初的人民暴动的问题，特别是赤脚汉的问题，以便站在更广阔的讨论立场上，而讨论的内容是对这些人民运动的马克思主义解析，以及农民、资产阶级、贵族在阶级斗争的发展中的作用，还有君主制度国家、封建制度、资本主义发展之间的关系。我们要

（接上页）d'histoire moderne et contemporain），1958年，第81—113页（收录于蒙尼耶（R. Mousnier）的《羽笔、锤子和镰刀》（*La plume, la faucille et le marteau*）巴黎，PUF，1970年，第335—368页）；参见蒙尼耶（R. Mousnier），《农民的愤怒——18世纪的农民起义》（*Fureurs paysannes. Les paysans dans les révoltes au XVIIIe siècle*），巴黎，Calmann-Lévy，1967年；参见蒙尼耶在《比利时语文学和历史杂志》（Revue belge de philologie et d'histoire）中对波尔舍内的法文版本的修订版，1965年，43—1，第166—171页；参见芒德鲁（R. Mandrou），《17世纪的人民起义与法国社会》（*Les soulèvements populaires et la société française du XVII siècle*），Annales，ESC，1959年，14—4，第756—765页；参见贝尔赛（Y.-M.Bercé）在《文献学院丛书》（*Bibliothèque de l'école des Chartes*）中对波尔舍内的法文版本的修订版，122，1964年，第354—358页；参见古耶（P. Gouhier），《"赤脚汉"：鲍里斯·波尔舍内，法国1623年至1648年期间的人民起义》（*Les "Nu-pieds": Boris Porchnev, Les soulèvements populaires en France de 1623 à 1648*），刊登在《诺曼底年鉴》（Annales de Normandie），14—4，1964年，第501—504页。关于这些辩论所发生的背景的非常有用的研究，参见阿贝当（S. Aberdam）& 丘迪诺夫（A. Tchoudinov）的作品，《冷战时期写下的历史：围绕着旧制度危机的苏联人和法国人》（*Écrire l'histoire par temps de guerre froid. Soviétiques et Français autour de la crise de l'Ancien régime*），巴黎，Société des études robespierristes（"Études révolutionnaires"丛书15），2014年，其中的内容有助于人们更好地理解在法国和苏联发生的事情的来龙去脉。

注意对于该主题，20世纪70年代构成一个转折点。蒙尼耶的学生玛德琳·富瓦西（Madeleine Foisil），就是在1970年发表了关于赤脚汉的论文［《赤脚汉的起义与1639年诺曼底的起义》（La Révolte des Nu-Pieds et les révoltes normandes de 1639）］，福柯经常援引这篇文章。这篇专论具有划时代的意义，至今仍然被认为是关于该主题最完整的资料来源。此外，伊夫—玛丽·贝尔赛（Yves-Marie Bercé）（蒙尼耶的另一个学生）也是在1972年完成关于17世纪法国西南部人民起义的论文答辩，该论文在多方面更新现代对暴动的解读。在福柯加入蒙尼耶与波尔舍内的论战时候，该论战仍然非常激烈，却正在走向尾声。重要的是看福柯对于这些对峙中的重要论据站在何种立场。

I

羽笔、锤子和镰刀：蒙尼耶与波尔舍内的论战

A. 依附的资产阶级：波尔舍内的论文

波尔舍内的立场的主要特点可以被概括成以下几点。

1/17世纪的人民运动首先是关于税收制度（“脆弱的环 293
节，依靠于整个封建制度和专制主义制度”[①]）；人民运动是自

① 参见波尔舍内，《法国1623年至1648年期间的人民起义》，第347页。

发的（而不是被贵族或资产阶级引导），是一部分人民的行为（农民、“暴动的平民”①），税收的增长迫使他们置身于无法忍受的贫苦的状况中。

2/ 这些运动针对的不是国王，而是“封建租金”的全体获利者：贵族，然而还有很大一部分的资产阶级。波尔舍内认为封建制度的“根本”特征是它构成“封建土地所有者对农奴的剥削的体系”，并且该体系围绕着封建地租的征收和维持的

---

① 波尔舍内（《法国1623年至1648年期间的人民起义》，第268—275页）以精确的方式构建出“城市平民”（plébéiens des villes）的类型，他认为“城市平民”是“城市起义的动力”，就像农民是农村起义的动力一样。我们已经见过这个概念（见上文，1971年11月24日的课程，注16），它源自恩格斯。对于波尔舍内来说，这些平民涵盖三个要素：工人，也就是手工业者和手工工场里的工人组成的前无产阶级；全体小手工业者（锁匠、小酒馆老板、织布工人等）；由失去社会地位的农民、游民和乞丐组成的“流氓无产阶级”（lumpen-prolétariat）。把“城市平民”或“暴动的平民”的这种概念与关于“人民要素”的分析作比较是恰当的：关于前者，福柯在当时的数篇文章中都使用过“城市平民”或“暴动的平民”的概念，用于批判“非无产阶级化的平民”与无产阶级之间的分隔；而后者是莫拉（Mollat）和沃尔夫（Wolf）对于“人民要素”（“小人物”、“微不足道的人”、“手艺人”）以及其在14—15世纪起义中作用的分析［参见莫拉（M.Mollat）& 沃尔夫（P. Wolff），《蓝指甲，雅克和梳毛工起义：14、15世纪的欧洲人民革命》（*Ongles bleus, Jacques et Ciompi.Les révolutions populaires en Europe aux XIVe et XVe siècles*），巴黎，Calmann-Lévy，1970年，“Les grandes Vagues révolutionnaires”丛书］。福柯的一切研究和阅读中体现出他为思考“人民”或“平民”的作用而作出的努力，这是通过脱离传统马克思主义类型（平民 / 流氓无产阶级）并且常常强调平民与农民之间的联系而表现出来。就福柯而言，这种努力和他与共产党之间的距离、“无产阶级”传统的框架模式、“流氓无产阶级”类型的贬义特征密不可分。

问题而组织起来。[①]（波尔舍内认为）从16世纪开始，负责保障这种封建地租的征收和维持的就是君主制度的国家，从这以 294 后国家是中央集权性质的，国家设立各种名目的税收，然后将其重新分配给贵族，还有一部分是分配给一同被纳入封建体系的资产阶级。因此君主制度的国家没有与封建体系断绝关系：前者是后者的代理人——从此之后，保障地租的收取、集中、特别是将其重新分配给统治阶级的就是君主制度的国家。

3/ 在17世纪，法国因此在本质上仍然具有封建体系的特征：在法国，资本主义的发展是边缘化的、局部化的，特别是资产阶级被纳入该封建体系中，通过利益与其相连——职位体系、封爵制度，此外这些制度把资产阶级的资本吸引到非生产性质的投资领域（职位、债、地租）并免除多种征收，从而阻碍了资本主义的发展。

波尔舍内显然承认在“中央集权的封建地租”（这要求特殊的国家机器和王室税收制度的发展）和领主与地方资产阶

---

① 除了关于17世纪人民起义的作品以外，波尔舍内还写了数篇关于封建主义的政治经济学的文章，特别是《关于封建主义的经济法》(*À propos de la loi économique du féodalisme*)（1953年），《论封建主义的政治经济学》(*Essai sur l'économie politique du féodalisme*)（1956年）以及《封建主义与人民大众》(*Féodalisme et Masses populaires*)（1964年）。关于该主题，参见菲利波夫（I. Filippov），《鲍里斯·波尔舍内与封建主义的政治经济学》(*Boris Porchnev et l'économie politique du féodalisme*)，刊载于《冷战时期写下的历史：围绕着旧制度危机的苏联人和法国人》，第149—176页。福柯的课程中经常会出现对“封建地租”的演变的关注，特别是在分析14世纪的危机下的物质条件的时候（参见1972年2月23日的课程）。

级的地租和利息之间可能存在一种紧张的状态；但是他不认为——这一点与福柯相反——“租金和税收之间”（封建租金与国家税收制度）存在一种“真正的矛盾”，他也不认为这种矛盾存在于国家机器与占统治地位的阶级之间——其中国家机器有着自身的逻辑和自身的目标，而占统治地位的阶级（贵族、广泛来说还有资产阶级）被认为是要提供服务。因此波尔舍内反复确认：在投石党运动之前，人民起义的特征之一就是，即便资产阶级在一段时间内能够任凭人民暴动发展，他们很快就会想起保护自身的利益和财产，为了最终镇压这些运动，一条“阶级阵线”自然而然地形成。隐藏的论题如下：在君主制度时期的最初阶段，资产阶级在阶级斗争的发展中没有发挥自身的作用。资产阶级不断地“否认自己的阶级”以便转变成为“封建资产阶级”[①]。事实上资产阶级中有很大一部分人在寻求成为贵族、成为封建制度的一部分，而不是摧毁封建制度，并且封建体系的组织方式也便于将其广泛地纳入封建体系内部。相反，与苏联的传统历史编纂学相比，波尔舍内在阶级斗争的发
295 展中为农民赋予一个更重要的地位。他认为农民（特别是赤脚汉）有能力进行真正的政治斗争。即使他为从本质上说是一场反税收的运动（该运动没有“发展成反税收、反专制主义的革命性的运动”[②]）的“社会方面的盲目”感到遗憾，他至少提到了赤脚汉运动带来的更为革命性的方面，甚至是“准反抗权力”

---

① 参见波尔舍内，《法国 1623 年至 1648 年期间的人民起义》，第 545 页。

② 参见同上书，第 327 页。

(quasi-contre-pouvoir) 方面（组织、项目等）。换句话说，农民在其中既没有被当作是一个必然服从于“反动分子”的力量并被其所引导的消极因素；也没有被当作是无法进入某些革命意识层面的一个纯粹的“推动”要素。在 20 世纪六七十年代的毛主义运动的背景下，农民的革命作用得到迅速的增强，而且工人与农民之间必要的联盟得以强调，这种把农民的革命力量当作先锋的类型具有很强的吸引力：在福柯的著作中，我们还会再次看到他对这类分析的深入研究，这并不会让人感到惊异。①

① 关于农民作为革命力量的作用的论战要追溯到马克思和恩格斯本人，他们认为工业生产方面的无产阶级组成唯一的、真正的革命阶级。这种观点成为托洛茨基（Trotski）与列宁（他起初对这个问题持犹豫的态度）辩论的缘由，最终列宁在《国家与革命》(L’État et la Révolution）中再次确认该观点；然后在俄国内战期间，以及在 20 世纪二三十年代的乡村集体化的各种承包过程中——勾勒出庄稼汉的悲惨的形象——该观点得以增强。正如我们所知，农民的作用主要是通过毛泽东和中国的革命得以提升价值，并且其价值以革命阶级的名义得以实现（关于该主题，参见比亚恩科（L. Bianco)，《1915—1949 年中国革命的起源》(*Les Origines de la révolution chinoise, 1915—1949*)，巴黎，Gallimard，1967 年）。通过发生在 20 世纪 50 年代至 70 年代的各种受到马克思主义鼓舞的独立运动 [从卡斯特罗（Castro）与格瓦拉（Guevara）开始，经过红色高棉运动（Khmers Rouges）或奥马尔·奥赛迪克（Omar Oussedik)，到胡志明（Ho-Chi-Minh）]，这种价值的提升得以增强；并且在西方，通过毛主义团体，某些人（包括在法国的人）梦想实现贫穷的农民与无产者之间的联合，因此这些年人们可以谈到某种“农民的救世主降临说”(messianisme paysan)，就像以前的“无产阶级的救世主降临说”(messianisme prolétarien）一样。倘若福柯不在 20 世纪 70 年代的法国分享这种无产阶级与农民联合的梦想，而是更倾向于强调非无产阶级化的平民与无产阶级之间的分隔的抹除（见上文，1971 年 12 月 15 日的课程，第 53 页注 15)，似乎他在自己关于骚乱的历史分析中更关注农民（与平民的）运动，他认为这些运动如同是君主制国家与镇压机器的组成中的不同的阶段。关于这一点我们既可以在他对 14 世纪的起义（从普遍意义上来说结合城市骚乱与农民起义）的分析得到确认，也可以在他对 17 世纪的骚乱的分析中得到确认。

296 B. 灰尘与云朵：蒙尼耶的分析

蒙尼耶的观点几乎是与波尔舍内的分析针锋相对。他的意见与一系列更广泛意义上的批判融合为一体，那些意见主要针对马克思主义的历史文献（这些文献声称能在社会中辨别同一层次的“阶级”关系，其中这些社会是按照垂直的忠诚关系和“命令”组织起来的，并且这些文献完全变为生产模式的经济基础），特别是针对波尔舍内。蒙尼耶和波尔舍内曾研究过同样的资料（大法官塞吉埃的档案），这在两个人之间不可能不引发妒忌和个人冲突。[①]然而最重要的是蒙尼耶指责波尔舍内傲慢地对待历史，不把事实的复杂性放在眼里，把马克思主义的阅读表格使用在先前的历史上。最后，蒙尼耶完全没有谈及波尔舍内的观点中的骚乱的问题：波尔舍内把骚乱的问题纳入关于人民斗争的概括性的思考中，在这里的人民斗争是指投石党运动之前（不限于此，直到大革命）的人民斗争，并且他将其纳入君主制国家、资产阶级和封建主义之间的经济—政治的分析中。而对此蒙尼耶则是作为研究17世纪专制制度的历史学家、研究官职买卖的“专家”，对于他来说，官职买卖

① 关于大法官塞吉埃的档案、历史以及波尔舍内与蒙尼耶之间关于此主题的对抗，例如可以参见伊尔德塞梅（F.Hildesheimer），《大法官塞吉埃在巴黎与圣彼得堡之间的档案》（*Les archives du chancelier Séguier entre Paris et Saint-Pétersbourg*），刊载于《冷战时期写下的历史：围绕着旧制度危机的苏联人和法国人》，第53—67页。

体系的影响是减轻君主制度的专制特征、建立起混合着贵族和暴发的资产阶级的“官员”的社会团体，其中贵族和资产阶级分享统治者的权力，并同时与统治者的利益休戚与共。蒙尼耶认为人民骚乱相对来说微不足道：除了在“大人物”、地方贵族或宗教的利益与其结成同盟的情况下，人民骚乱从来都没有把君主制的权力置于危险之中。因此他对波尔舍内的第一重批判就是后者夸大骚乱的价值，骚乱在本质上是旧制度的日常生活，它并没有影响到君主制的权力。在这里波尔舍内从这些起义中看到“一切余下的动力”，特别是用于理解投石党运动的解释性的关键之所在，而蒙尼耶只看到了“局部的片段”，他认为不应该赋予其太多的重量。[①] 此外，波尔舍内在这里观察到“人民”的自发性（spontanéité），这种自发性被统治 297
阶级的征收和剥削增强，蒙尼耶反复提到一种更为传统的解读——这些运动常常是由贵族、资产阶级、有时甚至是亲王在暗中领导。他强调说社会是依据垂直关系（忠诚关系、亲族关系等）的网络组织起来的，这些关系穿过那些所谓的“阶级”划分并且把地方的领主与他们的农民联系起来，这就是一个例子。此外他强调指出存在于中央集权下的君主制度的发展与贵族或地方资产阶级（其中包括司法公务人员）之间的深层次的冲突，其中贵族或地方资产阶级常常是最先反对王室税收制度的一方。这导致在镇压骚乱的时候存在一条“阶级联盟”，而

① 参见蒙尼耶，《关于法国投石党运动之前的民众起义的研究》，第 83—84 页。

他对此表示怀疑。

在更普遍的层面上来讲，蒙尼耶强烈反对波尔舍内的多个核心论题，事实上，这些论题直接对他提出指控。波尔舍内认为，买卖官职“不会有助于君主制度屈从于资产阶级之下，而是有助于资产阶级逐步服从于贵族阶级的君主制度”。买卖官职“是一种使资产阶级远离反对封建主义的革命斗争的方式”①。相反蒙尼耶认为这样的观点是错误的：在17世纪主张国家是一个“贵族的国家”，这样的国家保障“封建”秩序的维持、“封建地租”的征收并将其再次分配给贵族。君主制的国家反对封建制度的大部分因素，它是通过拆解封建联系而建立起来的。为了能够做到这样的拆解，它依靠于被它纳入国家机器中的资产阶级。“我认为这样的理论是没有哪里需要改变的：以资产阶级对抗绅士、在国家机器中利用资产阶级，这些可能性给君主专制制度的国家的进步带来便利［……］君主制度通过重新组建国家的方式征服了一切阶级。然而君主制度在这项使命中借助了资产阶级，并且我坚决认为君主制度任凭资产阶级参与到政治和行政权力中。”②而在波尔舍内的文章中，17世纪的法国仍然是以封建体制为特征，并且君主制的国家对于资本主义的发展是一种限制。最后，蒙尼耶先批判波尔舍

① 参见波尔舍内，《法国1623年至1648年期间的人民起义》，第577页。他明确指出买卖官职不会导致“权力的‘资产阶级化’（embourgeoisement），而会导致一部分资产阶级的‘封建化’（féodalisation）”。

② 参见蒙尼耶，《关于法国投石党运动之前的民众起义的研究》，第110页。

内过于宽泛、模糊地使用了“封建主义”这个词，[①] 并且特别 298
强调17世纪所收取的地租（包捐税（affermage）、王室税收等）与“封建地租”不能再被混为一谈。至于现行的经济与政治制度曾制约资本主义的发展的事实，蒙尼耶反而认为“授予商品大制造商的垄断权和特权［……］”，更准确地说，“是其发展的条件，在这个阶段，倘若缺失该条件，那么对于付报酬者来说价格就会太过低廉[②]”。

---

① 20世纪六七十年代是关于“封建生产模式”的特征是否中肯的激烈论战的时代，“封建生产模式”被马克思主义者使用在大量的历史情境中——从中世纪的欧洲到19世纪的俄国，以及20世纪早期的中国。因而“封建主义”(féodalisme）是指一种比“封建制度”(féodalité）更为宽泛的概念，“封建制度”被局限于领主与附庸的联系，以及似乎到14世纪以前都有效的利益体系。“封建主义”要转向建立在封建地租的收取的基础之上的社会组织，收取封建地租的是被赋予司法权和政治特权的贵族阶级。在这场论战中有几篇引人注目的文章，确切来说这些文章就是发表于20世纪70年代初：1968年4月召开的CERM研讨会的文集（《关于封建主义》(Sur le féodalisme)，巴黎，1971年）以及在图卢兹召开的关于封建制度的研讨会文集，其中研讨会的组织者是戈德肖（J. Godechot）[《在西方世界废除封建制度》(*L'Abolition de la féodalité dans le monde occidental*)，巴黎，CHTS，1971年]，以及库拉（W.Kula）的经典著作，《封建制度的经济理论》(*Théorie économique du système féodal*)，巴黎，Mouton，1970年。关于更多细节，参见勒马尔尚（G.Lemarchand)，《17世纪法国的封建制度，封建主义和社会阶级：1960年至2006年的历史编纂学辩论》(*Féodalité, féodalisme et classes sociales en France au XVIIe siècle.Le débat dans l'historiographie, 1960—2006*)，刊载于《冷战时期写下的历史：围绕着旧制度危机的苏联人和法国人》，第133—148页。

② 参见蒙尼耶，《关于法国投石党运动之前的民众起义的研究》，第108页。

II

事件与改变：福柯对赤脚汉的解读

福柯非常熟悉这些反差强烈的观点并在自己准备的卡片[①]中对其作出过详细的分析，他作出一系列的转置，这使得他不会被困在或此或彼的观点中。他尤为强调一个方面，这个方面是蒙尼耶和波尔舍内都没有真正指出过的：对赤脚汉的镇压的特异性，以及它标志着的“国家新的镇压职能”登上舞台的方式——此时的国家尚未配有自己的“机构”（司法总督、警察、
299 监禁……），而这些会出现在17世纪之后。[②]这种转置的意思或许可以在关于历史作用的思考的延续中得以解读，其中历史的作用是福柯在1970年10月名为《回到历史》（Revenir à l'histoire）的讲座中提出的：“历史曾是一门学科，多亏

---

① 在法国国家图书馆的藏书中有两个档案袋，里面装着为研究赤脚汉运动而准备的卡片，其中的第二个档案袋标有“17世纪的人民运动”的名称，里面包括对波尔舍内的著作的极其详尽的概述，还有对蒙尼耶的论据的详细的分析，福柯是从1958年的文章在《羽笔、锤子和镰刀》的再版中读到这些的。

② 更近代的历史学家认为福柯在某些方面的分析更有说服力，大法官塞吉埃对赤脚汉起义的镇压的新颖的特征并合了司法与军事职能；从这个观点出发，我们清晰地看到“有形的国家部门”的出现，而且这种部门使用了一些仪式化的形式——接近于戏剧化的形式，并带有明显的宗教含义（对恶人与无辜者的区分）。我们对贝尔赛（Y.-M.Bercé）与泰西耶（A.Teyssier）作出的关于该主题的极佳的评注表示感谢。

了这门学科，资产阶级表现出其统治仅仅是［……］缓慢的成熟过程中的结果，并且在该范围内，这种统治是完全有根据的［……］现在历史的这种使命与作用必须要受到复核［……］它更应该被理解成为对社会在事实上所受到的改变的分析。我们今天所说的历史的两个基本概念不再是时代（le temps）与过去（le passé），而是改变与事件。"①时代，也就是为了描述这样或那样的既定的重要历史单位的持续发展阶段（"封建主义"、"资本主义"、"君主制度"、"国家"……）而做出努力；过去，也就是通过追忆过去，努力缔造（或否认）当前形势的合法性（例如，资产阶级的统治或无产阶级革命的必要性）：这些类别曾组成历史，在本课程中福柯寻求用事件与改变将它们取代。

这些类别使得我们能够理解相较于波尔舍内和蒙尼耶，福柯对赤脚汉的解读。总而言之，福柯的解读不支持他们任何一方的分析：特别是波尔舍内的解读只是被推倒的资产阶级的解读。波尔舍内的解读力求能够表现出资产阶级在阶级斗争的发展中没有发挥它的作用；并且这种作用在17世纪被人民骚乱承担起来。蒙尼耶与波尔舍内最终处于强调时代（描述资本主义的发展、阶级斗争或君主制制度）与过去的观点中。

---

① 《回到历史》（*Revenir à l'histoire*）［《派地亚》（Paideia），第11期：米歇尔·福柯，第40—60页；1970年10月9日在日本庆应义塾大学（Université de Keio）的讲座］，DE，II，第103号，第272—273页／《Quarto》，第1卷，第1140—1141页。我们在下面画了着重线。

300 **A. 赤脚汉事件**

在这里福柯首先用建立在事件基础上的解读来代替。

1/ 这意味着，一方面，把赤脚汉事件插入一系列类似的事件中（事件的连续维度），这些事件在本质上表现得如同是“反抗法律和与权力做斗争的一系列持续性的事件”。① 关于这一点，福柯以波尔舍内的方式严肃地看待存在于 17 世纪的一系列骚乱活动，无论它是多么的微不足道。然而这不是为了像片段一样将其立即纳入阶级斗争发展的叙述中：而是为了从中看到对于权力和其代理人的一系列局部的、混杂的对抗。②

---

① 1971 年 11 月 24 日的课程，见上文，第 5 页。

② “17 世纪初的一系列大型人民暴动”；“在诺曼底发生的一系列骚乱、暴乱和运动”（见上文，第 4 页）。正如福柯所注意到的，连续运动的观点的好处之一在于它“没有给出提前设定好的总目标，如同封建制度一样”并且它不寻求在“预先的分类中”立刻找出目标（《回到历史》，见上文）。在这种情况下，它避免将这些骚乱立刻编成阶级斗争的片段的代码、或反税收骚乱的代码。此外福柯强调“联系”，它与多种多样的掠夺行为和非法活动一起存在，没有提前区分人民斗争与犯罪活动，这是一个例子。我们再次看到福柯后来会在《惩罚的社会》和《规训与惩罚》中论述的观点，他认为在 17 至 18 世纪，各种非法活动、政治斗争、掠夺和犯罪活动之间存在着密切的联系与连续性。镇压体系的作用具体来说在于打破这种连续性，其方式是对政治犯罪与普通刑事罪作出区分，对犯罪的平民与受管教的资产阶级 / 无产阶级作出区分，等等（关于这一主题，参见 1971 年 11 月 24 日的课程）。

2/ 另一方面是仔细研究赤脚汉事件在这其中的性质，特别是其特殊性，以便能够较好地突出一些间断性的层面（事件的差别的特征）。他从中辨识出多个层面：对维持秩序的传统机构的回避（议会、资产阶级自卫队、地方领主）；然而特别是“赤脚汉的骚乱有一个特征，那就是王室权力被攻击的方式”①，尤其是镇压的罕有的特征、权力对其回应的方式（它的战略、它的仪式化形式）。我们发现通过在其系列化和特殊的层面中严肃地看待赤脚汉事件，福柯首先使权力周围的斗争显现出来，而这种权力在斗争中发挥作用。

事实上，倘若福柯承认赤脚汉运动首先构成一种反税收 301
的骚乱，他就有力地扩大了其反权力层面。赤脚汉模仿权力行为与权力标志：“他们是作为自己，而赋予自己（军事、政治、司法、财政）权力”②。福柯认为，造就赤脚汉的特异性的因而就是他们寻求（至少是象征性地）作为一种政治权力组织起来，从这里延伸，导致一场单纯的反税收性质的起义。福柯在这里强调了一个已经被波尔舍内提到过的特点。然而尤其值得注意的是，必须把这种分析与福柯本人在同一时期所说的内容相比较——他曾在一次访谈中提道：“官方的知识在过去一直把政治权力描述成为是贵族阶级与资产阶级之间的斗争的关键。而对于人民运动，人们在过去把它们看作是由于饥荒、税

① 1971 年 12 月 1 日的课程，见上文，第 26 页。我们在下面画了着重线。

② 1971 年 12 月 1 日的课程，见上文，第 27 页。

收、失业；从来都没有将其看作是为了权力而作出的斗争，就好像是群众可以梦想吃饱，却肯定不会梦想行使权力。为了权力而做出斗争的历史，也就是行使权力和维护权力的真实状况的历史，几乎仍然完全是被隐没的[1]。”因此赤脚汉事件的核心就是更新这种被隐没的历史：“为了权力而做出斗争”的历史，特别是“行使权力和维护权力的真实状况。”这段历史被用于观察一切形式、标志和战略，福柯对此进行细致的研究。

福柯战略性的分析使得他能够与蒙尼耶、波尔舍内保持一定的距离。他和蒙尼耶一起认为不同的地方社会团体（议员、贵族、资产阶级、农民与平民……）的利益有时会聚集起来反对国家税收机构和其代理人。使得赤脚汉骚乱（和其他起义一样）的特征凸显出来的就是“议会、资产阶级和地方贵族的缺席[2]”。倘若至少最终存在用于镇压骚乱的“阶级联盟”，福柯的一切分析都是为了指出该联盟不是源自（正如波尔舍内所希望的那样）客观的利益共同体——这种利益是由封建秩序中的一切“统治阶级”所分享的；恰恰相反，它是由镇压的代理人
302 所实现的有意识的战略、划分的活动、熟练的压迫之规则（塞

① 参见《超越善恶》(*Par-delà le bien et le mal*，与高中生的访谈，刊登在Actuel杂志，第14期，1971年11月)，DE，II，第98号，第224—224页 / (《Quarto》，第1卷，第1092—1093页)。我们在下面画了着重线。

② 1971年12月1日的课程，见上文，第26页。

吉埃和加西昂）的产物。此外战略之规则被证实是非常不稳定的，最终需要设立一种新的镇压机制，以便能够充分发挥作用。为了解释“行使权力和维护权力的真实状况”，这一切的因素都是不可或缺的：这就需要有效地划分、分隔、隔离某一部分人民，这是以牺牲另一些人为代价的：“农村和城市之间的［……］分界线”以及“最贫穷的人（平民百姓）和最富裕的阶层（特权享有者）之间的分界线①”。这会是在17世纪下半叶建立起来的新镇压体系的作用之一：进行这些划分并清晰地指出这种分隔。

然而对于构建被看作是“社会在事实上能接受的关于转变的分析”这样的历史，这种战略分析也是必不可少的。通过表示出镇压体系的活动、通过展现该镇压体系“确立起一定数量的［……］被保留下来并保持稳定的战略、职责类型、权力关系”，为了最终使“镇压体系中的大部分［……］都可以被资产阶级社会中的国家机器重新考虑”②，人们赋予自己与该体系的活动和作用相隔离的方式以及对其进行攻击的方式，以便能够在现实中进行改变。在这里，对事件的历史研究会影响对未来的改变的可能性。事实上，对17世纪下半叶在镇压体系中成型的划分的分析显然为了能够让其在20世纪70年代的现实中得以延续：普通法范畴内的犯人和政治犯的划分、“非无产阶级化的平民”与无产阶级的划分，这些划分是由司法制度

①② 1971年12月15日的课程，见上文，第45页。

和监狱实现的，这些划分是自17世纪以来开始发挥作用的镇压职能的延续，赤脚汉事件重见天日。此外，福柯也在监狱情报团体的框架内关注着同样的问题。①

对于福柯来说，与对赤脚汉事件的战略性的分析相伴而来的是“朝代的”（dynastique）的解读，注重仪式化的形式、标志与象征，隐藏的力量关系通过这些得以表现出来。正
303 如福柯在明尼苏达大学的讲座中的笔记中所记录的那样，对于他来说，这意味着把赤脚汉事件（特别是对赤脚汉事件的镇压）插入“政治权力仪式化的表现”的分析中，其中“政治权力使用一些可见的、戏剧化的形式的方式”——尤其是在17世纪。②因此他注意各种贵族群体前来恳求塞吉埃的方式、他们所使用的方法和仪式、塞吉埃回复他们的方式、镇压在各个阶段所使用的形式。这些形式在事实上被解读为“标志”，指出隐藏的力量被布局的方式（被排斥的反抗者被当作“敌人”；贵族所要求的“限制”的角色被拒绝）。这使得福柯把自己所认为的构成赤脚汉事件的重要独特性的要素进行更新：他第一次开始研究权力的戏剧，“有形的国家部门”，官员（和征税官）——他们被赋予一切特权、占据着国王让出的空位、在国家的镇压职能中兼具司法和军事的双重权力。这使他能够提出

① 关于这个主题，参见课程里的注释，以及授课情况简介中的背景，见上文，第248页。

② 见上文，《17世纪的仪式、戏剧和政治》，第237页。

一种观点：君主制度和/或国家机器的历史的观点。① 在这里，正如福柯所指出的那样，国家的镇压职能是以纯粹的状态出现的；但是它还没有配备机关或者机构（司法总督、警察、行政监禁等），直到17世纪末开始这些机关或机构才会保障国家的镇压职能。因此赤脚汉事件显示出来的不仅仅是镇压的职能的存在、承担镇压的职能的“团体”，而且还有设立新机构的必要性，以便能够完成镇压的职能。蒙尼耶在这里并没有看到17世纪初的人民骚乱在君主制的国家的建立中的必要性，而福柯坚持主张这样的事实：即将确立起来的镇压制度“完全由反骚乱镇压的必要性支配”，同时由找到另一种镇压模式（除了直至此时占优势的镇压模式以外）的任务所支配。②

因此，人民骚乱在国家的历史中是一种必不可少的 304
动力。然而，这肯定不是波尔舍内所理解的含义，他并没有看到相对于封建体系，一种特殊性——真正的间断性（discontinuité）在这里被引入，伴随着镇压体系的产生，而这种镇压体系从根本上区别于封建镇压体系。使得焦距调整到赤脚汉事件上的就是间断性的层面，这既没有被波尔舍内觉察（他的论证是资产阶级和君主制国家是封建生产模式的接受

---

① 此外这个观点贯穿于整个课程。例如可以参见1972年2月16日的课程，其中福柯再次承认“准国家职能”的存在，它是先于并独立于国家机器的，这使得人们能够认为经济与政治的结合是独立于单独的国家制度的。这种观点是在福柯与阿尔都塞的弟子之间的论战中出现的。

② 1972年1月26日的课程，第102页。

方，这种生产模式受“封建地租”的问题支配）；也没有被蒙尼耶领会（他专注于描述君主制国家的建造阶段以及资产阶级对该政治体系的融入，对于他来说骚乱是极其微不足道的）。福柯描绘的就是这种间断性的层面上的特征，其方式是通过两种异质的镇压体系之间结构性的对比：“封建镇压体系”与“国家镇压体系”。赤脚汉事件（与其他发生在17世纪的骚乱一样）处于这两种体系的“划分点”上。①

B.“把一种严格的形式赋予关于改变的分析”

“把一种严格的形式赋予关于改变的分析”，福柯认为这就是结构性的分析的基本特征，正如杜梅泽尔（Dumézil）的分析。他补充说，结构性的分析“不是关于相似的分析，而是关于差异和差异规则的分析”：这种分析在全部的要素之中建立“一种差异的体系，伴随着它们的等级制度和从属关系”，然而还有它们的连续性，也就是两种体系之间“哪些是一种［……］转变的条件”。他总结说，“当有一种分析研究可变的体系以及该体系在何种条件下发生变化时”②，这种分析是结构性的。显然正如福柯构想差异规则一样，他在“封建镇压体系”和“国家镇压体系”之间构建差异规则。贯穿于整个课程的问题如下：是什么区别了封建镇压体系（其中整个课程的

---

① 1971年12月1日的课程，第24页。

② 参见《回到历史》（DE，II，第103号），第274—276页/第1142—1144页。我们在下面画了着重线。

第二部分都在进行讲述）和我们所看到的显露于 17 世纪的国家镇压体系？并且——更确切地来讲，倘若人们停留在 17 世 305
纪——其转变的条件是什么？这里不是关于要回答该问题，而是强调什么使得福柯以其他的方式重新思考波尔舍内和蒙尼耶提出的某些问题：税收和地租的冲突、资产阶级的地位、这些问题与资本主义发展之间的关系。

1/ 首先，福柯对产生于 17 世纪的这种“国家镇压体系”的两个方面作出区分：（a）它的正式的特征（行政形式的中央集权性质的国家镇压机器与封建镇压的方式和机构形成严格的对比：议会、领主司法等）；（b）它的目的（收取“中央集权性质的封建地租”）。这使得议员和资产阶级的职责同时变得复杂化：议员（以及其他封建机构）对该体系的形式抱有敌对情绪，也就是它服从于“有形的国家部门”的中央集权和行政管理的特征、它的治安层面。但是他们对其目的没有敌对情绪，也就是对征收体系、税收体系和免服兵役体系没有敌对情绪，这些体系是用于收取“中央集权性质的封建租金”。相反，“资产阶级”也可以对其目的抱有敌对情绪，而对其形式没有敌对情绪，这就解释了在大革命后该“国家镇压体系”最终会被广泛地再次使用，并且有效。福柯的核心思想就是在君主专制制度下的国家镇压体系和资产阶级在 18 世纪末重新使用的国家镇压体系之间建立一种重要的连续性。

2/ 福柯清楚地区分了“封建主义”的各个层面，这正是波尔舍内所混淆的。倘若说他似乎在一定程度上承认君主制国家保障“封建主义”经济层面的维持，也就是说封建租金（却是以“中央集权性质的租金”的形式，这种租金与领主的租金构成竞争并且是矛盾的关系），那么他清楚地认为17世纪下半叶建立起来的镇压体系与“封建主义”完全割裂。塞吉埃寻求维护的契约、担保和特权的规则无法再维系下去，这就意味着一种有着根本区别的体系的侵入，以便去解决这些矛盾。这些矛盾是经济—政治范畴内的：它们在于两个点，而这两点引导
306 着福柯的课程中接下来的整个部分：1. 武器和武装力量处于何处？（权力的问题）；2. 财富处于何处：如何实现财产的征收和流通？（经济问题）

如果封建镇压体系被丢弃，那是因为它在以下两个方面是矛盾的：国家税收制度和特权享有者的租金之间的矛盾，这使得波尔舍内的关于负责重新分配“中央集权性质的封建租金”的君主制国家的方案分崩离析；镇压体系中的矛盾（武装力量以及特权享有者配备武器），太过昂贵并且太过危险。必须找到一种（以某种方式）也能作用于特权享有者，特别是不像借助于武器那样昂贵的镇压方式。这些分析使波尔舍内的方案和蒙尼耶的分析变得复杂：这些分析使人们以其他的方式重新思考封建主义、资本主义和君主制国家之间的关系。我们特别是会注意到这些分析使“矛盾”的层面增强，概述了一种特殊的辩证法的唯物主义，这把生产关系与生产方式的马克思主义问题与力量关系和权力的限制性条件的（更偏向于尼采的）问题

连结起来。①

3/ 事实上福柯的论题是：从 17 世纪中期确立起来的这种新的国家镇压体系，即便它最初的作用是“保护封建地租制度的其余部分”(通过买卖官职的体系，旧封建镇压体系融入其中，并越发被简化成租金和利益的经济层面)，“它负责保护的事物渐渐地化为乌有”。换句话说，它“使资本主义经济的发展变得容易”……福柯对此提出的理由值得我们注意。首先这种新的国家镇压体系降低“征税的司法”的政治和经济利益，也就是司法官职的买卖，这使得“资产阶级的财富能够流向新的投资形式”。因此，君主制的国家机器以其行政的形式发展，在该层面这种发展与资本主义的发展并不是矛盾的，而是恰好
相反。并且这种新的国家镇压体系起到反骚乱的保护作用，比 307
起军队保障的直接的镇压方式，它的花费低廉而且更有效；与此同时（通过监禁和大型工程）它对薪金构成一种压力。我们能够理解福柯的总结：“尽管在结构上与封建制度（和其中央集权形式）相连，它在实用角度与资本主义的发展相结合。资本形成的必要性、对司法权力的所有权的放弃、司法行使和税收的分离、司法向国家行政权力的转移，这四种过程相辅

① 这种思考经济关系与政治关系相互连结、巩固或碰撞的方式引导着接下来的关于中世纪镇压体系确立的全部课程内容，其中的经济关系是指财富的生产、流通和积累的关系，而政治关系是国家机器不可或缺的部分。

相成[①]”。

这使得福柯再一次不支持蒙尼耶和波尔舍内两人中任何一方的观点：买卖官职在君主制度的历史中诚然是一个重要的因素，但是君主专制制度导致的真正的断裂会恰好降低其政治和经济意义，这对与国家的行政相结合（伴随着中央集权式的司法和治安机构）的镇压的新形式有利。君主制的国家机器乍一看从结构上与封建生产方式诚然相结合，然而事实上，它的作用在资本主义的发展中构成一个不可或缺的因素。

① 1972年1月26日的课程，第106页。

索　引

术语对照 309

absence　缺席
absolutisme　专制制度；专制制度
accusateur　控诉人
accusation　控告，指控
accusatoire　刑事诉讼制
accusé　被告人
acte　行为
actualité　现实性
affaire/s　事件，诉讼
affrontement　对抗，冲突
agent/s　代理人，公务人员
aides　（法国君主统治时代）间接税
alliances　联盟
amende/s　罚款
appareil d'État　国家机器
appropriation　占有
archéologie　考古学
argent　货币，钱
arbitre　仲裁人
armée　军队
assujettissement　征服，限制

autorité　权力，权力机关
aveu　供认
avoueries　诉讼代理人职位

bailli/s　代表国王负责行政、司法的执行官
bailliage/s　“执行官的行政、司法管辖区”
bandits, banditisme　抢劫
bannissement　流放
bénéfice　营利
bons　好人
bourgeois, bourgeoisie　资产阶级
brigandage　抢劫，掠夺

capital　资本
capitalisme　资本主义
cas royaux　王室案件
cérémonie/s　仪式
châtiment/s　惩罚
christianisme　信奉基督的各派教，基督教
classes　阶级
colonisation　殖民
committimus　委托
communauté/s　共同体
composition/s　和解
condamnation　判决，处罚
conduite/s　举止
confiscation/s　没收，充公
conflits　冲突
contrat/s　合同，契约
contrôle　控制
corps　身体，团体
couple système pénal-délinquance comme effet du couple

système répressif-séditieux　刑事体系—犯罪这对链条是镇压体系—骚乱这对链条的影响
coupure/ligne de séparation　分隔，分割线
coupure épistémologique　认识论的中断
coutume　习俗，惯例
créances　债权
créancier　债权人
crime　罪，重罪
criminel　罪犯，犯罪的
crise de la féodalité　封建制度的危机

défendeur　被告
délinquance　犯罪，违法
délit　轻罪
dénonciation　检举
désordre/s　骚乱
dette　债
discours　讲话
dommage　损害
droit　法律，权利
droit sociaux　社会权利
duel judiciaire　司法决斗
dynastique　朝代的

échevins　（法国大革命前某些城市的）助理法官；市政长官
écriture　文字，笔迹
Église，église　教会，教堂
émeute　骚乱，暴乱
enquête　讯问，调查
épreuve　考验
État　国家
étatiques　国家的

éthique　伦理的，道德的
événement　事件
évidence　尽人皆知的事
examen　检查
expérience　经历

faste répressif　镇压的排场
faute　过错
faux saulniers　私盐商贩
féodalisme et féodalité　封建主义和封建制度
financiers　征税官
fiscalité　税收制度
fonction/s　职能，作用
force armée　武装力量
forme/s　形式

gabelle　间接税
généalogie　谱系学
gestes　行为
groupes sociaux　社会团体
guerre　战争，斗争

homicide　杀人

idéologie　意识形态
impôt　税
inquisitio　审讯
inquisition　审讯
institutions　制度
intellectuel　知识分子
intendants　总督
interpellation et interrogation　质询和讯问
interrogatoire　审讯

jacquerie　扎克雷起义［1358 年的法国农民起义］
jensénisme　冉森教派教义
jeu　规则，活动
judiciaire/s　司法的
juge　法官
jugement　审判，判决
jugement dernier/Jugement dernier　最后的审判
juridique　法律上的；合乎法律形式的
justice/s　司法机关，审判权，公正，正义
justiciable　应由……审判的（人）
justicier　有审判权的（人）
justitia　司法

litige　诉讼，争端
loi/s　法律
lutte/s　斗争

marques　标记，标志
marxisme et marxistes　马克思主义与马克思主义者
matrices　模板

offices　官职
opposition politique/droit commun　政治 / 普通法之间的对立
ordalie/s　神意裁判

pacte/s　协定
paiseurs　缓和者
paix　和平
Parlement，parlement/s　议会
pénal　刑事的，刑罚的
pénalité　刑罚，处罚

peuple　人民，民众
plèbe　平民阶层
police　治安，警察
politique　政治
population/s　人口，居民
pouvoir　权力
pouvoir-savoir　权力—知识
pratiques discursives　话语实践
prélèvement　提取，征收
présidial, présidiaux　（法国1551—1791年的）初等法院
preuve/s　证据
prévôts　某些行政官吏或司法官吏的头衔
prison, prisonnier/s, emprisonnement　监狱，囚犯，监禁
privilège/s　特权
procédure　诉讼程序
procès　诉讼，诉讼案件
procureur du Roi/roi　国王的检察官
production　生产
progrès de la rationalité　合理性的发展
propriétaires terriens, fonciers　地主
propriété　所有权
publicité　公开
punition　惩罚

rachat　赎罪，赎回
raison d'État　以国家利益为托词的理由
rapports de force/s　力量关系
rapports de pouvoir　权力关系
rapports de production　生产关系
relations de pouvoir　权力关系
religion　宗教
rente/s　地租，租金

représentation du pouvoir　权力的代表
répression　镇压
reproduction　再生产
révoltes populaires　人民起义
richesse/s　财富，财产
rites　仪式

savoir　知识
scène　戏剧
science/s　科学
séditions　暴动，骚乱
sémiologie，sémiotique　符号学
sénéchaux　（古代法国的）宫廷总管大臣
soulèvement des Nu-pieds　赤脚汉起义
sur-pouvoir　超权力
sur-profit　超利益
sur-savoir　超知识
surveillance　监督
système　体系，制度

tactiques punitives　惩罚策略
techniques　方法，手段
témoignage　证据，证词
témoins　证人
théâtre，théâtralisation（du pouvoir）（权力）的戏剧，戏剧化
théorie　理论
torture　酷刑

usure　高利贷，重利

vérité　真相
volonté de savoir　知识意志

人名索引

(页码为原著页码，即本书边码)

地名表

阿让（Agen）
阿朗松（Alençon）
安茹（Anjou）
阿基坦（Aquitaine）
阿图瓦（Artois）
阿夫朗什（Avranches）
奥克苏瓦（Auxois）
阿金库尔（Azincourt）

博韦（Beauvais）
贝济耶（Béziers）
布尔日（Bourges）
布拉班特（Brabant）
布列塔尼（Bretagne）
布里（Brie）
布里涅（Brignais）
布鲁日（Bruges）
布法罗（Buffalo）

卡昂（Caen）
康布雷（Cambrai）

康卡勒（Cancale）
坎特伯雷（Canterbury）
卡尔卡松（Carcassonne）
塞朗塞（Cérences）
塞文山脉 Cévennes
香槟（Champagne）
沙鲁（Charroux）
夏特莱（Chatelet）
科特赖克（Courtrai）
库唐斯（Coutances）
克雷西（Crécy）

达克斯（Dax）
洞夫隆（Domfront）

埃尔伯弗（Elbeuf）
埃塞克斯郡（Essex）
埃夫勒区（Évreux）

弗兰德（Flandre）

加容（Gaillon）
加夫赖（Gavray）
根特（Gent）
吉耶纳（Guyenne）

上奥弗涅（Haute-Auvergne）

肯特郡（Kent）

拉巴尔（La Barre）
朗格多克（Languedoc）

列日（Liège）
利摩日（Limoges）
鲁汶（Louvain）

芒特（Mantes）
芒蒂利（Mantilly）
马里拉克（Marillac）
蒙彼利埃（Montpellier）
蒙维尔（Monville）
莫尔坦（Mortain）

纳瓦尔（Naverre）
尼姆（Nîmes）
尼奥尔（Niort）
诺福克（Norfolk）

奥尔贝克（Orbec）
奥尔希（Orchies）

佩里格（Périgueux）
皮隆尼（Péronne）
皮卡（Picardie）
普瓦捷（Poitiers）
普瓦图（Poitou）
蓬奥代梅（Pont-Audemer）
蓬德拉尔克（Pont-de-l'Arche）
蓬图瓦兹（Pontoise）

罗斯尼（Rosny）

圣德尼（Saint-Denis）
圣炉（Saint-Four）

圣-伦纳德（Saint-Léonard）
圣洛（Saint-Lô）
圣马尔坦德尚普（Saint-Martin-des-Champs）
圣保罗（São Paulo）
萨里（Surrey）

都兰（Touraine）

万森纳（Vincennes）

Michel Foucault
Théories et institutions pénales
Cours au Collège de France
(1971—1972)

Édition établie sous la direction
de François Ewald et Alessandro Fontana,
par Bernard E. Harcourt

图书在版编目(CIP)数据

刑事理论与刑事制度/(法)米歇尔·福柯
(Michel Foucault)著;陈雪杰译. —上海:上海人
民出版社,2019
法兰西学院课程系列.1971-1972
ISBN 978-7-208-15932-7

Ⅰ.①刑… Ⅱ.①米… ②陈… Ⅲ.①刑法-研究
Ⅳ.①D914.04

中国版本图书馆 CIP 数据核字(2019)第 135098 号

责任编辑 赵 伟 屠玮涓
封面设计 人马艺术设计·储平

法兰西学院课程系列.1971-1972
刑事理论与刑事制度
[法]米歇尔·福柯 著
陈雪杰 译

出 版 上海人民出版社
(201101 上海市闵行区号景路 159 弄 C 座)
发 行 上海人民出版社发行中心
印 刷 上海盛通时代印刷有限公司
开 本 850×1168 1/32
印 张 15
插 页 5
字 数 285,000
版 次 2019 年 11 月第 1 版
印 次 2023 年 5 月第 3 次印刷
ISBN 978-7-208-15932-7/D·3438
定 价 68.00 元